Reinhard Behrens, Bernd Feuerlohn
Angewandtes Unternehmenscontrolling

Reinhard Behrens, Bernd Feuerlohn

Angewandtes Unternehmenscontrolling

Übungs- und Arbeitsbuch mit Fallstudien und Lösungen

DE GRUYTER
OLDENBOURG

ISBN 978-3-11-063103-6
e-ISBN (PDF) 978-3-11-063104-3
e-ISBN (EPUB) 978-3-11-063174-6

Library of Congress Control Number: 2019937269

Bibliografische Information der Deutschen Nationalbibliothek
Die Deutsche Nationalbibliothek verzeichnet diese Publikation in der Deutschen
Nationalbibliografie; detaillierte bibliografische Daten sind im Internet über
http://dnb.dnb.de abrufbar.

© 2019 Walter de Gruyter GmbH, Berlin/Boston
Umschlaggestaltung: matspersson0 / E+ / Getty Images
Satz: le-tex publishing services GmbH, Leipzig
Druck und Bindung: CPI books GmbH, Leck

www.degruyter.com

Einleitung und Bearbeitungshinweise

Dieses Übungs- und Arbeitsbuch soll zur anwendungsorientierten Vertiefung der mittels des Lehrbuches „Angewandtes Unternehmenscontrolling – Operative Systeme der Planung, Entscheidung und Kontrolle" (Behrens, Feuerlohn 2018) erworbenen Kenntnisse und Fähigkeiten beitragen. Es ist konzeptionell und gliederungsseitig mit der ersten Auflage des Lehrbuches vollständig kompatibel.

Die Erarbeitung und die Bereitstellung entscheidungsrelevanter Informationen für das Treffen kurzfristig wirksamer Entscheidungen als operative Kernaufgaben des Controllings stehen auch im Übungs- und Arbeitsbuch im Mittelpunkt der Übungen und Anwendungsbeispiele. Als Ausgangspunkt ist – wie im Lehrbuch – eine entscheidungsorientierte Ausrichtung des Controllings gewählt.

Allgemeine Hinweise

Das Arbeits- und Übungsbuch gliedert sich in zwei Teile:
- Die Übungsaufgaben im **Teil I** des Übungs- und Arbeitsbuches dienen zur Einübung der Informationssysteme der finanz- und vor allem der kostenorientierten Controllingausrichtungen. Die Übungsaufgaben beziehen sich somit überwiegend auf den Teil A und ergänzend auch auf den Teil F des Lehrbuches; sie sind mit überwiegend eindeutigen Lösungen ausgestattet. Mit diesen Übungsaufgaben soll das notwendige Fundament für das Verständnis des operativen Controllinginstrumentariums erarbeitet werden. Aufgrund ihrer herausragenden Bedeutung für das operative Controlling stehen hier die Voll- und Teilkostenrechnungssysteme im Zentrum der Übungen.
- Die themenübergreifenden Fallstudien im **Teil II** des Übungs- und Arbeitsbuches stellen auf die fallbezogene Entwicklung von Plan- und Budgetvorgaben, von Kalkulationen und Erfolgsrechnungen, von Abweichungsanalysen und Entscheidungsvorlagen, sowie von Koordinationsvorschlägen ab. Im Mittelpunkt stehen hier – wie im Lehrbuch – die Budgetierung, das Berichtswesen, die Koordination dezentraler Unternehmenseinheiten, die kurzfristig wirksamen Produktionsprogramm- und Preissteuerungen, sowie die jeweils resultierenden Verhaltenswirkungen. Da die fallbezogene, exemplarische Umsetzung des operativen Controllings stellenweise durchaus verschiedene Lösungswege und Ergebnisse zulässt, sind die Fallstudien stellenweise mit *exemplarischen* Lösungshinweisen ausgestattet. Die jeweils geforderten kritischen Reflexionen der erarbeiteten Lösungen zu den Fallstudien stellen auf die Vielfalt der Lösungswege und -vorschläge ab.

https://doi.org/10.1515/9783110631043-201

Um einen themenzentrierten Zugang zu den Übungsaufgaben und Fallstudien zu gewähren, ist dem Übungs- und Arbeitsbuch ein **Themenregister** beigefügt. Dieses Register weist die zentralen Rechnungssysteme des operativen Controllings mit ihren Anwendungen in den Übungsaufgaben und Fallstudien aus.

Im Rahmen der Bearbeitung der Fallstudien und Aufgaben verstehen Sie sich bitte als unternehmensinternes Beratungszentrum, das für die Entscheidungsträger innerhalb des Unternehmens Entscheidungsvorlagen zu erarbeiten und damit Entscheidungen vorzubereiten hat – damit aber auch Verhaltenswirkungen bei den Entscheidungsträgern erzeugt bzw. erzeugen kann.

Bearbeitungshinweise

Für die Bearbeitung der Übungen und Fallstudien sind Grundlagenkenntnisse der Allgemeinen Betriebswirtschaftslehre und des betriebswirtschaftlichen Rechnungswesens von großem Vorteil. Dies betrifft insbesondere die Grundlagen der doppelten Buchführung in Konten und die elementaren Grundlagen der Kosten- und Leistungsrechnung. Daneben sind auch **Grundlagenkenntnisse** der Organisationslehre sowie der Unternehmens- und Personalführung hilfreich. Zur Rekonstruktion dieser grundlegenden Sachverhalte seien hier empfohlen:

- Behrens, Reinhard/Feuerlohn, Bernd (2018): Angewandtes Unternehmenscontrolling. Operative Systeme der Planung, Kontrolle und Entscheidung [Lehrbuchteile A und F], Berlin et al.: De Gruyter Oldenbourg.
- Jung, Hans (2016): Allgemeine Betriebswirtschaftslehre, 13., aktualisierte Auflage, Berlin et al.: De Gruyter Oldenbourg.
- Jung, Hans (2012): Arbeits- und Übungsbuch Allgemeine Betriebswirtschaftslehre, 4. Auflage, München: Oldenbourg.
- Jung, Hans (2014a): Controlling, 4., aktualisierte Auflage, München: Oldenbourg.
- Jung, Hans (2014b): Arbeitsbuch Controlling. Aufgaben und Testfragen mit Lösungen zur Klausurvorbereitung, 2., korrigierte und aktualisierte Auflage, München: Oldenbourg.
- Eisele, Wolfgang/Knobloch, Alois Paul (2018): Technik des betrieblichen Rechnungswesens: Buchführung und Bilanzierung, Kosten- und Leistungsrechnung, Sonderbilanzen, 9., vollständig überarbeitete und erweiterte Auflage, München: Vahlen.
- Fischbach, Sven (2017): Grundlagen der Kostenrechnung, 7. Auflage, München: Vahlen.
- Haberstock, Lothar/Breithecker, Volker (2008): Kostenrechnung I. Einführung mit Fragen, Aufgaben, einer Fallstudie und Lösungen, 13., neu bearbeitete Auflage, Berlin: ESV.
- Kalenberg, Frank (2013): Kostenrechnung: Grundlagen und Anwendungen – mit Übungen und Lösungen, 3. Auflage, München: Oldenbourg.

- Thommen, Jean-Paul/Achleitner, Ann-Kristin/Gilbert, Dirk Ulrich/Hachmeister, Dirk/Kaiser, Gernot (2017): Allgemeine Betriebswirtschaftslehre. Umfassende Einführung aus managementorientierter Sicht, 8., vollständig überarbeitete Auflage, Wiesbaden: Springer Gabler.
- Thommen, Jean-Paul/Achleitner, Ann-Kristin/Gilbert, Dirk Ulrich/Hachmeister, Dirk/Jarchow, Svenja/Kaiser, Gernot (2018): Allgemeine Betriebswirtschaftslehre Arbeitsbuch – Repetitionsfragen, Aufgaben, Lösungen, 8., vollständig überarbeitete Auflage, Wiesbaden: Springer Gabler.
- Wöhe, Günter/Döring, Ulrich/Brösel, Gerrit (2016a): Einführung in die Allgemeine Betriebswirtschaftslehre, 26., überarbeitete und aktualisierte Auflage, München: Vahlen.
- Wöhe, Günter/Döring, Ulrich/Brösel, Gerrit (2016b): Übungsbuch zur Einführung in die Allgemeine Betriebswirtschaftslehre, 15., überarbeitete und aktualisierte Auflage, München: Vahlen.

Auch wenn die Übungsaufgaben und die Fallstudien im Übungs- und Arbeitsbuch mit **Lösungen bzw. Lösungshinweisen** ausgestattet sind, sollte im Interesse der Erreichung der Lernziele zunächst eine Bearbeitung ohne vorherige Sichtung der Lösungen bzw. Lösungshinweise erfolgen. Die Lösungen bzw. Lösungshinweise sollen vor allem der Selbstkontrolle dienen, und erst im Rahmen einer Überprüfung der selbst entwickelten Lösungsvorschläge eingesetzt werden. Im Kontext der mathematischen Aufgabenbearbeitung sind gegebenenfalls erforderliche Rundungen grundsätzlich auf die zweite Nachkommastelle vorzunehmen!

Für die Bearbeitung der themenübergreifenden Fallstudien gewinnt der Begriff der Komplexität in betriebswirtschaftlicher Perspektive besondere Bedeutung, da die verschiedenen Rechnungssysteme, die zur Erarbeitung von Lösungsvorschlägen und Entscheidungsvorlagen eingesetzt werden, letztlich Instrumente zur Reduktion der fallbezogenen Komplexitäten darstellen. Erst durch den Einsatz der komplexitätsreduzierenden Rechnungssysteme werden eine Bewältigung der in den Fallstudien vorliegenden vernetzten Problemsituationen und der mit ihnen verbundenen Optimierungsherausforderungen möglich. Da die somit grundsätzlich notwendigen **Komplexitätsreduktionen** zugleich Abstraktionen von der betriebswirtschaftlichen Realität bewirken, stehen die eingesetzten Rechnungssysteme in der potenziellen Gefahr, zur Realitätsferne der Lösungsvorschläge beizutragen, oder gar zur gezielten Gestaltung der resultierenden Entscheidungsvorlagen eingesetzt zu werden. Insofern bedarf es aus betriebswirtschaftlicher, aber auch aus übergeordneter wissenschaftlicher Perspektive immer einer Reflexion der Folgewirkungen der herbeigeführten Komplexitätsreduktionen.

Für die Bearbeitung der Übungsaufgaben und der Fallstudien wünschen wir Ihnen maximalen Erfolg und durchaus auch ein wenig Freude. Neben den Lösungen bzw. den Lösungshinweisen und dem Themenregister bieten die fallbezogenen **Quellenhinweise**, die orientierenden Grundlegungen zu den Begriffen der Komplexität und der Komplexitätsreduktion, sowie das fallstudienbezogene **Glossar** des Übungs- und Arbeitsbuches weitere Wege zur Aufgaben- und Fallbearbeitung und zur zielorientierten Erarbeitung und Vertiefung der Fachinhalte.

Bei der Erstellung des Manuskriptes für das Übungs- und Arbeitsbuch durften wir uns auf geduldige Hilfestellung verschiedener Personen verlassen. Unser besonderer Dank gilt erneut den Mitarbeiterinnen und Mitarbeitern der Hochschulbibliothek Nordhausen für die zeitnahe Materialbeschaffung und -bereitstellung. Dem Senior Acquisitions Editor des Verlages, Herrn Dr. Stefan Giesen, sind wir für die konstruktive Zusammenarbeit ebenfalls sehr verbunden.

Auch bei mehrfachem Korrekturlesen steht leider eine vollständige Erfassung und Elimination aller Fehler nicht zu erwarten. Aus diesem Grunde sind wir für entsprechende **Rückmeldungen** (an: unternehmenscontrolling@hs-nordhausen.de) recht dankbar!

Reinhard Behrens / Bernd Feuerlohn

Inhalt

Themenregister

https://doi.org/10.1515/9783110631043-202

Teil I: **Unternehmensrechnung als Controllingbasis**

1 Übungsaufgaben zu den Controlling-Informationssystemen

Aufgabe 1: Fachbegriffe der Doppik

Ergänzen Sie den nachfolgenden Text um die fehlenden Fachbegriffe:

Die Erfassung der Bestandsveränderungen in der Doppik erfordert folgende Schritte: Für jeden in der Eröffnungsbilanz ausgewiesenen Bilanzposten ist im ersten Buchungskreislauf mindestens ein _____ zu eröffnen; diese Konten sind Einzelabrechnungen der verschiedenen Bilanzpositionen. Die Buchung der Anfangsbestände in diese Konten erfolgt mithilfe des _____. Alle im Verlaufe des Geschäftsjahres zu erfassenden _____ sind entsprechend ihrer jeweiligen Bestandsveränderung zu buchen; hier sind vier unterschiedliche Arten zu unterscheiden. Abschließend erfolgen die Buchung der Schluss- oder Endbestände in das Schlussbilanzkonto und die Ableitung der _____.

Ausgangspunkt und Ergebnis der Doppik sind Bilanzen, die gemäß dem _____ _____ die Vermögens- und Kapitalbestände für einen bestimmten Zeitpunkt offenlegen. Ein weiteres Ziel der Buchführung besteht in der Ermittlung des _____ _____ einer Unternehmung in einem Geschäftsjahr. Hierzu sind im zweiten Buchungskreislauf entsprechende Aufwandskonten und Ertragskonten zu führen, die mithilfe des _____ abzuschließen sind. Gemäß dem Grundsatz der _____ Erfolgsabgrenzung sind Aufwendungen und Erträge unabhängig ihrer _____ ihrer jeweiligen Verursachungsperiode zuzuordnen; man unterscheidet hier zwischen transitorischer und antizipativer _____.

https://doi.org/10.1515/9783110631043-001

Aufgabe 2: Inventar und Bilanz

Der vorsteuerabzugsberechtigte Textileinzelhändler Marco Kaiser (München) hat durch Inventur zum 31. Dezember 2018 folgendes Inventar (in €) ermittelt:

I. VERMÖGEN		
I A. Anlagevermögen		
1. Grundstücke und Bauten		
1.1. bebaute Grundstücke	67.000	
1.2. Geschäftsbauten	100.000	167.000
2. Betriebs- und Geschäftsausstattung		
2.1. Kfz lt. Verzeichnis	15.000	
2.2. sonstige BGA lt. Verzeichnis	10.000	25.000
I B. Umlaufvermögen		
1. Vorräte (Waren)		125.000
2. Forderungen aLuL		18.700
3. Kassenbestand und Guthaben bei Kreditinstituten		
3.1. Kassenbestand	12.300	
3.2. Deutsche Bank München	7.500	
3.3. Dresdener Bank München	20.100	39.900
Summe des Vermögens		**375.600**
II. SCHULDEN		
II A. Langfristige Schulden		
1. Schulden gegenüber Kreditinstituten		
1.1. Bayrische Landesbank	19.000	
1.2. Sparkasse München	15.000	34.000
II B. Kurzfristige Schulden		
1. Verbindlichkeiten aLuL lt. bes. Verzeichnis		30.000
Summe der Schulden		**64.000**
III. REINVERMÖGEN		
Summe des Vermögens		375.600
– Summe der Schulden		64.000
= Reinvermögen		**311.600**

Überführen Sie das vorliegende Inventar in eine (verkürzte) Bilanz (vgl. § 266 HGB)!

Aufgabe 3: Inventar und Bilanz

Der buchführende Zwischenhändler Marco Kaiser (München) hat per Inventur für den 31.12.2018 folgende Bestände ermittelt (das Geschäftsjahr entspricht dem Kalenderjahr):

Bestände	Zeitpunkt 31.12.2018
Kasse	12.000 €
Bankguthaben	50.000 €
Bankdarlehen (langfristig)	300.000 €
Grundstücke/Bauten	350.000 €
Betriebs- und Geschäftsausstattung (BGA)	125.000 €
Vorräte	205.000 €
Verbindlichkeiten aLuL	270.000 €
Forderungen aLuL	208.000 €

1. Ermitteln Sie die daraus resultierenden bilanziellen Gesamtwerte für das Anlagevermögen, das Fremdkapital, das Eigenkapital, die Bilanzsumme, und den Zahlungsmittelbestand!
2. Ermitteln Sie die Liquidität 2. Grades für den 31.12.2018!

Aufgabe 4: Bilanzielle Bestandsveränderungen

Beurteilen Sie die genannten Geschäftsvorfälle hinsichtlich ihrer Zahlungswirksamkeit und der Art der bilanziellen Bestandsveränderung! Beachten Sie dabei beide Buchungskreisläufe.

Nr.	Geschäftsvorfälle (ohne Beträge)
1.	Ablösung von Lieferantenrechnungen durch Barzahlung aus der Geschäftskasse.
2.	Entnahme von Bargeld aus der Geschäftskasse durch den Unternehmer für die Barzahlung der privaten Urlaubsreise.
3.	(Erfolgswirksamer) Verkauf von Waren auf Ziel.
4.	(Erfolgswirksamer) Einkauf von Waren auf Ziel.
5.	(Erfolgswirksame) Warenentnahme durch den Unternehmer für den privaten Verbrauch.
6.	Beschaffung von Gegenständen der Betriebs- und Geschäftsausstattung durch Banküberweisung (vom Geschäftskonto).

Aufgabe 5: Grundlagen der Doppik

Der vorsteuerabzugsberechtigte Textileinzelhändler Marco Kaiser (München) hat durch Inventur zum 31. Dezember 2017 folgende Bestände (in €) ermittelt (AB = Anfangsbestand):

Pkw	10.000	Ladeneinrichtung	10.000
Waren (AB)	50.000	Ford. aLuL	20.000
Kasse	5.000	Bankguthaben	15.000
Verb. aLuL	15.000	Umsatzsteuer (USt.)	5.000

Im Geschäftsjahr 2018 waren folgende Geschäftsvorfälle zu verzeichnen (der Umsatzsteuersatz beträgt 19 %):

Geschäftsvorfälle	Beträge (in €)
1. Zieleinkauf von Waren	11.900,00
2. Banküberweisung der Umsatzsteuerschuld	5.000,00
3. Warenverkauf auf Ziel	5.950,00
4. Reparatur der Kasse, noch nicht bezahlt	78,54
5. Banküberweisung von Kunden zum Ausgleich einer Forderung aLuL	13.560,00
6. Barkauf von Büromaterial	104,72
7. Banküberweisung an Lieferanten zum Ausgleich einer Verb. aLuL	16.950,00
8. Kauf eines (Firmen-) Pkw auf Ziel	27.370,00
9. Barkauf von Benzin	59,50
10. Warenverkauf auf Ziel	53.550,00

1. Bilden Sie das Eröffnungsbilanzkonto und buchen Sie die Anfangsbestände!
2. Buchen Sie die Geschäftsvorfälle und schließen Sie alle Konten ab! Neben den Bestandskonten sind folgende Erfolgskonten zu führen: Wareneingang, Warenerlöse, Bürobedarf, Instandhaltung, Fahrzeugkosten. Der Warenschlussbestand beträgt gemäß Inventur: 55.000 €. Die anderen Schlussbestände stimmen mit den Salden der Konten überein.
3. Ermitteln Sie den Rohgewinn bzw. -verlust sowie den Reingewinn bzw. -verlust!
4. Erstellen Sie die Schlussbilanz gemäß handelsrechtlichem Gliederungsschema!

Aufgabe 6: Grundlagen der Doppik
Der vorsteuerabzugsberechtigte Textileinzelhändler Marco Kaiser (München) hat im abgelaufenen Geschäftsjahr die nachfolgenden Geschäftsvorfälle (Nettobeträge, der Umsatzsteuersatz beträgt 19 %) verzeichnet; alle Überweisungsvorgänge erfolgen über das Geschäftskonto:

Geschäftsvorfälle	Nettobeträge (in €)
1. Banküberweisung der Umsatzsteuerschuld	14.000,00
2. Wareneinkauf auf Ziel	300.000,00
3. Warenverkauf auf Ziel	700.000,00
4. Warenverkauf gegen Banküberweisung	900.000,00
5. Tilgung von Verb. aLuL durch Banküberweisung	30.000,00
6. Zahlung der privaten Krankenversicherung per Banküberweisung	1.500,00
7. Entnahme aus der Geschäftskasse für eine (private) Urlaubsreise	5.000,00
8. Barzahlung von Kunden zum Ausgleich einer Forderung aLuL	24.000,00
9. Barzahlung privater Verbindlichkeiten (Geschäftskasse)	22.300,00
10. Kauf einer EDV-Anlage auf Ziel	125.000,00
11. Wareneinkauf auf Ziel	550.000,00
12. Ablösung von Lieferantenrechnungen mit privaten Finanzmitteln	100.000,00
13. Abschreibung auf Büroeinrichtung	16.000,00

1. Bilden Sie die Buchungssätze zu den Geschäftsvorfällen! Außer den Bestandskonten Waren, Kasse, Bank, Forderungen aLuL, Verbindlichkeiten aLuL, Eigenkapital, Betriebs- und Geschäftsausstattung (BGA), Vorsteuer, Umsatzsteuer (USt.) und dem Privatkonto werden die Erfolgskonten Wareneingang, Warenerlöse und Abschreibungen geführt. Ermitteln Sie den Liquiditätssaldo!
2. Ermitteln Sie den Rohgewinn bzw. -verlust sowie den Reingewinn bzw. -verlust, wenn der Warenanfangsbestand dem Warenschlussbestand wertmäßig entspricht.
3. Ermitteln Sie den Rohgewinn bzw. -verlust sowie den Reingewinn bzw. -verlust, wenn am Ende des Geschäftsjahres eine (Waren-) Bestandsminderung in Höhe von 550.000 € festgestellt wird.
4. Am Ende des Geschäftsjahres ist eine Eigenkapitalminderung in Höhe von 10.000 € festzustellen. Ermitteln Sie auf dieser Grundlage den Reingewinn bzw. -verlust.
5. Am Ende des Geschäftsjahres ist eine Eigenkapitalmehrung in Höhe von 25.000 € festzustellen. Ermitteln Sie auf dieser Grundlage den Reingewinn bzw. -verlust.

Aufgabe 7: Grundlagen der Doppik

Der vorsteuerabzugsberechtigte Textileinzelhändler Marco Kaiser (München) hat am Ende des Geschäftsjahres 2018 folgendes Eigenkapitalkonto ermittelt (der Umsatzsteuersatz auf alle Geschäftsvorfälle beträgt 19 %):

Eigenkapitalkonto (in €):			
Soll			Haben
Privatkonto	550.000,00	Anfangsbestand	850.000,00
Gewinn- und Verlustkonto	270.000,00		
Endbestand	30.000,00		
	850.000,00		850.000,00

1. Beziffern Sie den Eigenkapitalanfangsbestand, den Eigenkapitalendbestand, die Eigenkapitaländerung in 2018, sowie die betrieblich und die privat bedingte Eigenkapitaländerung in 2018!
2. Im abgelaufenen Geschäftsjahr 2018 waren als Erträge lediglich Warenerlöse in Höhe von 310.000 € zu verzeichnen. Ermitteln Sie den Wareneinsatz unter der Annahme, dass daneben „übrige Aufwendungen" in Höhe von 180.000 € verursacht wurden. Stellen Sie hierzu das Gewinn- und Verlustkonto vollständig mit allen Aufwands- und Ertragsarten und mit den zugehörigen Beträgen dar!
3. Im abgelaufenen Geschäftsjahr 2018 wurden Privatentnahmen in Höhe von insgesamt 630.000 € getätigt. Ermitteln Sie den Gesamtbetrag der Privateinlagen!

Aufgabe 8: Fachbegriffe der Kostenrechnung

Ergänzen Sie den nachfolgenden Text um die fehlenden Fachbegriffe:

Da der in der Buchführung erfasste Aufwand den gesamten Verbrauch von Gütern pro Periode repräsentiert, stellen nicht alle Aufwendungen zugleich auch Kosten dar. Der Teil des Aufwandes, der kein Kostenbestandteil ist, wird als _____ Aufwand oder auch als Nichtkosten bezeichnet. Man unterscheidet hier drei Arten:

Der _____ Aufwand ist dadurch gekennzeichnet, dass er mit der Betriebs- und Geschäftstätigkeit nicht direkt in Zusammenhang steht, wie bspw. Spenden einer Organisation an karitative Einrichtungen. Der _____ Aufwand zeichnet sich dadurch aus, dass er einer anderen Abrechnungsperiode zugehörig ist, wie z. B. Steuernachzahlungen für frühere Jahre. Bei dem _____ Aufwand handelt es sich bspw. um Katastrophenschäden.

Die Kosten- und Leistungsrechnung lässt sich in drei aufeinander aufbauende Stufen unterteilen: Die _____ soll die Frage beantworten: Welche Kosten sind in welcher Höhe angefallen? Die im Rahmen der _____ zu beantwortende Frage lautet: Wo sind die Kosten angefallen? Die Ermittlung der Selbstkosten für die Leistungen bezeichnet man als Kostenträgerstückrechnung oder auch als _____, die für die Bildung von Angebotspreisen grundlegend ist. Werden die Kosten und Leistungen einer Abrechnungsperiode ausgewiesen, dann handelt es sich um eine Kostenträgerzeitrechnung, in der als zentrale Kennzahl das _____ ermittelt wird.

Ein zentrales Instrument der Kosten- und Leistungsrechnung stellt der _____ _____ dar, der eine Verteilung der Gemeinkosten auf die Kostenstellen gewährleisten soll. Die innerbetriebliche Leistungsverrechnung soll die Kosten für die innerbetrieblich erbrachten Leistungen verrechnen und bewirkt damit eine sogenannte Auflösung der _____. Damit die Kosten- und Leistungsrechnung zu aussagekräftigen Ergebnissen gelangen kann, sollten diese Kostenverteilungen auf Kostenstellen möglichst nach dem _____ erfolgen.

Aufgabe 9: Herleitung der Kostendaten

Ordnen Sie die Kosten- und Leistungsrechnung in die Informationssysteme der Unternehmensrechnung ein und erläutern Sie ausführlich die Herleitung der Kostendaten!

Aufgabe 10: Grundlagen der Kostenrechnung

1. Die CYCLE GmbH hat eine jährliche Fertigungskapazität in Höhe von 2.000 Maschinenstunden. Im Jahr 2017 wurden 1.500 Maschinenstunden, im Jahr 2018 wurden 1.880 Maschinenstunden in Anspruch genommen. Ermitteln Sie die entsprechenden Beschäftigungsgrade für diese beiden Perioden!
2. Eine Drehbank bei der CYCLE GmbH verursacht jährlich fixe Kosten in Höhe von 15.000 €. Bei einer Jahreskapazität in Höhe von 600 Stunden wurde sie in der ver-

gangenen Jahresperiode 495 Stunden genutzt. Ermitteln Sie auf dieser Grundlage die Nutz- und Leerkosten für das vergangene Jahr!

3. Bei einer Erhöhung der Ausbringungsmenge von 1000 auf 1250 Leistungseinheiten steigen die Kosten von 3.000 € auf 3.300 € an. Ermitteln Sie den Reagibilitätsgrad und bestimmen Sie mithilfe des Reagibilitätsgrades die variablen bzw. fixen Kostenanteile!

Aufgabe 11: Grundlagen der Kostenrechnung

Gegeben ist die Umsatzfunktion mit $U(x) = 6x$ und die zugehörige Kostenfunktion mit $K(x) = 2x + 2500$; die Kapazitätsgrenze liegt bei 1000 Leistungseinheiten. Ermitteln Sie unter Verwendung dieser Funktionen

1. graphisch und rechnerisch die Nutzenschwelle (Break-even-Punkt)
2. die Gewinnfunktion und den Gewinn im Gewinnmaximum
3. Grenzkosten und Durchschnittskosten in der Nutzenschwelle
4. den Gewinn bei einem Beschäftigungsgrad von 57,5 %
5. den Beschäftigungsgrad in der Nutzenschwelle.

Aufgabe 12: Grundlagen der Kostenrechnung

1. Die CYCLE GmbH benötigt Karosserieteile, die ihr von der FREESE GmbH für 28 € pro Stück angeboten werden. Würde die CYCLE GmbH die Karosserieteile selbst fertigen, entstünden (einmalige) fixe Kosten in Höhe von 880 €, und jedes Karosserieteil verursachte variable Kosten in Höhe von 20 €. Ermitteln Sie die kostengünstigere Alternative und bestimmen Sie den Break-Even-Punkt bzgl. des Günstigkeitswechsels!

2. Die CYCLE GmbH benötigt Zulieferteile für die Fertigung von Fräsmaschinen. Es werden folgende Angebote eingeholt: Die PETER & SOHN GbR bietet die Zulieferteile zu einem Stückpreis von 23 € an. Für die Verpackung werden pro 100 Stück 6 € berechnet. Zahlbar ist netto Kasse binnen 30 Tagen; die Lieferung erfolgt frei Haus. Die FREESE GmbH bietet die Zulieferteile zum Preis von 30 € an; bei Abnahme von mindestens 1.000 Stück wird ein Rabatt von 25 % gewährt. Bei Zahlung innerhalb von 10 Tagen nach Rechnungsstellung ist ein Skontoabzug von 4 % möglich. Bei Bestellung von mehr als 500 Stück werden keine Verpackungskosten berechnet; andernfalls erfolgt eine Kostenbeteiligung von 3 € pro 100 Stück. Die Lieferung erfolgt frei Haus.

   Die CYCLE GmbH erwägt folgende Beschaffungsalternativen: Bezug von 300 Stück, Bezug von 800 Stück, Bezug von 1.300 Stück. Ermitteln Sie, bei welchem Lieferanten die alternativen Beschaffungsmengen unter Ausnutzung möglicher Anschaffungspreisminderungen am kostengünstigsten bezogen werden können!

Aufgabe 13: Grundlagen der Vollkostenrechnung

Beschreiben Sie die Grundstruktur der Vollkostenrechnungen und die dieser Kostenrechenart zugrunde liegende Differenzierung der Kosten!

Aufgabe 14: Kostenartenrechnung – Verbrauchsmengenermittlung

1. Die CYCLE GmbH erfasst den Verbrauch von Stoffen belegmäßig. Am 01.03.2019 beträgt der Bestand an Benzin 30.000 Liter. Am 10., 20. und 30. des Monates werden je 7.500 Liter entnommen, am 25. des Monates trifft eine Lieferung in Höhe von 6.000 Litern ein. Ermitteln Sie den Bestand zum Monatsende!

2. Bei der PETER & SOHN GbR wird der Verbrauch nicht belegmäßig erfasst. Der Bestand an unfertigen Erzeugnissen betrug am 31.12.2018: 70 Container à 250 unfertige Erzeugnisse. Bestellt worden sind am 10.01.2019 und am 20.02.2019 je 100 Container à 400 unfertige Erzeugnisse, die jeweils 3 Tage nach Bestellung geliefert worden sind. Die Inventur am 31.03.2019 ergibt, dass noch 20 Container à 250 unfertige Erzeugnisse und 65 Container à 400 unfertige Erzeugnisse vorrätig sind. Ermitteln Sie den Verbrauch im ersten Quartal 2019!

Aufgabe 15: Kostenartenrechnung – Verbrauchsmengenbewertung

Folgende Bestandsveränderungen sind für die Abrechnungsperiode Juni 2019 für einen Materialbestand (in Leistungseinheiten) ermittelt worden:

	Termin	Anzahl [LE]	Preis/LE [€]
Bestand	01.06.19	500	24,00
Zugang 1	12.06.19	1.200	21,60
Zugang 2	15.06.19	800	21,20
Abgang 1	18.06.19	1.400	–
Zugang 3	20.06.19	600	28,40
Abgang 2	29.06.19	1.000	–

Ermitteln Sie die Endbestands- und Verbrauchswerte nach der periodischen Durchschnittsbewertung, sowie nach dem Last-in-First-Out-Verfahren und dem First-in-First-out-Verfahren!

Aufgabe 16: Kostenartenrechnung – Kalkulatorische Kosten

1. Eine Fertigungsanlage der CYCLE GmbH hat einen Anschaffungskostenwert von 540.000 € und einen Wiederbeschaffungswert von 810.000 €. Die Gesamtleistung über die Lebensdauer von 10 Jahren ist nach bisherigen Erfahrungen mit einem Fertigungsvolumen von 270.000 LE zu bemessen. Im ersten Jahr der Nutzung wird ein Fertigungsumfang in Höhe von 82.000 LE, im zweiten Jahr ein Fertigungsumfang in Höhe von 49.000 LE ermittelt. Bestimmen Sie nach der leistungsbezogenen Abschreibungsmethode den Abschreibungsbetrag pro LE und die Abschreibungsbeträge für die erste und zweite Periode!

2. Eine Maschine der CYCLE GmbH hat einen Anschaffungskostenwert von 320.000 € (der dem Wiederbeschaffungswert entspricht). Die tatsächliche Nutzungsdauer umfasst nach bisherigen Erfahrungen 6 Jahre, der verbleibende Restwert beträgt dann 26.000 €. Bestimmen Sie nach der arithmetisch-degressiven (digitalen)

Abschreibungsmethode den Degressionsbetrag (D) und die Abschreibungsbeträge für die erste und zweite Periode!

3. Die CYCLE GmbH berücksichtigt auf Grundlage der Daten aus den vergangenen fünf Wirtschaftsperioden in ihrer Kostenrechnung folgende Wagnisse, die nicht durch Versicherungsabschluss gedeckt sind: Die durchschnittliche störungsbedingte Ausfallzeit einer Fertigungsanlage beträgt pro Arbeitstag 20 Minuten bei 220 Arbeitstagen pro Jahr; der Reparaturkostensatz pro Std. beträgt 25 €. Die durch Schwund bedingten irregulären Bestandsminderungen im Eingangslager betreffen pro Jahr ca. 5 % des durchschnittlichen Bestandes; der Anfangsbestandswert im Eingangslager beträgt 100.000 €, der Endbestandswert umfasst 20.000 €. Die Kosten für die Garantieleistungen betragen pro Jahr ca. 4 % des Umsatzes; der Jahresumsatz beträgt 520.000 €. Ermitteln Sie die zugehörigen kalkulatorischen Wagniskosten (jährlich)!

Aufgabe 17: Grundlagen der Kostenstellenrechnung

1. Nennen Sie jeweils vier Beispiele für Kostenstellen des Material-, des Fertigungs-, des Verwaltungs-, des Vertriebs- und des Allgemeinen Bereiches! Erläutern Sie kurz den Unterschied zwischen Hilfs- und Hauptkostenstellen!
2. Erläutern Sie den Unterschied zwischen Kostenstelleneinzel- und Kostenstellengemeinkosten!

Aufgabe 18: Kostenstellenrechnung – Kostenverrechnung

1. Bei der CYCLE GmbH wird der Kraftstromverbrauch in den einzelnen Fertigungskostenstellen mithilfe von Verbrauchszählern erfasst. Für den Verbrauch im Jahr 2018 hat das Elektrizitätswerk einen Betrag in Höhe von 29.700 € in Rechnung gestellt. In den Kostenstellen wurden für 2018 die nachfolgend aufgeführten Einzelverbräuche festgestellt. Ermitteln Sie die primären Gemeinkosten der Fertigungskostenstellen!

Kostenstelle	Verbrauch [MWh]
Arbeitsvorbereitung	70
Aus-/Weiterbildung	0
Vormontage	13
Hauptmontage	35
Endmontage	25
Verpackung	37

2. Bei der CYCLE GmbH wurden im Jahr 2018 für die Betriebsbibliothek Kosten in Höhe von 28.900 € verursacht. Nehmen Sie eine Kostenumlage nach der Anzahl der Mitarbeiter in den Kostenstellen vor und ermitteln Sie die primären Gemeinkosten der Kostenstellen. Erläutern Sie kurz die unterstellte Proportionalitätsbeziehung!

Kostenstelle	Anzahl Mitarbeiter
Geschäftsführung	6
Arbeitsvorbereitung	9
Vormontage	70
Endmontage	105
FE-Lager	56
Verwaltung	34
Vertrieb-Außendienst	46
Vertrieb-Innendienst	14

Aufgabe 19: Kostenstellenrechnung – Kostenverteilung im BAB

1. Im BAB finden sich nachfolgend aufgeführte Summen für die primären Gemeinkosten (GuGB = Grundstücks- und Gebäudebewirtschaftung):

KoSt.	Vorkostenstellen		Material-	Fertigungs-	Verwaltungs-	Vertriebs-
	Fuhrpark	GuGB	bereich	bereich	bereich	bereich
Gk (primär)	147.000	107.604	116.030	2.688.262	1.415.894	898.798

Die beiden Vorkostenstellen erbrachten im Abrechnungszeitraum folgende Leistungen:

Fuhrpark an KoSt...	
GuGB	15.000 km
Material	91.000 km
Fertigung	690.000 km
Verwaltung	110.000 km
Vertrieb	89.000 km

GuGB an KoSt...	
Fuhrpark	70 Std.
Material	630 Std.
Fertigung	900 Std.
Verwaltung	880 Std.
Vertrieb	350 Std.

Führen Sie eine innerbetriebliche Leistungsverrechnung nach dem Anbauverfahren (auf Vollkostenbasis) durch!

2. Im BAB finden sich nachfolgend aufgeführte Summen für die primären Gemeinkosten:

KoSt.	Vorkostenstellen		Material-	Fertigungs-	Verwaltungs-	Vertriebs-
	Fuhrpark	GuGB	bereich	bereich	bereich	bereich
Gk (primär)	45.760	213.480	101.880	2.839.180	477.032	214.815

Die Kosteneinsätze der beiden Vorkostenstellen sind auf Basis folgender Bezugsgrößen umzulegen:

Kostenstelle	Fläche (m²)	Fahrleistung (km)
GuGB	480	48.000
Fuhrpark	1.500	93.000
Material	4.500	87.000
Fertigung	5.500	63.000
Verwaltung	1.900	111.000
Vertrieb	900	381.000

Bilden Sie die Verrechnungssätze und führen Sie eine innerbetriebliche Leistungsverrechnung nach dem Stufenleiterverfahren (auf Vollkostenbasis) durch!

Aufgabe 20: Kostenstellenrechnung – Kostenverteilung im BAB
In einem BAB ist der gegenseitige Leistungsaustausch zwischen zwei Hauptkostenstellen zu verrechnen. Nach Durchführung der Primärverteilung finden sich in den beiden Hauptkostenstellen A und B folgende Summen für die primären Gemeinkosten:

Kostenstelle A: 60.000 €   Kostenstelle B: 156.000 €

Kostenstelle A erbrachte in der Abrechnungsperiode insgesamt 50.000 Leistungseinheiten, von denen 10.000 Leistungseinheiten an Kostenstelle B weitergegeben wurden. Kostenstelle B erstellte in dem Abrechnungszeitraum insgesamt 85.000 Leistungseinheiten, von denen 5.000 Leistungseinheiten an Kostenstelle A geliefert wurden. Ermitteln Sie im Rahmen der gegenseitigen Leistungsverrechnung die Verrechnungssätze für die erbrachten Leistungen, sowie die Gemeinkosten in beiden Kostenstellen nach gegenseitiger Leistungsverrechnung!

Aufgabe 21: Kostenstellenrechnung – Kostenverteilung im BAB
Folgende Daten (in €) aus der Kostenstellenrechnung eines öffentlichen Unternehmens stehen zur Verfügung:

Kostenstellen		Allg. Bereich		Fertigung			Material-bereich	Verw.-/Vertrieb
		WW	EW	KoSt A	KoSt B	KoSt C		
Gehälter:	200.000	60.000	20.000	40.000	20.000	30.000	6.000	24.000
Instand-haltung:	80.000	10.000	24.000	6.000	20.000	20.000	0	0
Kalk. Abs.:	60.000	10.000	16.000	8.000	14.000	12.000	0	0

Die Kosteneinsätze der Vorkostenstellen aus dem allgemeinen Bereich (WW = Wasserwerk; EW = Elektrizitätswerk) sind auf Basis folgender Verbrauchswerte umzulegen:

Verbrauch in Einheiten	Wasserverbrauch (l)	Stromverbrauch (kWh)
E-Werk	20.000	–
Wasserwerk	–	400.000
Fertigungsstelle A	100.000	100.000
Fertigungsstelle B	40.000	740.000
Fertigungsstelle C	30.000	500.000
Materialstelle	0	100.000
Verw.- u. Vertriebsstelle	10.000	200.000

Ermitteln Sie die Verrechnungssätze für die erbrachten Leistungen auf Basis einer gegenseitigen Leistungsverrechnung). Nehmen Sie die Umlage auf die empfangenden Kostenstellen vor und weisen Sie die Gemeinkosten der Kostenstellen aus!

Aufgabe 22: Kostenträgerstückrechnung

Bei der CYCLE GmbH wurden die Kosten für die Serienfertigung der beiden Serienprodukte A und B in dem folgenden BAB für das Jahr 2018 wie folgt erfasst (Angaben in €):

Hauptkostenstellen:	Material	Fertigung	Verwaltung	Vertrieb
Einzelkosten	FM 60.000	FL 80.000	–	–
Σ Gemeinkosten (nach Umlage)	120.000	240.000	125.000	200.000

Weitere Angaben:　　SoEk d. Fertigung = 0　　SoEk d. Vertriebes = 0
　　　　　　　　　　Es liegen keine Bestandsveränderungen in den Lägern vor

1. Ermitteln Sie die Herstellkosten des Umsatzes und die Zuschlagsätze für die Verteilung der Gemeinkosten!
2. Die Einzelkosten für Serienprodukt B betragen: Fertigungsmaterial = 30.000 € und Fertigungslohn = 50.000 € (jeweils für die Serienmenge). Ermitteln Sie für das Serienprodukt B im Rahmen einer (differenzierenden) Zuschlagskalkulation die Herstellkosten des Umsatzes (der Serienmenge) und die Selbstkosten der Serienmenge!

Aufgabe 23: Kostenträgerstückrechnung

Die CYCLE GmbH fertigt zwei Arten von Kleinmaschinen. Im Jahr 2018 wurden im Rahmen einer Serienfertigung 40 Maschinen Typ A und 50 Maschinen Typ B hergestellt. Dabei sind folgende Kosten angefallen:

Kostenarten	Maschinen Typ A [T€]	Maschinen Typ B [T€]
Fertigungsmaterial	160	200
Fertigungslöhne	100	120
Fertigungsgemeinkosten	25	40
Materialgemeinkosten	32	50
Sondereinzelkosten der Fertigung	10	12
Sondereinzelkosten des Vertriebs	12	16
Verwaltungsgemeinkosten	30	30
Vertriebsgemeinkosten	25	25

Ermitteln Sie die Selbstkosten pro Einheit beider Erzeugnisse!

Aufgabe 24: Kostenträgerzeitrechnung

Die CYCLE GmbH fertigt zwei Arten von Kleinmaschinen. Im Jahr 2018 wurden im Rahmen einer Serienfertigung 40 Maschinen Typ A und 50 Maschinen Typ B hergestellt. Dabei sind folgende Kosten angefallen:

Kostenarten	Maschinen Typ A [T€]	Maschinen Typ B [T€]
Fertigungsmaterial	160	200
Fertigungslöhne	100	120
Fertigungsgemeinkosten	25	40
Materialgemeinkosten	32	50
Sondereinzelkosten der Fertigung	10	12
Sondereinzelkosten des Vertriebs	12	16
Verwaltungsgemeinkosten	30	30
Vertriebsgemeinkosten	25	25

Im Jahr 2018 wurden genau die hergestellten 40 Maschinen Typ A und auch genau die hergestellten 50 Maschinen Typ B abgesetzt. Dabei ist durch den Absatz der Typ-A-Maschinen ein Umsatzerlös in Höhe von 394 T€, und durch den Absatz der Typ-B-Maschinen ein Umsatzerlös in Höhe von 425 T€ erwirtschaftet worden. Ermitteln Sie die Betriebsergebnisanteile beider Erzeugnisse, sowie das Betriebsergebnis insgesamt!

Aufgabe 25: Kostenträgerzeitrechnung

Die PETER & SOHN GbR fertigt die zwei Erzeugnisse A und B. In 2018 hatte sie ein Umsatzvolumen von 2.600.000 €; gefertigt wurden von A 300 Einheiten und von B 450 Einheiten. Vom Erzeugnis A wurden 250 und vom Erzeugnis B 450 Einheiten verkauft. Die Herstellkosten betrugen pro Einheit bei A 2.500 € und pro Einheit bei B 2.700 €. Die in 2018 entstandenen Gesamtkosten betrugen 2.200.000 €. Ermitteln Sie für das Jahr 2018 das Betriebsergebnis nach dem GKV.

Aufgabe 26: Grundlagen der Teilkostenrechnung

Beschreiben Sie die Grundstruktur der Teilkostenrechnungen und die dieser Kostenrechenart zugrunde liegende Differenzierung der Kosten!

Aufgabe 27: Einstufige Deckungsbeitragsrechnung

Die FREESE GmbH, ein Einproduktunternehmen, produziert jährlich 8.000 LE eines Erzeugnisses, das zu einem Stückpreis p = 35 € abgesetzt werden kann. Die variablen Stückkosten betragen 15 €, die fixen Kosten pro Jahr 50.000 €; die Kapazitätsauslastung beträgt derzeit 60 %. Aufgrund einer Marktanalyse wird festgestellt, dass die Absatzmenge bei einer gleichzeitigen Preissenkung um 3 €/LE um 1.200 LE pro Jahr erhöht werden könnte. Ermitteln Sie die entsprechenden Auswirkungen auf die Nutz- und Leerkosten, den Beschäftigungsgrad, den db, die Gewinnschwelle, den Umsatz, den DB und den Gewinn.

Aufgabe 28: Fixkostendeckungsrechnung

Die LANDBAU AG fertigt im Rahmen einer Sortenfertigung drei Pflanzenschutzprodukte, die für das Jahr 2018 mit folgenden Umsatzerlösen und Selbstkosteneinsätzen erfasst wurden:

Daten:	Produkt A	Produkt B	Produkt C
Umsatzerlöse (in €)	800.000 €	400.000 €	350.000 €
Selbstkosten des Umsatzes (in €)	400.000 €	500.000 €	210.000 €

Im Rahmen der Kostenauflösung wird für alle drei Kostenstellen festgestellt, dass jeweils 30 % der Kosten variabel sind. Der Fixkostenblock teilt sich in restfixe Kosten in Höhe von 177.000 €, produktgruppenfixe Kosten für A und B in Höhe von 90.000 €. Die restlichen Fixkosten sind als produktfixe Kosten den Kostenträgern mit jeweils gleichem Anteil zuzuweisen. Ermitteln Sie für das Jahr 2018 den Erfolg auf Grundlage einer mehrstufigen Deckungsbeitragsrechnung!

Aufgabe 29: Fixkostendeckungsrechnung

Die CYCLE GmbH, ein Unternehmen mit den Produktionsstufen I und II, fertigt die 4 Produkte A, B, C, D; die beiden Produkte C und D durchlaufen lediglich die erste Produktionsstufe, während A und B in zwei Produktionsstufen gefertigt werden müssen. Zum Ende einer Abrechnungsperiode werden folgende Daten erhoben:

	Produkt A	Produkt B	Produkt C	Produkt D
Herstellmenge (LE)	**10.000**	**6.000**	**4.900**	**4.700**
Bestandsveränderung Lager	+2.000	−1.000	−1.500	−300
Variable Stückkosten (k_v)	160 €	280 €	220 €	240 €
Verkaufspreis je Stück (p)	300 €	440 €	360 €	400 €
Erzeugnisfixe K_f (Stufe 1)	125.000 €	140.000 €	80.000 €	105.000 €
Erzeugnisgruppenfixe K_f (Stufen 1+2)	290.000 € (beide Stufen)		40.000 € (nur 1.Stufe)	

Die fixen Kosten der Abrechnungsperiode betragen insgesamt 1.200.000 €. Bestimmen Sie den Erfolg auf Grundlage einer Fixkostendeckungsrechnung. Ermitteln Sie auch die Stückdeckungsbeiträge auf der ersten und zweiten Stufe.

Aufgabe 30: Voll- vs. Teilkostenrechnung

Rekonstruieren Sie anhand der zugrunde liegenden Verfahren der Kostenzurechnung und der Kostenträgerzeitrechnung die wesentlichen Unterschiede zwischen den Voll- und Teilkostenrechnungen!

Aufgabe 31: Voll- vs. Teilkostenrechnung

Entwickeln Sie einen kurzen, kritisch würdigenden Vergleich der Voll- und Teilkostenrechnungen!

Aufgabe 32: Operative Entscheidungsrechnung

1. Die LANDBAU AG fertigt im Rahmen einer einstufigen Sortenfertigung drei Pflanzenschutzprodukte (eine Parallelfertigung ist nicht möglich); für die Teilkostenrechnung sollen folgende Daten gelten:

Produkt	Max. Absatzmenge/ Abrechnungsperiode	Fertigungszeit/ LE	Deckungsbeitrag/ LE
A	12.000 LE	40 min	20 €
B	1.000 LE	60 min	35 €
C	4.000 LE	80 min	38 €

Bestimmen Sie die relativen Deckungsbeiträge [€/Std.]! Die zur Verfügung stehende gesamte Fertigungszeit beträgt 3.400 Stunden/Periode. Welche Produkte sollten in welchen Mengen hergestellt werden? Ermitteln Sie den maximalen Deckungsbeitrag/Periode!

2. Die AGROCHEMICAL AG fertigt im Rahmen einer einstufigen Sortenfertigung zwei Pflanzenschutzprodukte (eine Parallelfertigung ist nicht möglich); für die Teilkostenrechnung sollen folgende Daten gelten:

Produkt	Max. Absatzmenge/ Abrechnungsperiode	Fertigungszeit/ LE	Deckungsbeitrag/ LE
A	3.000 LE	40 min	20 €
B	2.500 LE	80 min	36 €

Die in der Abrechnungsperiode zur Verfügung stehende gesamte Fertigungszeit beträgt 3.200 Fertigungsstunden. Ermitteln Sie die relativen Deckungsbeiträge [€/Std.], sowie den maximalen Deckungsbeitrag der Abrechnungsperiode mit den entsprechenden Herstellmengen der Produkte! Wie hoch wäre der Deckungsbeitrag der Periode, wenn als Auswahlkriterium nicht der relative Deckungsbeitrag, sondern der absolute Deckungsbeitrag herangezogen würde?

Aufgabe 33: Operative Entscheidungsrechnung

Die CYCLE GmbH fertigt die zwei Produkte A und B in Serie. Die Gesamtproduktions-
menge/Jahr des Produktes A beträgt 200.000 LE mit variablen Herstellungskosten in
Höhe von 1.500 €/LE. Die auflagenfixen Kosten pro Serienwechsel betragen 9.375 €. Es
ist ein zusammengefasster Zins- und Lagerkostensatz in Höhe von 10 % anzunehmen.

1. Bestimmen Sie die optimale Losgröße (x_{opt}). Bestimmen Sie die Anzahl der Serienwechsel und die auflagefixen Kosten pro Periode für die optimale Losgröße.
2. Bestimmen Sie die Zins- und Lagerkosten bei einer technisch realisierbaren Losgröße von 1.000 LE. Bestimmen Sie die Zins- und Lagerkosten bei einer technisch
   realisierbaren Losgröße von 3.000 LE.
3. Welche zentralen Kostenwirkungen sind bei einer vollständigen Synchronisation
   der Produktion zu erwarten? Aufgrund der erheblichen Preisschwankungen der
   Materialien (für die Herstellung von Produkt A) am Beschaffungsmarkt schwan-
   ken entsprechend auch die variablen Herstellungskosten/LE. Wie änderte sich die
   optimale Losgröße bei einer Erhöhung/Verringerung der variablen Herstellungs-
   kosten/LE?

Aufgabe 34: Operative Entscheidungsrechnung

Die CYCLE GmbH fertigt die zwei Produkte A und B in Serie. Die Gesamtproduktions-
menge/Jahr des Produktes A beträgt 120.000 LE mit variablen Herstellungskosten in
Höhe von 1.000 €/LE. Die auflagenfixen Kosten pro Serienwechsel betragen 30.000 €.
Es ist ein zusammengefasster Zins- und Lagerkostensatz in Höhe von 20 % anzunehmen.

1. Bestimmen Sie die optimale Losgröße (x_{opt}). Bestimmen Sie die Anzahl der Serienwechsel und die auflagefixen Kosten pro Periode für die optimale Losgröße.
2. Bestimmen Sie die Zins- und Lagerkosten bei einer technisch realisierbaren Losgröße von 5.000 LE. Welche zentralen Kostenwirkungen sind bei einer vollständigen Emanzipation der Produktion zu erwarten?
3. Erläutern Sie die wesentlichen Annahmen, die dem Modell der optimalen Losgröße zugrunde liegen.

Aufgabe 35: Operative Entscheidungsrechnung

1. Die AGROCHEMICAL AG fertigt im Rahmen einer einstufigen Sortenfertigung drei
   Pflanzenschutzprodukte, die alle dieselbe Fertigungsanlage beanspruchen (eine
   Parallelfertigung ist nicht möglich); für die Teilkostenrechnung sollen folgende
   Daten gelten:

Produkt	A	B	C
maximale Absatzmenge	600 LE	1.000 LE	1.500 LE
Stückerlöse	125 €	110 €	104 €
variable Stückkosten	80 €	50 €	64 €
Belegzeit der Anlage je LE	30 min	20 min	20 min

Die Fertigungsanlage steht in der Abrechnungsperiode lediglich mit einem Umfang in Höhe von 50.000 Minuten zur Verfügung. Bestimmen Sie zunächst (unabhängig der Verfügbarkeit) die insgesamt erforderliche Anlagenzeit zur Herstellung der maximalen Absatzmengen! Ermitteln Sie anschließend mithilfe der relativen Deckungsbeitragsrechnung das optimale Produktionsprogramm (vor dem Hintergrund der engpasswirksamen Kapazitätsbeschränkung) mit den zugehörigen Anlagebelegzeiten!

2. Für die Produktion des Produktes B werden pro Leistungseinheit 3 kg eines speziellen Rohstoffes benötigt. Der Beschaffungspreis beträgt momentan 6 €/kg; er ist in den variablen Stückkosten bereits berücksichtigt. Es wird erwartet, dass der Beschaffungspreis für diesen Rohstoff steigen wird. Bestimmen Sie zunächst die für die Situation der Unterbeschäftigung geltende Preisobergrenze für den Rohstoff (pro kg), bis zu der die Produktion des Produktes B aus kostenrechnerischer Perspektive zu empfehlen wäre. Ermitteln Sie anschließend die Preisobergrenze für den Rohstoff (pro kg) für den Fall, dass die Fertigungsanlage in der Abrechnungsperiode lediglich mit einem Umfang in Höhe von nur 50.000 Minuten zur Verfügung steht! Bestimmen Sie abschließend die optimalen Produktionsprogramme für einen Rohstoffbeschaffungspreis in Höhe von 18 €/kg und in Höhe von 30 €/kg

Aufgabe 36: Single-Choice-Test (Binärfragen)
Beurteilen Sie die nachfolgend aufgeführten Aussagen durch Ankreuzen (Ja, richtig / Nein, falsch)!

		Ja	Nein
1.	Kosten stellen immer betrieblich bedingte Änderungen des Geldvermögensbestandes dar.		
2.	Gemeinkosten sind ausschließlich fixe Kosten.		
3.	Nach dem Kriterium „Verrechnungsbezug" wird zwischen variablen und fixen Kosten differenziert.		
4.	Variable Kosten sind immer Einzelkosten.		
5.	Die Gesamtkosten setzen sich aus den Einzelkosten und den Zusatzkosten zusammen.		
6.	Kosten und Leistungen verändern die Bestandsgröße Reinvermögen.		

7. Der betriebsfremde Aufwand gehört zu den Grundkosten.

Ja	Nein

8. Zusatzkosten sind Kosten, denen in der Buchführung kein Aufwand gegenübersteht.

Ja	Nein

9. Grundkosten sind betragsgleiche Zweckaufwendungen.

Ja	Nein

10. Der Barkauf eines Rohstoffbestandes im Dezember 2019, der erst im Januar 2020 verbraucht wird, ist als Kosteneinsatz der Abrechnungsperiode 2019 zuzurechnen.

Ja	Nein

11. Kalkulatorische Abschreibungen repräsentieren Kosten für die eingesetzten Betriebsmittel.

Ja	Nein

12. Die kalkulatorischen Kosten sind Grundkosten, weil ihr Entstehungsgrund in der Verfolgung des Betriebszweckes zu sehen ist.

Ja	Nein

13. Sekundäre Kosten lassen sich auf primäre Kosten zurückführen.

Ja	Nein

14. Die Kosten entsprechen dem Aufwand, der durch die betriebliche Leistungserstellung verursacht wurde.

Ja	Nein

15. Inventur- und Skontrationsmethode kommen bei der Ermittlung des mengenmäßigen Materialverbrauches immer zu dem gleichen Ergebnis.

Ja	Nein

16. Personalkosten können in Form von Einzelkosten oder in Form von Gemeinkosten anfallen.

Ja	Nein

17. Gebühren und Beiträge sind Abgaben an öffentlich-rechtliche Einrichtungen ohne Anspruch auf eine spezielle Gegenleistung.

Ja	Nein

18. Als Zusatzkosten werden die kalkulatorischen Kosten bezeichnet, denen ein falsch gebuchter Aufwand in der Buchführung gegenübersteht.

Ja	Nein

19. Mit den Opportunitätskosten bezeichnet man den Nutzenentgang aus der nicht wahrgenommenen Alternativverwendung knapper Güter.

Ja	Nein

20. Die im Rahmen der Restwertmethode berechneten kalkulatorischen Zinsen sind pro Abrechnungsperiode konstant.

Ja	Nein

21. In Kapitalgesellschaften kann auf den Ansatz kalkulatorischer Unternehmerlöhne verzichtet werden.

Ja	Nein

22. Bilanzielle und kalkulatorische Abschreibungen sind immer betragsgleich.

Ja	Nein

23. Die linearen Abschreibungsverfahren unterstellen einen ungleichmäßigen Verlauf der Wertminderung.

Ja	Nein

24. Kalkulatorische Abschreibungen orientieren sich am Grundsatz des Substanzerhaltes.

Ja	Nein

25. Bei der Ermittlung der kalkulatorischen Abschreibungsbeträge ist von den zukünftigen Wiederbeschaffungskosten der Vermögensgegenstände auszugehen.

Ja	Nein

26. Die Anwendung des funktionellen Kriteriums bei der Kostenstellenbildung führt zu der Unterscheidung zwischen Haupt- und Hilfskostenstellen.

Ja	Nein

27. Nach dem Prinzip der Kostenverursachung werden über die Bestimmung geeigneter Schlüsselgrößen Proportionalitätsbeziehungen zwischen Kosten und Leistungen hergestellt.

Ja	Nein

28. Die einer Hilfskostenstelle zugerechneten Gemeinkosten können primäre, aber auch sekundäre Gemeinkosten sein.

Ja	Nein

29. Die einer Hilfskostenstelle zugerechneten Gemeinkosten werden als sekundäre Gemeinkosten auf die leistungsempfangenden Kostenstellen verrechnet.

Ja	Nein

30. Die Materialgemeinkosten sind Bestandteil der Herstellkosten.

Ja	Nein

31. Die Verwaltungsgemeinkosten sind Bestandteil der Herstellkosten.

Ja	Nein

22. Der Betriebsabrechnungsbogen (BAB) ist ein Bestandteil der Kostenstellenrechnung.

Ja	Nein

33. Die Materialeinzelkosten sind Bestandteile der Selbstkosten.

Ja	Nein

34. Die Verwaltungsgemeinkosten sind Bestandteile der Selbstkosten.

Ja	Nein

35. Die Äquivalenzziffernkalkulation ist regelmäßig im Rahmen der Sortenfertigung anzuwenden.

Ja	Nein

36. Die Äquivalenzziffern der Äquivalenzziffernkalkulation sollen eine Maßgröße für die relative Kostenverursachung darstellen.

Ja	Nein

37. Die Divisionskalkulation ist regelmäßig im Rahmen der Serienfertigung anzuwenden.

Ja	Nein

38. Die mehrstufige Divisionskalkulation erfordert (zumindest) eine Aufteilung der Gesamtkosten in Herstell-, Verwaltungs-, und Vertriebskosten.

Ja	Nein

39. Eine mehrstufige Divisionskalkulation kann Lagerbestandsveränderungen bei den lagerfähigen Leistungen als Kalkulationsbestandteile erfassen.

Ja	Nein

40. Alle Kalkulationsverfahren auf Basis von Ist-Vollkosten setzen die Führung eines Betriebsabrechnungsbogens voraus.

Ja	Nein

41. Die Betriebsergebnisrechnung ist ein Instrument der Kostenträgerzeitrechnung.

Ja	Nein

42. Die Betriebsergebnisrechnung auf Basis von Ist-Vollkosten ermöglicht kurzfristig wirksame Programmentscheidungen.

Ja	Nein

43. Eine Vollkostenrechnung basiert immer ausschließlich auf Istkosten.

Ja	Nein

44. Kurzfristig wirksame Entscheidungen zeichnen sich dadurch aus, dass der Potenzialfaktorbestand durch entsprechende (Korrektur-) Maßnahmen verändert wird.

Ja	Nein

45. Kurzfristig wirksame Entscheidungen beziehen sich auf eine bestimmte Anzahl von Handlungsalternativen mit jeweils unbekannten Handlungskonsequenzen.

Ja	Nein

46. Innerhalb einer Programmoptimierung bei Unterbeschäftigung können Absatzrestriktionen vorliegen.

Ja	Nein

47. Innerhalb einer Programmoptimierung bei engpasswirksamen Kapazitätsbeschränkungen können Absatzrestriktionen vorliegen.

Ja	Nein

48. Die Zins- und Lagerkosten eines Lagerbestandes gelten im Rahmen der Losgrößenoptimierung als auflagefixe Kosten.

Ja	Nein

49. Die Preisuntergrenze bezeichnet den kritischen Absatzpreis, bei dessen Unterschreitung der Verkauf von Absatzgütern das Betriebsergebnis verringern würde.

Ja	Nein

50. Als Entscheidungsrechnung für die kurzfristige Steuerung ist ein Teilkostenrechnungssystem eher geeignet als ein Vollkostenrechnungssystem.

Ja	Nein

2 Lösungen bzw. Lösungshinweise zu den Übungsaufgaben

Lösung zu Aufgabe 1: Fachbegriffe der Doppik

Die Erfassung der Bestandsveränderungen in der Doppik erfordert folgende Schritte: Für jeden in der Eröffnungsbilanz ausgewiesenen Bilanzposten ist im ersten Buchungskreislauf mindestens ein <u>Bestandskonto</u> zu eröffnen; diese Konten sind Einzelabrechnungen der verschiedenen Bilanzpositionen. Die Buchung der Anfangsbestände in diese Konten erfolgt mithilfe des <u>Eröffnungsbilanzkontos</u>. Alle im Verlaufe des Geschäftsjahres zu erfassenden <u>Geschäftsvorfälle</u> sind entsprechend ihrer jeweiligen Bestandsveränderung zu buchen; hier sind vier unterschiedliche Arten zu unterscheiden. Abschließend erfolgen die Buchung der Schluss- oder Endbestände in das Schlussbilanzkonto und die Ableitung der <u>Schlussbilanz</u>.

Ausgangspunkt und Ergebnis der Doppik sind Bilanzen, die gemäß dem <u>Stichtagprinzip</u> die Vermögens- und Kapitalbestände für einen bestimmten Zeitpunkt offenlegen. Ein weiteres Ziel der Buchführung besteht in der Ermittlung des <u>Erfolges</u> einer Unternehmung in einem Geschäftsjahr. Hierzu sind im zweiten Buchungskreislauf entsprechende Aufwandskonten und Ertragskonten zu führen, die mithilfe des <u>Gewinn- und Verlustkontos</u> abzuschließen sind. Gemäß dem Grundsatz der <u>periodengerechten</u> Erfolgsabgrenzung sind Aufwendungen und Erträge unabhängig ihrer <u>Zahlungswirksamkeit</u> ihrer jeweiligen Verursachungsperiode zuzuordnen; man unterscheidet hier zwischen transitorischer und antizipativer <u>Rechnungsabgrenzung</u>.

Lösung zu Aufgabe 2: Inventar und Bilanz

Verkürzte Bilanz (vgl. § 266 HGB; in €):						
Aktiva		Bilanz zum 31.12.2018				Passiva
A. Anlagevermögen				A. Eigenkapital		311.600
I.	Grundstücke/Bauten	167.000		B. Fremdkapital		
II.	BGA	25.000		1. Verb./Kreditinst.		34.000
B. Umlaufvermögen				2. Verb.aLuL		30.000
I.	Vorräte	125.000				
II.	Forderungen	18.700				
III.	Kassenbest./Bankgut.	39.900				
		375.600				375.600

Lösung zu Aufgabe 3: Inventar und Bilanz

1. Anlagevermögen = 475.000 €; Fremdkapital = 570.000 €
   Eigenkapital = 380.000 €; Bilanzsumme = 950.000 €
   Zahlungsmittelbestand = 62.000 € (ohne Forderungen aLuL)
2. Liquidität 2. Grades = 1 (100 %) [(62.000 + 208.000) : 270.000]

https://doi.org/10.1515/9783110631043-002

Lösung zu Aufgabe 4: Bilanzielle Bestandsveränderungen

Geschäftsvorfall Nr.	Zahlungswirksamkeit	Art der Bestandsveränderung
1.	Zahlungswirksam i.e.S.	Aktiv-Passiv-Minderung
2.	Zahlungswirksam i.e.S.	Aktiv-Passiv-Minderung
3.	Zahlungswirksam i.w.S.	Aktiv-Passiv-Mehrung
4.	Zahlungswirksam i.w.S.	Aktiv-Passiv-Mehrung
5.	Zahlungsneutral	Passivtausch
6.	Zahlungswirksam i.e.S.	Aktivtausch

Lösungshinweise zu Aufgabe 5: Grundlagen der Doppik
Buchungssätze für die Geschäftsvorfälle (in €):

1. Wareneingang 10.000,00
   Vorsteuer 1.900,00 an Verb. aLuL 11.900,00

2. USt. 5.000,00 an Bank 5.000,00

3. Ford. aLuL 5.950,00 an Warenerlöse 5.000,00
   USt. 950,00

4. Instandhaltung 66,00
   Vorsteuer 12,54 an Verb. aLuL 78,54

5. Bank 13.560,00 an Ford. aLuL 13.560,00

6. Bürobedarf 88,00
   Vorsteuer 16,72 an Kasse 104,72

7. Verb. aLuL 16.950,00 an Bank 16.950,00

8. Pkw 23.000,00
   Vorsteuer 4.370,00 an Verb. aLuL 27.370,00

9. Fahrzeugkosten 50,00
   Vorsteuer 09,50 an Kasse 59,50

10. Ford. aLuL 53.550,00 an Warenerlöse 45.000,00
    USt. 8.550,00

Buchung der Warenbestandsmehrung:
11. Waren 5.000,00 an Wareneingang 5.000,00

Gewinn- und Verlustkonto (in €):			
Soll			Haben
Wareneinsatz	5.000,00	Warenerlöse	50.000
Instandhaltung	66,00		
Bürobedarf	88,00		
Fahrzeugkosten	50,00		
Saldo (Gewinn)	44.796,00		
	50.000		50.000

Der in der Schlussbilanz auszuweisende Zahlungsmittel-Endbestand (Kasse/Bank) beträgt 11.445,78 €. Der Eigenkapital-Endbestand umfasst 134.796,00 €.

Lösungshinweise zu Aufgabe 6: Grundlagen der Doppik
1. Buchungssätze für die Geschäftsvorfälle (in €):

1. USt. 5.000,00 an Bank 14.000,00

2. Wareneingang 700.000,00
   Vorsteuer 57.000,00 an Verb. aLuL 357.000,00

3. Ford. aLuL 833.000,00 an Warenerlöse 700.000,00
   USt. 133.000,00

4. Bank 1.071.000,00 an Warenerlöse 900.000,00
   USt. 171.000,00

5. Verb. aLuL 30.000,00 an Bank 30.000,00

6. Privatkonto 1.500,00 an Bank 1.500,00

7. Privatkonto 5.000,00 an Kasse 5.000,00

8. Kasse 24.000,00 an Ford. aLuL 24.000,00

9. Privatkonto 22.300,00 an Kasse 22.300,00

10. BGA 125.000,00
    Vorsteuer 23.750,00 an Verb. aLuL 148.750,00

11. Wareneingang 550.000,00
    Vorsteuer 104.500,00 an Verb. aLuL 654.500,00

12. Verb. aLuL 100.000,00 an Privatkonto 100.000,00

13. Abschreibungen 16.000,00 an BGA 16.000,00

Liquiditätssaldo = 1.022.200 €
2. Rohgewinn = 750.000 €; Reingewinn = 734.000 €
3. Rohgewinn = 200.000 €; Reingewinn = 184.000 €
4. Reinverlust = –81.200 €
5. Reinverlust = –46.200 €

Lösung zu Aufgabe 7: Grundlagen der Doppik
1. Eigenkapitalanfangsbestand = 850.000 €;
   Eigenkapitalendbestand = 30.000 €
   Eigenkapitaländerung (Eigenkapitalminderung) = 820.000 €;
   Betrieblich bedingte Eigenkapitaländerung (Eigenkapitalminderung) = 270.000 €;
   Privat bedingte Eigenkapitaländerung (Eigenkapitalminderung) = 550.000 €;
2. Gewinn- und Verlustkonto (in €):

Gewinn- und Verlustkonto:			
Soll			Haben
Wareneinsatz (WE)	400.000,00	Warenerlöse	310.000,00
übrige Aufwendungen	180.000,00	Verlust	270.000,00
	580.000,00		580.000,00

Lösung zu Aufgabe 8: Fachbegriffe der Kostenrechnung
Da der in der Buchführung erfasste Aufwand den gesamten Verbrauch von Gütern pro Periode repräsentiert, stellen nicht alle Aufwendungen zugleich auch Kosten dar. Der Teil des Aufwandes, der kein Kostenbestandteil ist, wird als neutraler Aufwand oder auch als Nichtkosten bezeichnet. Man unterscheidet hier drei Arten:

Der betriebsfremde Aufwand ist dadurch gekennzeichnet, dass er mit der Betriebs- und Geschäftstätigkeit nicht direkt in Zusammenhang steht, wie bspw. Spenden einer Organisation an karitative Einrichtungen. Der periodenfremde Aufwand zeichnet sich dadurch aus, dass er einer anderen Abrechnungsperiode zugehörig ist, wie z. B. Steuernachzahlungen für frühere Jahre. Bei dem außerordentlichen Aufwand handelt es sich bspw. um Katastrophenschäden.

Die Kosten- und Leistungsrechnung lässt sich in drei aufeinander aufbauende Stufen unterteilen: Die Kostenartenrechnung soll die Frage beantworten: Welche Kosten sind in welcher Höhe angefallen? Die im Rahmen der Kostenstellenrechnung zu beantwortende Frage lautet: Wo sind die Kosten angefallen? Die Ermittlung der Selbstkosten für die Leistungen bezeichnet man als Kostenträgerstückrechnung oder auch als Kalkulation, die für die Bildung von Angebotspreisen grundlegend ist. Werden die Kosten und Leistungen einer Abrechnungsperiode ausgewiesen, dann handelt es sich um eine Kostenträgerzeitrechnung, in der als zentrale Kennzahl das Betriebsergebnis ermittelt wird.

Ein zentrales Instrument der Kosten- und Leistungsrechnung stellt der Betriebsabrechnungsbogen dar, der eine Verteilung der Gemeinkosten auf die Kostenstellen gewährleisten soll. Die innerbetriebliche Leistungsverrechnung soll die Kosten für die innerbetrieblich erbrachten Leistungen verrechnen und bewirkt damit eine sogenannte Auflösung der <u>Vorkostenstellen</u>. Damit die Kosten- und Leistungsrechnung zu aussagekräftigen Ergebnissen gelangen kann, sollten diese Kostenverteilungen auf Kostenstellen möglichst nach dem <u>Verursacherprinzip</u> erfolgen.

Lösungshinweise zu Aufgabe 9: Herleitung der Kostendaten
Die Unternehmensrechnung lässt sich grob in die zwei Teilgebiete „interne Unternehmensrechnung" und „externe Unternehmensrechnung" unterscheiden. Das Hauptgebiet der internen Unternehmensrechnung, die Kosten- und Leistungsrechnung, ist ein Informationsinstrument der Betriebs- und Geschäftsleitung. Sie stellt eine sogenannte betriebszweckbezogene Rechnung dar, denn in der Kosten- und Leistungsrechnung werden lediglich die Leistungsprozesse zahlenmäßig erfasst, die sich aus dem eigentlichen Betriebszweck – unabhängig von Zahlungsvorgängen – ergeben. Dabei erfasst die Kostenrechnung den Input und die Leistungsrechnung den Output. Kostenrechnung und Leistungsrechnung als verbundene Rechnungstypen münden in einer sogenannten Ergebnisrechnung. Die im Rahmen der Kosten- und Leistungsrechnung erforderliche Verteilung und Zurechnung der Kosten auf Leistungen kann sowohl in der Form einer Vollkostenrechnung, als auch in der Form einer Teilkostenrechnung erfolgen.

Die von den Kosten- und Leistungsrechnungen benötigten Daten werden nicht neu erstellt, sondern zumindest teilweise den in der Buchführung erfassten Aufwendungen und Erträgen entnommen. In der Buchführung bezeichnen Erträge den Wertzufluss beim Eigenkapital in einer Abrechnungsperiode. Aufwendungen zeigen den Wertabfluss beim Eigenkapital in einer Abrechnungsperiode. Die Kosten- und Leistungsrechnungen knüpfen direkt an diese Aufwendungen und Erträge der Buchführung an, stellen aber den Betriebszweck in den Mittelpunkt ihrer Rechnungen. Während der Begriff Leistung den Wert aller erbrachten Leistungen im Rahmen der typischen betrieblichen Tätigkeit bezeichnet, stellen die Kosten den Wert aller verbrauchten Güter im Rahmen der Erstellung dieser Leistungen dar. Dieser wertmäßige Kostenbegriff erfordert einen Ansatz von Kosten, ohne dass Aufwendungen anfallen. Dies ist insbesondere für die Ermittlung der kalkulatorischen Kosten von Bedeutung.

Nicht alle Aufwendungen sind zugleich auch Kosten, denn Kosten beziehen sich nur auf den Werteverzehr für die Erstellung der typischen oder üblichen betrieblichen Leistungen. Sofern Aufwand und Kosten art- und betragsgleich sind, bezeichnet man diese Aufwendungen als Grundkosten. Solche Grundkosten sind in einem Industrieunternehmen üblicherweise die Lohn- und Gehaltskosten, oder die Materialkosten. Der Teil des Aufwandes, der keinen Kostenbestandteil darstellt, wird als neutraler Aufwand bezeichnet. Man unterscheidet drei Arten des neutralen Aufwandes, wobei sich die Kategorien überschneiden können. Der betriebsfremde Aufwand ist dadurch gekennzeichnet, dass er keine direkte Beziehung zur betrieblichen Leistungserstellung aufweist, wie z. B. bei einem Industrieunternehmen eine Spende an eine soziale Einrichtung. Der periodenfremde Aufwand ist einer anderen als der aktuellen Abrechnungsperiode zuzurechnen, wie z. B. eine Gewerbesteuer-Nachzahlung für ein früheres Geschäftsjahr. Der außerordentliche Aufwand stellt keinen normalen Werteverzehr dar, wie z. B. die Katastrophenschäden aller Art. Würde dieser außerordentliche Aufwand unverändert in die Kostenrechnung einfließen, wäre der Kosteneinsatz verzerrt dargestellt. Die außerordentlichen Aufwendungen sind gegebenenfalls mit einem durchschnittlichen Werteverzehr in Form kalkulatorischer Wagniskosten zu berücksichtigen, wie bspw. Forderungsausfälle bei einem Handelsunternehmen. Andererseits gibt es auch Kosten, die in der Buchführung nicht oder in anderer Höhe erfasst werden. Diese kalkulatorischen Kosten müssen in der Kosten- und Leistungsrechnung neu ermittelt werden, damit in der Kostenrechnung auch der tatsächliche Werteverzehr berücksichtigt wird. Als Zusatzkosten werden die kalkulatorischen Kosten bezeichnet, denen kein Aufwand in der Buchhaltung gegenübersteht. Hierzu gehören die kalkulatorische Miete und der kalkulatorische Unternehmerlohn. Die Kosten, die dadurch entstehen, dass in der Buchhaltung ein Werteverzehr mit einem anderen Betrag bewertet wird als in der Kostenrechnung, werden Anderskosten genannt. Ein Beispiel hierfür sind die kalkulatorischen Abschreibungen. Die Grundkosten und die kalkulatorischen Kosten ergeben die gesamten Kosten, die in den Kostenrechenarten (Voll- und/oder Teilkostenrechnung) aufgenommen und verrechnet werden.

Lösungshinweise zu Aufgabe 10: Grundlagen der Kostenrechnung

1. $b_{2017} = 75\,\%$ $b_{2018} = 94\,\%$
2. $b = 82,5\,\%$ $K_N = 12.375\,€$ $K_L = 2.625\,€$
3. $R = 0,4$ $K_{var(1.000\,LE)} = 1.200\,€$ $K_{F(1.000\,LE)} = 1.800\,€$
                                      $K_{var(1.250\,LE)} = 1.320\,€$ $K_{F(1.250\,LE)} = 1.980\,€$

Lösungshinweise zu Aufgabe 11: Grundlagen der Kostenrechnung

1. $BEP = 625\,LE$
2. $G_{(1.000\,LE)} = 1.500\,€$ (Gewinn in der Kapazitätsgrenze)
3. $K'_{(x)} = 2;$ $k = 6,00\,€/LE$
4. $G_{(575\,LE)} = -200\,€$ (Verlust)
5. $b = 62,5\,\%$

Lösungshinweise zu Aufgabe 12: Grundlagen der Kostenrechnung

1. Der Günstigkeitswechsel liegt bei dem Bezug von 110 Karosserieteilen.
2. Bezug von 300 Stück bzw. 600 Stück: PETER & SOHN GbR (Stückpreis 23,06 €)
   Bezug von 1.300 Stück: FREESE GmbH (Stückpreis 21,60 €)

Lösungshinweise zu Aufgabe 13: Grundlagen der Vollkostenrechnung

Von grundlegender Bedeutung für die Vollkostenrechnung ist der typische dreiteilige Aufbau. Die Kostenartenrechnung liefert die Grundlagen für die darauf aufbauende

Kostenstellen- und Kostenträgerrechnung. Ihre primären Aufgaben bestehen in der systematischen Erfassung und sachlichen Gliederung aller entstandenen Kosten wie z. B. Personalkosten, Materialkosten, Abschreibungen etc. Die Kostenstellenrechnung ist der zweite Teilbereich der Kostenrechnung. Sie nimmt eine örtliche Zuordnung der in der Kostenartenrechnung erfassten Kosten vor. Die Orte, an denen die Kosten angefallen sind, werden als Kostenstellen bezeichnet und im Betriebsabrechnungsbogen ausgewiesen. Die Kostenstellen einer betrieblichen Organisation lassen sich nach funktionellen und nach abrechnungstechnischen Kriterien unterscheiden. Das funktionelle Kriterium führt zu Kostenstellen wie bspw. Material, Fertigung, Verwaltung, Vertrieb. Nach dem abrechnungstechnischen Kriterium gelangt man bspw. zu Hilfs- und Hauptkostenstellen. Bei der Kostenträgerrechnung handelt es sich um die dritte und letzte Stufe der Kosten- und Leistungsrechnung. Sie baut auf den Daten der Kostenarten- und Kostenstellenrechnung auf. Das Ziel der Kostenträgerrechnung ist die Verteilung der verursachten Kosten auf die Kostenträger, damit die Kosten- und Leistungsrechnung insbesondere ihren Kalkulations- und Kontrollaufgaben gerecht werden kann. Kostenträger sind Leistungseinheiten, für die Kosten angefallen sind. Als Kostenträger können einzelne Produkte oder auch die Zusammenfassung gleichartiger Produkte zu einer Produktgruppe dienen.

Für diesen dreiteiligen Aufbau der Vollkostenrechnung ist eine Untersuchung der Kosten auf ihre Zurechenbarkeit auf Kostenträger grundlegend. Hieraus resultiert eine Kostenunterteilung zwischen Einzel- und Gemeinkosten. Die Einzelkosten sind solche Kosten, die sich der einzelnen Leistungseinheit unmittelbar zurechnen lassen; sie sind somit in der Regel mengenvariabel. Diese direkten Kosten bedürfen nicht der Verrechnung über die Kostenstellenrechnung. Neben diesen Einzelkosten gibt es noch Kosten, die nicht einem einzelnen Kostenträger, sondern nur einem Auftrag zurechenbar sind. Sie sind somit in der Regel auftragsvariabel. Diese werden als Sondereinzelkosten bezeichnet. Zu unterscheiden sind die Sondereinzelkosten der Fertigung (z. B. Kosten für Spezialwerkzeuge) und die Sondereinzelkosten des Vertriebes (z. B. Versandkosten). Gemeinkosten sind Kosten, die weder dem einzelnen Kostenträger, noch dem einzelnen Auftrag direkt zugerechnet werden können. Die Gemeinkosten betreffen die Gesamtheit der Kostenträger oder den Betrieb insgesamt. Diese indirekten Kosten werden daher abrechnungstechnisch über die einzelnen Kostenstellen eines BAB geleitet und in der Regel mithilfe von Zuschlagssätzen auf die Kostenträger verteilt. Kosten, die vom Charakter her eigentlich Einzelkosten sind, deren gesonderte Erfassung jedoch in keinem angemessenen Verhältnis zum Informationsgewinn steht, werden ebenfalls als Gemeinkosten verrechnet. Dies sind sogenannte unechte Gemeinkosten.

Lösungshinweise zu Aufgabe 14:
Kostenartenrechnung – Verbrauchsmengenermittlung
1. Inventurmethode: Bestand zum Monatsende 13.500 l.
2. Inventurmethode: Verbrauch in Höhe von 66.500 unfertigen Erzeugnissen.

Lösungshinweise zu Aufgabe 15:
Kostenartenrechnung – Verbrauchsmengenbewertung

	Termin	Anzahl [LE]	Preis/LE [€]	Wert [€]
Bestand	01.06.19	500	24,00	12.000,00
Zugang 1	12.06.19	1.200	21,60	25.920,00
Zugang 2	15.06.19	800	21,20	16.960,00
Zugang 3	20.06.19	600	28,40	17.040,00
Summe (Anfangsbestand + Zugänge)		3.100	–	71.920,00

Endbestandsmenge $= AB + \sum$ Zugänge $- \sum$ Abgänge $= 700$ LE   (Inventurmethode)

Verbrauchsmenge $= \sum$ Abgänge $= 2.400$ LE   (Skontrationsmethode)

Endbestandswert gem. periodischer Durchschnittsbewertung:

$$700 \text{ LE} \cdot 23,20 \text{ €/LE} = 16.240 \text{ €}$$

Verbrauchswert gem. periodischer Durchschnittsbewertung:

$$2.400 \text{ LE} \cdot 23,20 \text{ €/LE} = 55.680 \text{ €}$$

Last-in-First-Out–Verfahren:

Endbestandswert: $500 \cdot 24,00 + 200 \cdot 21,60 = 16.320$ €

Verbrauchswert: $600 \cdot 28,40 + 800 \cdot 21,20 + 1.000 \cdot 21,60 = 55.600$ €

First-in-First-out–Verfahren:

Endbestandswert: $600 \cdot 28,40 + 100 \cdot 21,20 = 19.160$ €

Verbrauchswert: $500 \cdot 24,00 + 1.200 \cdot 21,60 + 700 \cdot 21,20 = 52.760$ €

Lösungshinweise zu Aufgabe 16: Kostenartenrechnung – Kalkulatorische Kosten

1. $a_{LE} = 3$ €/LE $a_{01} = 246.000$ € $a_{02} = 147.000$ €.

2. $D = 14.000$ € $a_{01} = 84.000$ € $a_{02} = 70.000$ €.

3. Anlagenwagnis: 1.833 € (gerundet). Beständewagnis: 3.000 €.

   Gewährleistungswagnis: 20.800 €

Lösungshinweise zu Aufgabe 17: Grundlagen der Kostenstellenrechnung

1. Kostenstellen im Materialbereich sind bspw. „Einkauf", „Prüflabor", „Rohstofflager", „Bereichsleitung". Kostenstellen im Fertigungsbereich sind bspw. „Fräserei", „Reparatur", „Endmontage", „Betriebsleitung". Kostenstellen im Verwaltungsbereich sind bspw. „Unternehmensleitung", „Controlling", „Personalwesen", „Buchführung". Kostenstellen im Vertriebsbereich sind bspw. „Verkauf", „Versand", „Kundendienst", „Produktwerbung". Kostenstellen im Allgemeinen Bereich sind bspw. „Stromversorgung", „GuGB (Grundstücks- und Gebäudebewirtschaftung)", „Kantine", „Fuhrpark".

Hilfskostenstellen zeichnen sich dadurch aus, dass sie andere Kostenstellen bei deren Leistungserbringung durch ihre innerbetrieblichen Leistungen (IBL) unterstützen. Hauptkostenstellen sind dadurch charakterisiert, dass sie Leistungen erbringen, die direkt der Realisierung der Sachziele dienen.

2. Kostenstelleneinzelkosten (KoSt.-Ek) sind Gemeinkosten, die sich dadurch auszeichnen, dass sie aufgrund von Kostenartenbelegen auf die Kostenstellen entsprechend dem Verursachungsprinzip zugerechnet werden können. Kostenstellengemeinkosten (KoSt.-Gk) sind Gemeinkosten, die sich dadurch auszeichnen, dass sie auf die Kostenstellen nicht verursachungsgerecht zugerechnet werden können, oder eine solche Zurechnung zu aufwendig wäre. Für die Umlage solcher Gemeinkosten werden – dem Proportionalitätsprinzip folgend – Umlageschlüssel (auf Basis indirekter Bezugsgrößen) benötigt.

Lösungshinweise zu Aufgabe 18: Kostenstellenrechnung – Kostenverrechnung

1. Verrechnungssatz$_{(Kraftstrom)}$ = 165 €/MWh. Die Kraftstromkosten lassen sich aufgrund belegmäßiger Erfassung der Einzelverbräuche entsprechend dem Verursacherprinzip zurechnen:

Kostenstelle	Verbrauch [MWh]	Primäre Gk [€]
Arbeitsvorbereitung	70	11.550
Aus-/Weiterbildung	0	0
Vormontage	13	2.145
Hauptmontage	35	5.775
Endmontage	25	4.125
Verpackung	37	6.105
Σ	180	29.700

2. Verrechnungssatz$_{(Bibliothek)}$ = 85 €/Mitarbeiter. Für die Umlage der Betriebsbibliothekskosten wird – dem Proportionalitätsprinzip folgend – ein Umlageschlüssel (also eine indirekte Bezugsgröße) benötigt. Hier wird mit der Umlage nach der Anzahl der Mitarbeiter vermutet, dass die Höhe der verursachten Kosten (allein) von der Anzahl der Mitarbeiter in den Kostenstellen abhängt:

Kostenstelle	Anzahl Mitarbeiter	Primäre Gk [€]
Geschäftsführung	6	510
Arbeitsvorbereitung	9	765
Vormontage	70	5.950
Endmontage	105	8.925
FE-Lager	56	4.760
Verwaltung	34	2.890
Vertrieb-Außendienst	46	3.910
Vertrieb-Innendienst	14	1.190
Σ	340	28.900

Lösungshinweise zu Aufgabe 19: Kostenstellenrechnung – Kostenverteilung im BAB

1. Verrechnungssatz$_{(Fuhrpark)}$ = 0,15 €/LE   Verrechnungssatz$_{(GuGB)}$ = 39,00 €/LE

KoSt.	Vorkostenstellen		Material-	Fertigungs-	Verwaltungs-	Vertriebs-
	Fuhrpark	GuGB	bereich	bereich	bereich	bereich
Summe Gk	–	–	154.250	2.826.862	1.466.714	925.798

2. Verrechnungssatz$_{(GuGB)}$ = 3,20 €/LE   Verrechnungssatz$_{(Fuhrpark)}$ = 0,34 €/LE

KoSt.	Vorkostenstellen		Material-	Fertigungs-	Verwaltungs-	Vertriebs-
	Fuhrpark	GuGB	bereich	bereich	bereich	bereich
Summe Gk	–	–	154.250	2.826.862	1.466.714	925.798

Lösungshinweise zu Aufgabe 20: Kostenstellenrechnung – Kostenverteilung im BAB

Verrechnungssatz$_{(A)}$ = 1,40 €/LE   Verrechnungssatz$_{(B)}$ = 2,00 €/LE
Gemeinkosten in beiden Kostenstellen nach gegenseitiger Leistungsverrechnung
(in €, IBL = innerbetrieblichen Leistungen):

	KoSt A	KoSt B
Primäre Gk:	**60.000**	**156.000**
Entlastungen	–14.000	–10.000
Belastungen	+10.000	+14.000
Summe der Gk nach Verrechnung der IBL:	56.000	160.000

Lösungshinweise zu Aufgabe 21: Kostenstellenrechnung – Kostenverteilung im BAB

Verrechnungssatz$_{(WW)}$ = 0,468 €/LE   Verrechnungssatz$_{(EW)}$ = 0,034 €/LE
Daten in der Kostenstellenrechnung in €:

Kostenstellen		Allg. Bereich		Fertigung			Material-	Verw.-/
		WW	EW	KoSt A	KoSt B	KoSt C	bereich	Vertrieb
Summe Gk	340.000	80.000	60.000	54.000	54.000	62.000	6.000	24.000
KoSt. WW								
Entlastungen	–93.600	–93.600						
Belastungen	+93.600		9.360	46.800	18.720	14.040	0	4.680
KoSt. EW								
Entlastungen	–69.360		–69.360					
Belastungen	+69.360	13.600		3.400	25.160	17.000	3.400	6.800
Summe Gk	340.000	–	–	104.200	97.880	93.040	9.400	35.480

Lösungshinweise zu Aufgabe 22: Kostenträgerstückrechnung

1. Herstellkosten des Umsatzes: 500.000 €

Hauptkostenstellen:	Material	Fertigung	Verwaltung	Vertrieb
Einzelkosten	FM 60.000	FL 80.000	HK d.U. 500.000	
Σ Gemeinkosten (nach Umlage)	120.000	240.000	125.000	200.000
Zuschlagsätze	200 %	300 %	25 %	40 %

2. Herstellkosten des Umsatzes (Serienprodukt B): 290.000 €
   Selbstkosten der Serienmenge (Serienprodukt B): 478.500 €

Lösungshinweise zu Aufgabe 23: Kostenträgerstückrechnung

Zuschlagskalkulation (inkl. SoEK des Vertriebes): k_A = 9.850 €/LE k_B = 9.860 €/LE

Lösungshinweise zu Aufgabe 24: Kostenträgerzeitrechnung

Betriebsergebnisrechnung	Maschine Typ A [€]	Maschine Typ B [€]
Umsatzerlös	394.000	425.000
Selbstkosten (gesamte Leistungsmengen)	394.000	493.000
Betriebsergebnisanteile	±0	−68.000
Betriebsergebnis (gesamt)	−68.000	

Lösungshinweise zu Aufgabe 25: Kostenträgerzeitrechnung

Darstellung des Betriebsergebnisses nach GKV		
	Umsatzerlöse	2.600.000
+	Bestandsmehrung (Prod. A)	125.000
−	Materialaufwand	
−	Personalaufwand	2.200.000
−	Abschreibungen	
−	Sonstige betr. Aufwendungen	
=	Betriebsergebnis (BE)	525.000

Lösungshinweise zu Aufgabe 26: Grundlagen der Teilkostenrechnung

Als zentrale Rechnungssysteme der Teilkostenrechnung gelten die Deckungsbeitragsrechnungen. Sie bestimmen die Fixkostendeckungsanteile der Kostenträger und sind in ein- und mehrstufige Systeme zu unterscheiden. Die einfachste Variante der Deckungsbeitragsrechnungen bietet die einstufige Deckungsbeitragsrechnung. Ausgangspunkt dieser Deckungsbeitragsrechnung ist der Umsatzerlös eines Kostenträgers. Diesem Umsatzerlös werden nur die variablen Kosten gegenübergestellt, die zur Erzielung des Umsatzerlöses eingesetzt werden mussten. Es handelt sich dabei im Allgemeinen um Fertigungsmaterialkosten, um Fertigungslöhne und um Sondereinzelkosten. Die Differenz zwischen dem Umsatzerlös und diesen variablen Kosten des Umsatzes bezeichnet man als Deckungsbeitrag. Er bezeichnet den Betrag, den die Kostenträger zur Deckung der fixen Kosten beitragen. Während in der einstufigen Variante der Fixkostenblock als Gesamtsumme nicht weiter zerlegt wird, nimmt die mehrstufige Deckungsbeitragsrechnung eine Analyse des Fixkostenblockes nach dem Kriterium der Zurechenbarkeit auf Kostenträger und Kostenträgergruppen vor. Diese Aufspaltung des Fixkostenblockes mündet in der Unterscheidung zwischen Produktfixkosten, Produktgruppenfixkosten, und Unternehmensfixkosten. Die Fixkosten werden also im Unterschied zur einstufigen Variante den Produkten und Produktgruppen zugeordnet, die diese Kosten verursacht haben. Der Teil der Fixkosten, der sich nicht eindeutig zuordnen lässt, wird als Unternehmensfixkosten oder Restfixkosten bezeichnet; er ist von allen Kostenträgern zu decken.

Für den beschriebenen Aufbau der Teilkostenrechnungen ist die Untersuchung der Kosten nach ihrem Verhalten bei Beschäftigungsschwankungen grundlegend. Hieraus resultiert eine Kostenunterteilung zwischen variablen und fixen Kosten. Die Beschäftigung bezeichnet die in Anspruch genommene Kapazität. Sie wird bspw. in Produktionsmengen gemessen. Variable Kosten sind Kosten, die sich in ihrer Höhe direkt mit der Beschäftigung verändern. Hier ist der Kostenverlauf bei unterschiedlichen Beschäftigungen genauer zu betrachten. Entspricht die prozentuale Kostenänderung der prozentualen Beschäftigungsänderung, so liegt ein proportionaler Verlauf der variablen Kosten vor. Wenn die variablen Kosten in stärkerem Maße als die Beschäftigung steigen, dann liegt ein progressiver Kostenverlauf vor. Steigen die variablen Kosten in geringerem Maße als die Beschäftigung, ist ein degressiver Kostenverlauf gegeben. Die fixen Kosten sind Kosten, die beschäftigungsneutral anfallen; sie werden auch als Bereitschaftskosten bezeichnet. Durch ihren festen und konstanten Charakter lassen sich Fixkosten nicht kurzfristig innerhalb einer Periode abbauen, man spricht auch von absolut-fixen Kosten. Sofern die Fixkosten in ihrer Höhe von bestimmten Beschäftigungsintervallen abhängig sind, handelt es sich um intervall-fixe Kosten. Die Beschäftigungsneutralität ist bei diesen also nur innerhalb von Beschäftigungsintervallen gegeben. Außerdem lassen sich bei einer mittel- bis langfristigen Betrachtung fixe Kosten durch Auf- oder Abbau der Betriebsbereitschaft durchaus in einem gewissen Umfang beeinflussen, bspw. durch die Entscheidung für Fremdbezug statt Eigenfertigung.

Lösungshinweise zu Aufgabe 27: Einstufige Deckungsbeitragsrechnung

Daten	Absatzmenge: 8.000 LE	Absatzmenge: 9.200 LE
K_f [€]	50.000	
b_{max} [LE]	(gerundet) 13.333 LE	
p [€]	35	32
b [%]	60 %	69 %
K_N [€]	30.000	34.500
K_L [€]	20.000	15.500
db [€] = p – k_v	35 – 15 = 20	32 – 15 = 17
BEP [LE] = K_f : db	2.500 LE	(gerundet) 2.941 LE
$Umsatz_{BEP} = K_{BEP}$ [€]	87.500	94.112
Umsatz/Jahr [€]	280.000	294.400
–K_{var} d. Umsatzes [€]	120.000	138.000
= DB/Jahr [€]	160.000	156.400
–K_f [€]	50.000	50.000
= Nettoerfolg/Jahr [€]	110.000	106.400

Fazit: Die Erhöhung des Beschäftigungsgrades (b) aufgrund der Verringerung des Angebotspreises (p) bedingt eine Senkung des Stückdeckungsbeitrages (db) und des Zeitdeckungsbeitrages (DB), sowie eine Erhöhung der Break-Even-Menge.

Lösungshinweise zu Aufgabe 28: Fixkostendeckungsrechnung
Mehrstufige Deckungsbeitragsrechnung (in €):

Kostenstellen	Kostenstelle A = Produkt A	Kostenstelle B = Produkt B	Kostenstelle C = Produkt C	Summen
Umsatzerlös	800.000	400.000	350.000	1.550.000
– K_{var} des Umsatzes	120.000	150.000	63.000	333.000
= DB I	680.000	250.000	287.000	1.217.000
– Erzeugnisfixe Kosten	170.000	170.000	170.000	510.000
= DB II	510.000	80.000	117.000	707.000
– Gruppenfixe Kosten	90.000		–	90.000
= DB III	500.000		117.000	617.000
– Restfixe Kosten				107.000
= Erfolg (Gewinn)				440.000

Lösungshinweise zu Aufgabe 29: Fixkostendeckungsrechnung
Zeitrechnung:

Schema:	Kostenstellen:				
	Produkt A	Produkt B	Produkt C	Produkt D	Σ
Absatzmenge	8.000 LE	7.000 LE	6.400 LE	5.000 LE	
Nettoerlöse	2.400.000	3.080.000	2.304.000	2.000.000	9.784.000
Var. Kosten	1.280.000	1.960.000	1.408.000	1.200.000	5.848.000
DB I	1.120.000	1.120.000	896.000	800.000	3.936.000
Erzeugnis-K_f	125.000	140.000	80.000	105.000	450.000
DB II	995.000	980.000	816.000	695.000	3.486.000
DB II (Gruppen)	1.975.000		1.511.000		3.486.000
Gruppen-K_f	290.000		40.000		330.000
DB III	1.685.000		1.471.000		3.156.000
Restfixkosten					420.000
Erfolg (Gewinn)					2.736.000

Stückrechnung (Stückdeckungsbeiträge auf der ersten und zweiten Stufe):

Schema:	Kostenstellen:			
	Produkt A	Produkt B	Produkt C	Produkt D
Absatzmenge	8.000 LE	7.000 LE	6.400 LE	5.000 LE
DB I	1.120.000,00	1.120.000,00	896.000,00	800.000,00
dbI = (DBI : x_A) dbI = (p − k_{var})	140,00	160,00	140,00	160,00
DB II	995.000,00	980.000,00	816.000,00	695.000,00
dbII = (DBII : x_A)	(ger.) 124,38	140,00	127,50	139,00

Lösungshinweise zu Aufgabe 30: Voll- vs. Teilkostenrechnung
Grundlegend für den Aufbau der Voll- bzw. Teilkostenrechnungen sind zwei Kostengliederungen. Nach der Art der Verrechnung der Kosten auf die Kostenträger ist zwischen Einzelkosten und Gemeinkosten zu unterscheiden. Diese Einteilung der Kosten ist für die Vollkostenrechnung grundlegend. Für die Teilkostenrechnung hingegen benötigt man eine Kostenunterteilung zwischen variablen und fixen Kosten. Diese unterschiedlichen Kostenunterteilungen sind für die Zurechnung der Kosten auf die Kostenträger maßgeblich.

Im Rahmen der Vollkostenrechnungen werden alle Kostenbestandteile auf die entsprechenden Kostenträger verrechnet. Dazu zählen sowohl die durch den Kostenträger direkt verursachten Einzelkosten, als auch ein anteiliger Gemeinkostenbetrag, der nicht direkt durch den Kostenträger verursacht wurde. Diese Ermittlung sogenannter Selbstkosten je Leistungseinheit bezeichnet man als Kostenträgerstückrechnung oder auch Kalkulation, die bspw. für die Bildung von Angebotspreisen grundlegend ist. Für die Bestimmung der Selbstkosten gibt es verschiedene Kalkulationsverfahren. Ein hier weit verbreitetes Verfahren ist die Zuschlagskalkulation, bei dem auf die Einzelkosten eines Kostenträgers Gemeinkostenanteile mithilfe eines Zuschlagssatzes berechnet werden. Die Teilkostenrechnungen hingegen ordnen den Kostenträgern nicht die vollen Kosten zu, sondern nur die direkt durch den Kostenträger verursachten variablen Kosten. Damit folgen die Teilkostenrechnungen dem Verursachungsprinzip. Verringert man den Umsatzerlös einer Leistungseinheit (Angebotspreis) um die zuzurechnenden variablen Kosten einer Leistungseinheit, so gelangt man zu dem Deckungsbeitrag einer Leistungseinheit, dem sogenannten Stückdeckungsbeitrag. Die Fixkosten bleiben also bei der Kostenzurechnung unberücksichtigt.

In der Kostenträgerzeitrechnung der Vollkostenrechnung erfolgt die Ermittlung des Betriebsergebnisses. In der Vollkostenrechnung werden hier die vollen Kosten je Abrechnungsperiode ausgewiesen, wiederum gegliedert nach Einzel- und Gemeinkosten. Bei der Betriebsergebnisrechnung werden die Einzel- und Gemeinkosten der Abrechnungsperiode und zudem die Gemeinkostenzuschlagssätze dem Betriebsabrechnungsbogen der Kostenstellenrechnung entnommen. Mithilfe der Gemeinkostenzuschlagssätze werden die Gemeinkosten den für die einzelnen Kostenträger direkt zurechenbaren Einzelkosten mittelbar zugeschlagen. Auf diese Weise lassen sich die Selbstkosten insgesamt und die Selbstkostenanteile der einzelnen Kostenträger ermitteln. Vergleicht man im letzten Rechenschritt die ermittelten Selbstkosten, die zur Erwirtschaftung von Umsatzerlösen eingesetzt wurden, mit den erzielten Umsatzerlösen, dann ergibt sich das Betriebsergebnis. Auch in der Teilkostenrechnung gibt es eine Kostenträgerzeitrechnung, die jedoch nicht ein Betriebsergebnis, sondern Deckungsbeiträge ermittelt. Hier werden die Kosten nach variablen und fixen Kosten gegliedert und zunächst lediglich die variablen Kosten mit den Umsatzerlösen verrechnet. So gelangt man zu dem Deckungsbeitrag insgesamt und zu dem Deckungsbeitrag der einzelnen Kostenträger. Durch diese Vorgehensweise werden Einblicke in den Erfolgsbeitrag von Kostenträgern und Kostenträgergruppen gewährt. Zudem kann man erkennen, welche fixen Kosten wegfielen, wenn man bestimmte Produkte oder Produktgruppen aus dem Programm entfernte.

Lösungshinweise zu Aufgabe 31: Voll- vs. Teilkostenrechnung
Beide Kostenrechenarten benötigen zunächst einmal die Kosten aus der Abgrenzungsrechnung. Der wichtigste Unterschied zwischen den beiden Kostenrechenarten liegt in der zugrunde gelegten Kostenunterteilung. Die Vollkostenrechnung setzt eine Kostenunterteilung zwischen Einzel- und Gemeinkosten voraus, während die Teilkostenrechnung eine Unterteilung zwischen variablen und fixen Kosten erfordert.

Die Vollkostenrechnung mit den drei Stufen Kostenarten-, Kostenstellen- und Kostenträgerrechnung ist darauf ausgerichtet, die vollen Kosten auf die Kostenträger zu verrechnen. Deshalb müssen die Gemeinkosten in einem ersten Schritt mithilfe des Betriebsabrechnungsbogens auf die Kostenstellen verteilt werden. Dabei müssen die Gemeinkosten nach teilweise unzureichend verursachungsgerechten Verteilungsschlüsseln auf die Kostenstellen umgelegt werden, was in der Folge zu einer mangelhaften Kalkulation der Kostenträger führen kann. In einem zweiten Schritt müssen die Gemeinkosten auf die Kostenträger zugeordnet werden, was in der Zuschlagskalkulation mithilfe pauschaler Zuschlagssätze erfolgt. Auch dies kann mit einer mangelhaften Kalkulation der Kostenträger verbunden sein. Durch die Vollkostenrechnung kann somit die Kostenverursachung durch die Kostenträger nicht aussagekräftig abgebildet werden. Die auf Basis der Vollkosten errechneten Stückkosten können demzufolge nicht als Entscheidungsgrundlage für die Produkt- und Preispolitik verwendet werden.

Die Teilkostenrechnungen in der Form der einstufigen Deckungsbeitragsrechnung ordnen den Kostenträgern nicht die Gesamtkosten zu, sondern lediglich die variablen Kosten. Damit sind die Teilkostenrechnungen hinsichtlich der Kostenzurechnung auf Kostenträger grundsätzlich verursachungsgerechter. In Bezug auf die Kostenträgerzeitrechnung ist der Vorteil der Vollkostenrechnung darin zu sehen, dass alle Kosten der Abrechnungsperiode ausgewiesen und verrechnet werden, während die Teilkostenrechnung in der Form der einstufigen Deckungsbeitragsrechnung die fixen Kosten ausblendet. Allerdings kann dieser Nachteil mit einer mehrstufigen Deckungsbeitragsrechnung ausgeräumt werden, da auch hier die Fixkosten in die Betrachtung aufgenommen werden. Hieraus ergibt sich zudem der Vorteil, dass man erkennen kann, welche Erfolgsbeiträge die einzelnen Kostenträger und Kostenträgergruppen zum Gesamterfolg beisteuern.

Lösungshinweise zu Aufgabe 32: Operative Entscheidungsrechnung

1. Relative Deckungsbeiträge:

Produkt	Max. Absatzmenge/ Abrechnungsperiode	Relativer Deckungsbeitrag
A	12.000 LE	30,00 €/Std.
B	1.000 LE	35,00 €/Std.
C	4.000 LE	28,50 €/Std.

Produktionspriorität: B – A – C

Produkt	Fertigungszeit	Herstellmenge	Maximaler Deckungsbeitrag
B	1.000 Std.	1.000 LE	35.000 €
A	2.400 Std.	3.600 LE	72.000 €
C	0 Std.	0 LE	–
Σ	3.400 Std.	4.600 LE	107.000 €

2. Relative Deckungsbeiträge:

Produkt	Max. Absatzmenge/ Abrechnungsperiode	Relativer Deckungsbeitrag
A	3.000 LE	30,00 €/Std.
B	2.500 LE	27,00 €/Std.

Produktionspriorität: A – B

Produkt	Fertigungszeit	Herstellmenge	Maximaler Deckungsbeitrag
A	2.000 Std.	3.000 LE	60.000 €
B	1.200 Std.	900 LE	32.400 €
Σ	3.200 Std.	3.900 LE	92.400 €

(falsche) Produktionspriorität gemäß absolutem Deckungsbeitrag: B – A

Produkt	Deckungsbeitrag/ LE	Herstellmenge	Deckungsbeitrag/ Periode
B	36 €	2.400 LE	86.400 €
A	20 €	0 LE	0 €
Σ	–	2.400 LE	86.400 €

Fazit: Wird als Auswahlkriterium für die Zuordnung der Produktionspriorität nicht der relative Deckungsbeitrag, sondern der absolute Deckungsbeitrag herangezogen, ist eine Erreichung des maximalen Deckungsbeitrages der Periode nicht gewährleistet.

Lösungshinweise zu Aufgabe 33: Operative Entscheidungsrechnung
1. Optimale Losgröße: 5.000 LE
   (Optimale) Anzahl der Serienwechsel: 40 Wechsel
   Auflagefixe Kosten pro Periode für die optimale Losgröße: 375.000 €
2. Zins- und Lagerkosten für Losgröße in Höhe von 1.000 LE: 75.000 €
   Zins- und Lagerkosten für Losgröße in Höhe von 3.000 LE: 225.000 €
3. Kostenwirkungen einer Synchronisation der Produktion: Die Anzahl der Serienwechsel steigt, was mit sinkenden Zins- und Lagerkosten und mit steigenden auflagefixen Kosten pro Periode verbunden sein wird.
   Eine Erhöhung der variablen Herstellungskosten/LE wird mit einer Verringerung der optimalen Losgröße verbunden sein. Eine Verringerung der variablen Herstellungskosten/LE wird eine Erhöhung der optimalen Losgröße herbeiführen.

Lösungshinweise zu Aufgabe 34: Operative Entscheidungsrechnung
1. Optimale Losgröße: 6.000 LE
   (Optimale) Anzahl der Serienwechsel: 20 Wechsel
   Auflagefixe Kosten pro Periode für die optimale Losgröße: 600.000 €
2. Zins- und Lagerkosten für Losgröße in Höhe von 5.000 LE: 500.000 €
   Kostenwirkungen einer Emanzipation der Produktion: Die Anzahl der Serienwechsel sinkt, was mit steigenden Zins- und Lagerkosten und mit sinkenden auflagefixen Kosten pro Periode verbunden sein wird.

3. Um die Andler'sche Losgrößenformel anwenden zu können, sind eine Reihe relativ unrealistischer Annahmen vorauszusetzen, wie bspw.:
   - Der Periodenbedarf der Produkte ist bekannt und konstant, es existieren keine Kapazitätsbeschränkungen. Das Produkt kann unendlich lange gelagert werden, und es liegen keine Lagerkapazitätsbeschränkungen vor. Es erfolgt ein relativ gleichmäßiger Lagerzugang und -abgang.
   - Der Bedarf an Produktionsfaktoren ist gelagert und kann unmittelbar gedeckt werden. Die Produktionsgeschwindigkeit ist unendlich groß.
   - Die mit der Umrüstung entstehenden Kosten sind unabhängig von der Losgrößenmenge und fallen für jedes Fertigungslos in derselben Höhe an. Die Losdurchlaufzeiten sind konstant, und jedes Los kann zu einem beliebigen Zeitpunkt aufgelegt werden.

Lösungshinweise zu Aufgabe 35: Operative Entscheidungsrechnung

1. Optimales Produktionsprogramm:

Produkt	A	B	C
Anlagenbelegzeit gesamt [in min]:	18.000	20.000	30.000
Relativer Deckungsbeitrag [€/min]:	1,50	3,00	2,00
Produktionspriorität:	3.	1.	2.
Optimales Produktionsprogramm [in LE]:	0	1.000	1.500
Zugeordnete Anlagenbelegzeit [in min]:	0	20.000	30.000

2. Preisobergrenze und optimales Produktionsprogramm:
   Unterbeschäftigung:
   Bereinigte variable Stückkosten (Produkt B): 32 €/LE; $POG_{(Rohstoff)}$: 26 €/kg
   Engpasswirksame Kapazitätsbeschränkung (Anlagenverfügbarkeit 50.000 min):
   Opportunitätsstückkosten (Produkt B): 30 €/LE; $POG_{(Rohstoff)}$: 16 €/kg
   Optimales Produktionsprogramm bei einem Beschaffungspreis des Rohstoffes in Höhe von 18 €/kg:

Produkt	A	B	C
Optimales Produktionsprogramm [in LE]:	600	100	1.500

   Optimales Produktionsprogramm bei einem Beschaffungspreis des Rohstoffes in Höhe von 30 €/kg:

Produkt	A	B	C
Optimales Produktionsprogramm [in LE]:	600	0	1.500

Lösungen zu Aufgabe 36: Single-Choice-Test (Binärfragen)

		Ja	Nein
1.	Kosten stellen immer betrieblich bedingte Änderungen des Geldvermögensbestandes dar.		x
2.	Gemeinkosten sind ausschließlich fixe Kosten.		x
3.	Nach dem Kriterium „Verrechnungsbezug" wird zwischen variablen und fixen Kosten differenziert.		x
4.	Variable Kosten sind immer Einzelkosten.		x
5.	Die Gesamtkosten setzen sich aus den Einzelkosten und den Zusatzkosten zusammen.		x
6.	Kosten und Leistungen verändern die Bestandsgröße Reinvermögen.		x
7.	Der betriebsfremde Aufwand gehört zu den Grundkosten.		x
8.	Zusatzkosten sind Kosten, denen in der Buchführung kein Aufwand gegenübersteht.	x	
9.	Grundkosten sind betragsgleiche Zweckaufwendungen.	x	
10.	Der Barkauf eines Rohstoffbestandes im Dezember 2019, der erst im Januar 2020 verbraucht wird, ist als Kosteneinsatz der Abrechnungsperiode 2019 zuzurechnen.		x
11.	Kalkulatorische Abschreibungen repräsentieren Kosten für die eingesetzten Betriebsmittel.	x	
12.	Die kalkulatorischen Kosten sind Grundkosten, weil ihr Entstehungsgrund in der Verfolgung des Betriebszweckes zu sehen ist.		x
13.	Sekundäre Kosten lassen sich auf primäre Kosten zurückführen.	x	

14. Die Kosten entsprechen dem Aufwand, der durch die betriebliche Leistungserstellung verursacht wurde.

Ja	Nein
	x

15. Inventur- und Skontrationsmethode kommen bei der Ermittlung des mengenmäßigen Materialverbrauches immer zu dem gleichen Ergebnis.

Ja	Nein
	x

16. Personalkosten können in Form von Einzelkosten oder in Form von Gemeinkosten anfallen.

Ja	Nein
x	

17. Gebühren und Beiträge sind Abgaben an öffentlich-rechtliche Einrichtungen ohne Anspruch auf eine spezielle Gegenleistung.

Ja	Nein
	x

18. Als Zusatzkosten werden die kalkulatorischen Kosten bezeichnet, denen ein falsch gebuchter Aufwand in der Buchführung gegenübersteht.

Ja	Nein
	x

19. Mit den Opportunitätskosten bezeichnet man den Nutzenentgang aus der nicht wahrgenommenen Alternativverwendung knapper Güter.

Ja	Nein
x	

20. Die im Rahmen der Restwertmethode berechneten kalkulatorischen Zinsen sind pro Abrechnungsperiode konstant.

Ja	Nein
	x

21. In Kapitalgesellschaften kann auf den Ansatz kalkulatorischer Unternehmerlöhne verzichtet werden.

Ja	Nein
x	

22. Bilanzielle und kalkulatorische Abschreibungen sind immer betragsgleich.

Ja	Nein
	x

23. Die linearen Abschreibungsverfahren unterstellen einen ungleichmäßigen Verlauf der Wertminderung.

Ja	Nein
	x

24. Kalkulatorische Abschreibungen orientieren sich am Grundsatz des Substanzerhaltes.

Ja	Nein
x	

25. Bei der Ermittlung der kalkulatorischen Abschreibungsbeträge ist von den zukünftigen Wiederbeschaffungskosten der Vermögensgegenstände auszugehen.

Ja	Nein
x	

26. Die Anwendung des funktionellen Kriteriums bei der Kostenstellenbildung führt zu der Unterscheidung zwischen Haupt- und Hilfskostenstellen.

Ja	Nein
	x

27. Nach dem Prinzip der Kostenverursachung werden über die Bestimmung geeigneter Schlüsselgrößen Proportionalitätsbeziehungen zwischen Kosten und Leistungen hergestellt.

Ja	Nein
	x

28. Die einer Hilfskostenstelle zugerechneten Gemeinkosten können primäre, aber auch sekundäre Gemeinkosten sein.

Ja	Nein
x	

29. Die einer Hilfskostenstelle zugerechneten Gemeinkosten werden als sekundäre Gemeinkosten auf die leistungsempfangenden Kostenstellen verrechnet.

Ja	Nein
x	

30. Die Materialgemeinkosten sind Bestandteil der Herstellkosten.

Ja	Nein
x	

31. Die Verwaltungsgemeinkosten sind Bestandteil der Herstellkosten.

Ja	Nein
	x

22. Der Betriebsabrechnungsbogen (BAB) ist ein Bestandteil der Kostenstellenrechnung.

Ja	Nein
x	

33. Die Materialeinzelkosten sind Bestandteile der Selbstkosten.

Ja	Nein
x	

34. Die Verwaltungsgemeinkosten sind Bestandteile der Selbstkosten.

Ja	Nein
x	

35. Die Äquivalenzziffernkalkulation ist regelmäßig im Rahmen der Sortenfertigung anzuwenden.

Ja	Nein
x	

36. Die Äquivalenzziffern der Äquivalenzziffernkalkulation sollen eine Maßgröße für die relative Kostenverursachung darstellen.

Ja	Nein
x	

37. Die Divisionskalkulation ist regelmäßig im Rahmen der Serienfertigung anzuwenden.

Ja	Nein
	x

38. Die mehrstufige Divisionskalkulation erfordert (zumindest) eine Aufteilung der Gesamtkosten in Herstell-, Verwaltungs-, und Vertriebskosten.

Ja	Nein
x	

39. Eine mehrstufige Divisionskalkulation kann Lagerbestandsveränderungen bei den lagerfähigen Leistungen als Kalkulationsbestandteile erfassen.

Ja	Nein
x	

		Ja	Nein
40.	Alle Kalkulationsverfahren auf Basis von Ist-Vollkosten setzen die Führung eines Betriebsabrechnungsbogens voraus.		x

		Ja	Nein
41.	Die Betriebsergebnisrechnung ist ein Instrument der Kostenträgerzeitrechnung.	x	

		Ja	Nein
42.	Die Betriebsergebnisrechnung auf Basis von Ist-Vollkosten ermöglicht kurzfristig wirksame Programmentscheidungen.		x

		Ja	Nein
43.	Eine Vollkostenrechnung basiert immer ausschließlich auf Istkosten.		x

		Ja	Nein
44.	Kurzfristig wirksame Entscheidungen zeichnen sich dadurch aus, dass der Potenzialfaktorbestand durch entsprechende (Korrektur-) Maßnahmen verändert wird.		x

		Ja	Nein
45.	Kurzfristig wirksame Entscheidungen beziehen sich auf eine bestimmte Anzahl von Handlungsalternativen mit jeweils unbekannten Handlungskonsequenzen.		x

		Ja	Nein
46.	Innerhalb einer Programmoptimierung bei Unterbeschäftigung können Absatzrestriktionen vorliegen.	x	

		Ja	Nein
47.	Innerhalb einer Programmoptimierung bei engpasswirksamen Kapazitätsbeschränkungen können Absatzrestriktionen vorliegen.	x	

		Ja	Nein
48.	Die Zins- und Lagerkosten eines Lagerbestandes gelten im Rahmen der Losgrößenoptimierung als auflagefixe Kosten.		x

		Ja	Nein
49.	Die Preisuntergrenze bezeichnet den kritischen Absatzpreis, bei dessen Unterschreitung der Verkauf von Absatzgütern das Betriebsergebnis verringern würde.	x	

		Ja	Nein
50.	Als Entscheidungsrechnung für die kurzfristige Steuerung ist ein Teilkostenrechnungssystem eher geeignet als ein Vollkostenrechnungssystem.	x	

Teil II: Themenübergreifende Fallstudien zum operativen Controlling

1 Vorbereitende Orientierungen zur Fallstudienbearbeitung

1.1 Komplexität als Controllingobjekt

Der Begriff Komplexität wird in vielen wissenschaftlichen Disziplinen verwendet, und je nach Betrachtungsgegenstand entweder ähnlich oder doch sehr verschieden definiert. Eine einheitliche und allgemeingültig anerkannte Auffassung zu diesem Begriff gibt es also nicht. Die nachfolgenden Ausführungen erheben keinen Anspruch auf inhaltliche Vollständigkeit, sie sollen nur in verkürzter Form die grundlegenden Gedanken und Ansätze einer systemtheoretischen und kybernetischen Interpretation der grundlegenden Begrifflichkeiten System und Komplexität wiedergeben.

1.1.1 Zum Begriff der Komplexität

In den Sozialwissenschaften – und damit auch in den wirtschaftswissenschaftlichen Disziplinen – hat sich in den Jahren nach dem zweiten Weltkrieg eine Parallelität zweier Metadisziplinen ergeben, die sich mit diesem grundlegenden Begriff auseinandersetzen und die in die wirtschaftswissenschaftlichen Disziplinen bis in die heutige Zeit hineinwirken: Zum einen die (Weiter-) Entwicklung der Allgemeinen Systemtheorie (vgl. hierzu u. a. Bertalanffy 1969) und zum anderen die Entwicklung der Kybernetik (vgl. hierzu u. a. Ashby 1974). Für beide wissenschaftlichen Disziplinen, die als erkenntnisleitende und Systematisierungsdisziplinen für andere Wissenschaftsdisziplinen bezeichnet werden können, besitzt der Begriff System eine zentrale Bedeutung (vgl. Schiemenz 1994: 9). Dieser dient als Rahmen für die Betrachtung des Begriffes Komplexität, der sich aus inhärenten Strukturen, Begrenzungen und Relationen der Betrachtung von Systemen herleiten läßt. Die Systemtheorie untersucht demzufolge strukturelle und formale Gemeinsamkeiten von Systemen, um Beschreibungs- und Erklärungsansätze liefern zu können, die es ermöglichen sollen, Systeme als solche erkennen, systematisieren und verbinden zu können (vgl. Wacker 1971: 15). Als Kriterium zur Unterscheidung von unterschiedlichen Systemen wird in einem ersten Zugang der Begriff der den Systemen innewohnenden Komplexität herangezogen, die wiederum gewisse Grundbestandteile aufweisen sollte, um als solche bezeichnet zu werden: Laut Bertalanffy handelt es sich um folgende: „In dealing with complexes of ‚elements‘, three different kinds of distinction may be made – i.e., 1. according to their *number*; 2. according of their *species*; 3. according to the *relations* of elements." (Bertalanffy 1969: 54; Hervorhebungen im Original). Komplexität kann daher als Zusammenwirken folgender Bestandteile definiert werden: Eine Gesamtheit von unterschiedlichen Elementen (Vielzahl und Vielfalt unterscheidbarer Elemente eines Systems; vgl. Ashby 1974: 186), die in wechselwirkenden Verbindungen zueinander ste-

https://doi.org/10.1515/9783110631043-003

hen (Grad der Vernetztheit) und unterschiedliche Ausprägungen (vgl. Pruckner 2005: 237) von Zuständen annehmen sowie im Zeitverlauf veränderlich (dynamische Entwicklungsfähigkeit) sein können (vgl. hierzu u. a. Schüller, Schlange 1994: 3f, aber auch Lingnau, Brenning 2015: 457). Die **Dimensionen des Komplexitätsbegriffes** stellt Abbildung 1.1 in Anlehnung an Milling (2002: 12) dar:

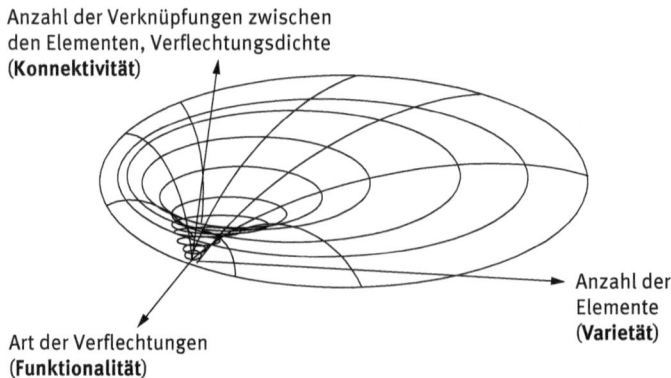

Abb. 1.1: Dimensionen des Komplexitätsbegriffes

Zu beachten ist hierbei aber auch die Notwendigkeit der gleichzeitigen Betrachtung verschiedenartiger Ursache-Wirkungsketten innerhalb des betrachteten Systems, die komplexitätserhöhend wirken können. Die Unterscheidungsmöglichkeiten zwischen Systemen mit geringer und/oder hoher Komplexität anhand der Kriterien Menge und Vielfalt sowie Relationen auf der einen Seite und Dynamik/Veränderlichkeit im Zeitverlauf auf der anderen Seite ergeben vier Grundtypen von Systemen (in Anlehnung an Schoeneberg 2014: 15), wobei hier der Begriff „Verhaltensmöglichkeiten" für den Sachverhalt der als möglich angenommenen Zustandsänderungen eines Systems steht (siehe Abbildung 1.2).

Luhmann als einer der maßgeblichen Systemtheoretiker des 20. Jahrhunderts hat den Zusammenhang des Entstehens von Komplexität in Systemen wie folgt dargestellt:

Jedes System kann als Bestandteil eines übergeordneten und/oder untergeordneten Systems begriffen werden (auch bezeichnet als Systemhierarchie), wobei die Systeme gleichzeitig durch operative Schließung ihrer Grenzen (i.e. faktisch die Abgrenzung zum über- und/oder untergeordneten System) die Umwelt (hier ist die Systemumwelt von einzelnen Systemen gemeint) ausschließt. Die Systemgrenze ist also der limitierende Faktor eines betrachteten Systems hinsichtlich der Potentialität des in diesem System vorfindbaren Handlungsraumes. Reimer führt hierzu in Bezug auf soziale Systeme aus: „Durch die Systemgrenze werden aus prinzipiell unbegrenzten Handlungsmöglichkeiten einige wenige als systemrelevant, als passend oder funktio-

	kompliziertes System
	– viele Elemente und Beziehungen
	– wenige Verhaltensmöglichkeiten
	– stabile Wirkungsverläufe
		äußerst komplexes System
		– Vielzahl von unterschiedlichen
		  Elementen mit vielfältigen
		  Beziehungen
		– hohe Vielfalt an Verhaltens-
		  möglichkeiten
		– veränderliche Wirkungsverläufe

	einfaches System – wenige Elemente und Beziehungen – wenige Verhaltensmöglichkeiten – stabile Wirkungsverläufe	**relativ komplexes System** – wenig Elemente und Beziehungen – hohe Vielfalt an Verhaltens- möglichkeiten – veränderliche Wirkungsverläufe

(Y-Achse:) **Vielzahl/Vielfalt und Relationen der Elemente** — hoch / gering

(X-Achse:) gering — hoch — **Dynamik/Veränderung im Zeitverlauf**

Abb. 1.2: Stufen der Komplexität von Systemen

nal, ausgewählt. Soziale Systeme dienen damit der Orientierung, dem »Framing« der Situation und geben dadurch Verhaltenssicherheit." (Reimer 2005: 133; Hervorhebung im Original). Abbildung 1.3 von Krieger (1996: 16) stellt diese Beziehungen zwischen Umwelt und System dar, aus der sich dann die Systemgrenzen ergeben.

Grundlegend für System-Umweltkonstellationen sind aus Sicht von Luhmann Entscheidungen als „Elementarereignisse (...) die Letztelemente [sind], aus denen ein organisiertes Sozialsystem besteht. (...) In der Form einer Entscheidung kann deshalb die Differenz von System und Umwelt zur Einheit gebracht werden, ohne daß dies eine strukturelle Verschmelzung von System und Umwelt herbeiführen müßte." (Luh-

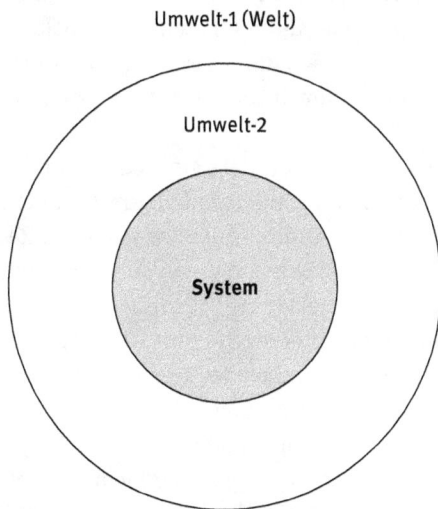

Umwelt-1 (Welt)

Umwelt-2

System

Abb. 1.3: System-Umwelt-Ebenen und Systemgrenzen

mann 1994: 277). Oder anders ausgedrückt: „Komplexität stellt sich demnach immer aus einer System-Umwelt-Relation dar, wobei der Beziehungs- und Möglichkeitenreichtum der Umwelt für das System zum Entscheidungsproblem unter Unsicherheit wird." (Schoeneberg 2014c: 16).

Diese Art der Reduktion von (System-) Komplexität durch die Abgrenzung von System und Umwelt ist nach Luhmann dafür verantwortlich, dass ein System überhaupt erst eine eigene Komplexität aufbauen kann (vgl. Luhmann 2000: 222f). Ein komplexes System erfährt eine Komplexität durch notwendige Reduktion, und das heißt, dass nach Luhmann Komplexität ein Selektionszwang ist (vgl. Luhmann 2004: 236). Allgemein ausgedrückt wird durch die unterschiedlichen Systemebenen und deren abgeleitete Systemgrenzen ein Mechanismus der inhärenten Komplexitätsbildung in den durch Selektion betroffenen Systemen hervorgerufen, oder mit anderen Worten: Jeder Komplexität wohnt die Reduktion inne, also ist Reduktion komplexitätsdeterminierend und Komplexität der Entstehungsgrund für Systeme (vgl. hierzu auch: Krieger 1996: 14).

Bezüglich der Systemen innewohnenden (meist konstitutiven) Elemente, die in Beziehung zu einander stehen können und somit eine beschränkte systemimmanente Komplexität hervorrufen können, führt Luhmann aus: „Insofern ist Komplexität ein sich selbst bedingender Sachverhalt: Dadurch, daß schon die Elemente komplex konstituiert sein müssen, um als Einheit für höhere Ebenen der Systembildung fungieren zu können, ist auch ihre Verknüpfungsfähigkeit limitiert, und dadurch reproduziert sich Komplexität als unausweichliche Gegebenheit auf jeder höheren Ebene der Systembildung." (Luhmann 1984: 46).

Die Umwelt wird nach Luhmann immer komplexer sein müssen als die Systeme selbst, da ansonsten eine Ausdifferenzierung des Systems mit seinen Grenzen keinen Sinn ergeben würde. Es existiert demnach ein sogenanntes Komplexitätsgefälle zwischen Umwelt und System. Ein System ist immer nur in der Lage, ein gewisses Quantum dessen zu verarbeiten, was die Umwelt an Beeinflussung bereithält respektive hervorruft. Insofern tritt die Umwelt in Systemen oftmals nur als Perturbation in Erscheinung, die das System zu einer Reaktion anregt – nach Luhmann die sogenannte Resonanz des Systems (vgl. Luhmann 1986: 40ff).

Systeme sind aber nicht nur dadurch gekennzeichnet, dass sie sich aus unterschiedlichen Bestandteilen in unterschiedlichen Komplexitätsgraden konstituieren, sondern dass Systeme sich auch durch eine bestimmte Ordnung der Elemente und Relationen auszeichnen (vgl. exemplarisch Mainzer 2008: 38). Und genau diese Ordnung wird auch als komplexitätsreduzierender Sachverhalt deklariert – „Ordnung bewältigt Komplexität." (Probst 1989: 155). „Nur die Komplexität eines Systems ist organisierte Komplexität. Sie besteht in der selektiven Verknüpfbarkeit der Elemente des Systems." (Baraldi et al. 1997: 94). Hinzu kommt, dass die Komplexität eines Systems immer verbunden ist mit unvermeidlicher Intransparenz hinsichtlich verfügbarer Systeminformationen; also z. B. nach welchen Regeln Verknüpfungen der Elemente entstanden sind, chaotisch, geordnet strukturiert, selektiv oder komplett etc. (vgl. u. a.

Dieckmann 2006: 149). Die Ordnung eines Systems legt fest, in welcher Art dieses System operiert, d. h., in welcher Weise ein System Prozesse initiiert und ausführt. Je geringer der Regelungsgrad und – damit einhergehend – je geringer der Organisationsgrad, desto höher der Komplexitätsgrad, der sich in Systemen entwickeln kann (vgl. Jellenko-Dickert, Dickert 2014: 411). Hier ist im Übrigen die Schnittstelle zur Kybernetik, die sich explizit in ihren Ursprüngen mit den Regelungsmechanismen von Systemen und deren Steuerbarkeit beschäftigt hat. Die Relationen zwischen den Elementen, die Elemente selbst, als auch deren Varietät und Veränderlichkeit im Zeitverlauf ermöglichen dem System mithilfe der systemimmanenten Operationen (z. B. Prozesse) eine Erreichung der Systemzwecke. „Zwecke aber sind heute nur noch eine unter vielen Strategien der Reduktion von Komplexität." (Luhmann 1973: 349). Luhmann weist hier schon auf die Notwendigkeit der Komplexitätsreduktion zur Handhabung von komplexen Systemen hin, die in pragmatischer Wendung gleichfalls in der Betriebswirtschaftslehre zu eigenen Gedankengebäuden (u. a. der sogenannten Entscheidungstheorie) mit unzähligen komplexitätsreduzierenden Instrumenten geführt hat (vgl. hierzu nachfolgende Ausführungen).

Zusammenfassend lässt sich in Anlehnung an Sailer und an Bandte festhalten, dass es sich dann um komplexe Systeme handelt, wenn diese nicht zerlegbar sind, sich am Rande des Chaos bewegen, viele unterschiedliche Systemzustände annehmen können, sich evolutionär anpassen, über Rückkoppelungen reagieren, deren Elementerelationen nicht linear und nur begrenzt rational sind, sie prinzipiell eine Systemoffenheit aufweisen und immanent Eigenschaften und Strukturen entwickeln können sowie regelgeleitete und rekursive Verhaltensmuster aufzeigen (vgl. hierzu Sailer 2012: 110 sowie Bandte 2007: 78; ähnlich: Dittes 2012: 3). Oder vereinfachend mit den Worten von Bick/Drexl-Wittbecker ausgedrückt: „Unter Komplexität wird vielmehr diejenige Eigenschaft von Systemen verstanden, in einer gegebenen Zeitspanne eine große Anzahl von verschiedenen Zuständen annehmen zu können, was deren geistige Erfassung und Beherrschung durch den Menschen erschwert. Daraus ergeben sich vielfältige, wenig voraussagbare, ungewisse Verhaltensmöglichkeiten." (Bick, Drexl-Wittbecker 2008: 25). Lingnau/Brenning unterstellen, dass Komplexität nichts Anderes sei, als die Unfähigkeit eines Akteurs, „(...) in der verfügbaren Entscheidungszeit die an sich analysierbaren Systemmerkmale tatsächlich festzustellen und zu verarbeiten." (Lingnau, Brenning 2015: 457). Sie spielen hier auf die begrenzte Informationsverarbeitungskapazität von Entscheidungssubjekten an, die ohne Komplexitätsreduktion(smöglichkeiten) in bestimmten Entscheidungssituationen überfordert wären. Erwähnenswert ist an dieser Stelle, dass Lingnau/Brenning als einige der wenigen Betriebswirte in diesem Kontext auf die Polytelie (in Anlehnung an Dörner 2012: 76) hinweisen, die Verfolgung mehrerer sich widersprechender Ziele, die erreicht werden sollen. Im entscheidungstheoretischen Sinne ermöglicht die sogenannte Artenpräferenz eine Priorisierung von zeitgleich verfolgten Zielarten (auch: Zielgrößen) in einer Entscheidungssituation. Dieser Hinweis auf einen Zielkonfliktlösungsapparat wird im Nachfolgenden noch umfangreicher erläutert. Für den im Lehrbuch „Angewandtes Unternehmenscontrolling – Operative Systeme der Planung, Kontrolle und Entscheidung" (Behrens, Feuerlohn 2018) zugrunde gelegten entscheidungsorientierten Ansatz im Controlling wird für die weitere Darstellung der von Helmut Willke entwickelte Begriff der Komplexität herangezogen: „Komplexität bezeichnet den Grad der Vielschichtigkeit, Vernetzung und Folgelastigkeit eines Entscheidungsfeldes." (Willke 2006: 23). Zum Merkmal Folgelastigkeit des Entscheidungsfeldes führt er weiter aus: „Folgelastigkeit meint Zahl und Gewicht der durch eine bestimmte Entscheidung in Gang gesetzten Kausalketten oder Folgeprozesse innerhalb des infrage stehenden Sozialsystems; und der Begriff Entscheidungsfeld weist darauf hin, dass es keine Komplexität an sich gibt, sondern nur in Hinsicht auf ein bestimmtes Problem, welches für ein bestimmtes System in einer bestimmten Situation Selektionen erfordert." (Willke 2006: 23). Dieser Selektionsmechanismus und gleichermaßen das Zusammenwirken von Zielsystem im Teilmodell des Entscheidungsträgers und das von ihm nur bedingt beeinflussbare Entscheidungsfeld (unmittelbar vor einer zu treffenden Entscheidung ist das Entscheidungsfeld mit seinen Umweltdatenparametern vom Entscheidungsträger nicht mehr veränderbar) werden nachfolgend näher ausgeführt (zur Komplexität von Entscheidungssituationen im systemtheoretischen Kontext vgl. die Ausführungen von Schimank 2005: 212ff).

1.1.2 Komplexität und Entscheidung

Planungs- und Entscheidungsmodelle sind Systematisierungsansätze, die Anforderungen der Wissensgenerierung und Regelentwicklung zum Treffen rationaler Handlungen ermöglichen sollen. „*Planung als vernünftiges Vorausbedenken von Handlungen verlangt das Durchschreiten mehrerer Planungsstufen*: das Sammeln von Wissen über Ziele, Handlungsmöglichkeiten und dadurch beanspruchte Mittel, Prognosen über die Zielerreichung, Erarbeiten und Vergleichen von Handlungsalternativen, das Treffen einer Entscheidung und deren Umsetzung in zweckbewußtes Handeln." (Schneider 1993: 8; Hervorhebung im Original). Und diese Anforderungen sind im Allgemeinen Modell der rationalen Entscheidung zusammengefasst anzutreffen. Bei näherer Betrachtung des Allgemeinen Modells der rationalen Entscheidung ist auffällig, dass es sich um ein Instrumentarium von Hilfsmitteln zur Reduktion von Komplexität mittels Selektion in komplexen Problemsituationen handelt. Daher soll nachfolgend kurz die zugrunde liegende Denksystematik dieses Allgemeinen Modells erläutert werden.

Die sogenannten **Entscheidungsdeterminanten** sind konstitutive Merkmale einer jeden Entscheidungssituation. Unter diesem Begriff werden subsumiert:

1. Das Entscheidungssubjekt (auch: Entscheidungsträger): Darunter wird eine „Einheit" verstanden, die in einer bestimmten Entscheidungssituation über ein Maßsystem verfügt, welches eine (eindeutige und vollständige) Rangordnung der Vorzugswürdigkeit der zur Auswahl stehenden zielrelevanten Alternativen gestattet.

2. Das Entscheidungsziel: Als solches wird ganz allgemein das Wert- oder Maßsystem definiert, welches dem Entscheidungssubjekt die Aufstellung einer Rangordnung der Vorzugswürdigkeit der Handlungsalternativen möglich macht. In diesem Sinn ist das „Ziel" (u. a. auch: „Zielsystem", „Präferenzsystem") die Menge der Kriterien der (rationalen) Entscheidung.

3. Das Entscheidungsfeld: Dieses bildet den Rahmen für die Prognose zukünftiger Handlungskonsequenzen.
    Es umfasst alle zur Auswahl stehenden zielrelevanten Handlungsalternativen (abgebildet im sogenannten „Aktionsraum", „Aktionsfeld") und alle zielrelevanten Umweltbedingungen („Zustände der Umwelt", „Zustandsraum"), von denen – im Zusammenhang mit der jeweils zu wählenden bzw. gewählten Alternative – die Handlungskonsequenzen abhängen. Tietzel führt hierzu allerdings aus, dass „(...) die Komplexität einer Situation, also die potentiell große und nicht vollständig kontrollierte Anzahl von Einflußfaktoren [gemeint sind hier die Umweltdatenparameter mit ihren Wertekombinationen, Anmerkung der Verfasser], die Erreichung eines Zieles verhindern kann." (Tietzel 1985: 74).
    Die Kombination dieser beiden Bestandteile mittels eines Operators (der die Ursachen-Wirkungszusammenhänge zwischen Handlungsalternativen und Umweltzuständen abbilden soll) führt zu den Handlungskonsequenzen, die bei Aufgreifen einer der Handlungsalternativen zu erwarten wären.

Grundlegende Begrifflichkeiten des **Allgemeinen Modells der rationalen Entscheidung** sind folgende, die für das Verständnis unabdingbar sind:

1. Rationale Entscheidung: Sie bezeichnet die rationale (Aus) Wahl der optimalen Handlungsalternative aus der Menge der zielrelevanten Handlungsalternativen in einer bestimmten Entscheidungssituation.

2. Der Mittelvorrat: Dieser umfasst die Menge der zur Verfügung stehenden Mittel (Einsatzmenge), die Einsatzmöglichkeiten dieser Mittel, sowie die Restriktionen in Form von Nebenbedingungen.

3. Aktionsparameter: Sie sind die konstitutiven Bestandteile einer jeden zielrelevanten Handlungsalternative in einer bestimmten Entscheidungssituation. Jede Handlungsalternative setzt sich aus der identischen Struktur und der identischen Anzahl der Aktionsparameter zusammen, die Handlungsalternativen unterscheiden sich dann nur durch die Wertekombinationen (unterschiedliche Werte für die einzelnen Aktionsparameter). Echte Handlungsalternativen schließen sich durch die Wertekombinationen aus, identische Wertekombinationen stehen für unechte, sich nicht ausschließende Handlungsalternativen.

4. Umweltdatenparameter: Sie sind die konstitutiven Bestandteile eines jeden zielrelevanten Umweltzustandes in einer bestimmten Entscheidungssituation. Jeder Umweltzustand setzt sich aus der identischen Struktur und der identischen Anzahl der Umweltdatenparameter zusammen, die Umweltzustände unterscheiden sich dann nur durch die Wertekombinationen (unterschiedliche Werte für die ein-

zelnen Umweltdatenparameter). Echte Umweltzustände schließen sich durch die Wertekombinationen aus, identische Wertekombinationen stehen für unechte, sich nicht ausschließende Umweltzustände.

Das Allgemeine Modell der rationalen Entscheidung wird in Abbildung 1.4 dargestellt (eigene Darstellung; vgl. aber auch Klein, Scholl 2011: 40):

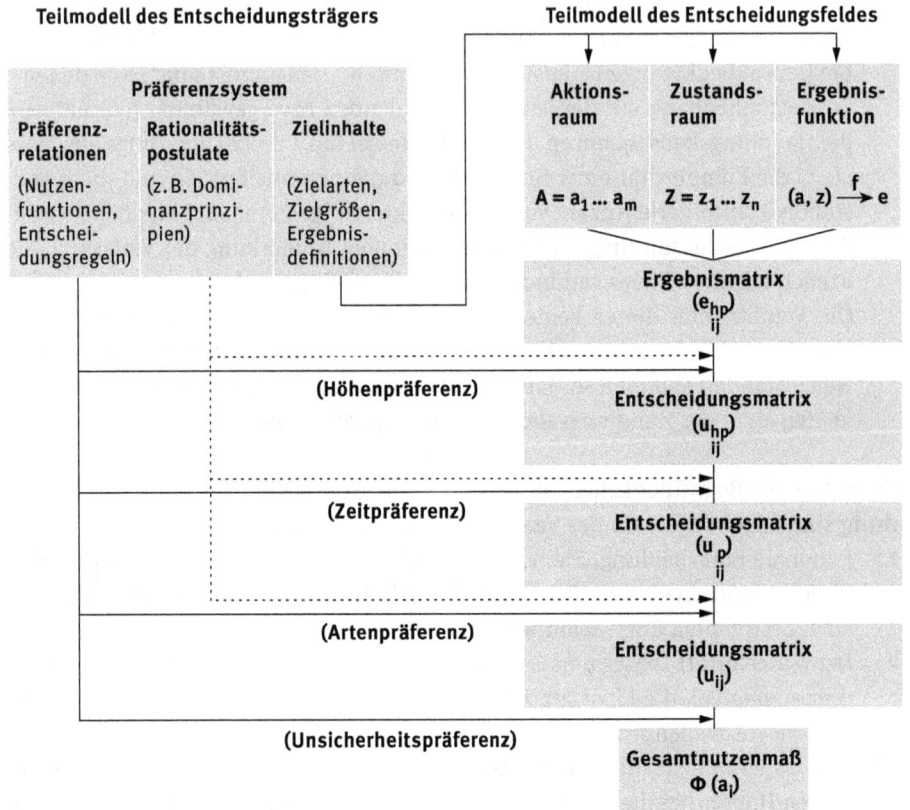

Teilmodell des Entscheidungsträgers				Teilmodell des Entscheidungsfeldes		
Präferenzsystem				**Aktions-raum**	**Zustands-raum**	**Ergebnis-funktion**
Präferenz-relationen	**Rationalitäts-postulate**	**Zielinhalte**				
(Nutzen-funktionen, Entschei-dungsregeln)	(z. B. Domi-nanzprinzi-pien)	(Zielarten, Zielgrößen, Ergebnis-definitionen)		$A = a_1 \ldots a_m$	$Z = z_1 \ldots z_n$	$(a, z) \xrightarrow{f} e$

Ergebnismatrix $(e_{hp})_{ij}$

(Höhenpräferenz)

Entscheidungsmatrix $(u_{hp})_{ij}$

(Zeitpräferenz)

Entscheidungsmatrix $(u_p)_{ij}$

(Artenpräferenz)

Entscheidungsmatrix (u_{ij})

(Unsicherheitspräferenz)

Gesamtnutzenmaß $\Phi (a_i)$

Abb. 1.4: Allgemeines Modell der rationalen Entscheidung

Das Allgemeine Modell der rationalen Entscheidung konstituiert sich aus zwei Teilmodellen, die sachlogisch und inhaltlich miteinander verbunden sind. Im Teilmodell des Entscheidungsträgers (auch: Entscheidungssubjekt, Entscheidungsinstanz oder Entscheider genannt) ist im Präferenzsystem (auch: Wertesystem) hinterlegt, wodurch und womit ein Entscheidungsträger eine noch zu treffende Entscheidung als Auswahlakt zwischen zielrelevanten alternativen Handlungsmöglichkeiten (Handlungsalternativen) in einer bestimmten Entscheidungssituation hervorruft. Hier sind die sogenannten Präferenzrelationen (auch: Nutzenfunktionen, Entscheidungsregeln) zu nennen, die ein vom Entscheidungsträger herangezogenes Regel- und Normenwerk repräsentieren, mit deren Hilfe er seine Vorzugswürdigkeiten zum Ausdruck bringt:

1. Der Einsatz der Höhenpräferenz bedeutet, dass die Höhe des angestrebten Ergebnisses seines Handelns (das angestrebte Ausmaß der Ergebnishöhe) durch Angabe entweder einer Höhenpräferenz in Form einer Extremierungsvorschrift (i.e. einer Maximierungs- bzw. Minimierungsanweisung) oder durch die Angabe eines zu erreichenden Anspruchsniveaus (auch bezeichnet als anspruchsniveaubezogene Zielformulierung), das ihn in seinem Bestreben nach Auswahl einer optimalen Handlungsalternative befriedigen würde (daher der Begriff Satisfizierungsvorschrift) oder eben durch eine Niveaufixierung, die exakt einen zu erreichenden Zielwert vorgeben würde (wird auch als Punktziel bezeichnet). Die Festlegung des Zielinhaltes (auch Zielarten, Zielgrößen oder Ergebnisdefinitionen) in Kombination mit der Höhenpräferenz ergeben zusammen die Minimalausstattung einer Zielsetzung (auch: Zielformulierung).

2. Die Zeitpräferenzangabe drückt aus, wann der Entscheidungsträger das Eintreten von Handlungskonsequenzen bevorzugt. Er legt hiermit also den Zeitpunkt, das Zeitintervall oder den Zeitraum des Eintretens der Ergebnisse bei Aufgreifen (Auswahl) einer Handlungsalternative fest.

3. Die Artenpräferenz wird aus Sicht des Entscheidungsträgers dann notwendig, wenn zwischen mehreren simultan in einer Entscheidungssituation verfolgten Zielen Konflikte hinsichtlich der Ergebnishöhe eintreten, so dass eine eindeutige Bestimmung der optimalen Handlungsalternative nicht mehr ohne weiteres Hilfsmittel (i.e. eine oder mehrere Artenpräferenzen) möglich ist. Die Bevorzugung von Zielen gegenüber anderen simultan verfolgten Zielen wird durch unterschiedliche Artenpräferenzen ermöglicht: die am häufigsten anzutreffende Artenpräferenz ist die Zielgewichtung mit all ihren Variationen (Lexikografische Ordnung, Goal Programming, Körth-Regel etc.), u. a. vorzufinden in der Systematik von Nutzwertanalysen (NWA). Diese Bevorzugung von Zielen untereinander lässt sich auch als Hierarchisierungsprozess zur Komplexitätsreduktion bezeichnen (vgl. hierzu Schiemenz 1994b: 11f).

4. Die Beseitigung von Unsicherheiten im Entscheidungsprozess soll durch Anwendung einer Unsicherheitspräferenz (auch: Risikopräferenz) ermöglicht werden. Hier wird prinzipiell unterschieden, wie hoch der Grad der Unsicherheit in einer bestimmten Entscheidungssituation ist, vornehmlich durch Berücksichtigung von sogenannten Eintrittswahrscheinlichkeiten von Umweltzuständen (Bestandteile des Zustandsraumes im Teilmodell des Entscheidungsfeldes), die entweder bekannt sind (dann handelt es sich um eine Risikoentscheidungssituation) oder bei Nichtkenntnis der Eintrittswahrscheinlichkeiten von Umweltzuständen (dann handelt es sich um sogenannte Entscheidungssituationen bei Ungewissheit im engeren Sinne). Der Unterschied wird in Abbildung 1.5 dargestellt.

```
          ┌─────────────────┐
          │  Entscheidungen │
          │  bei Unsicherheit│
          └─────────────────┘
           │                │
           ▼                ▼
┌──────────────────┐  ┌──────────────────┐
│ Unsicherheit in  │  │   statistische   │
│ Konkurrenzsituationen│ │   Unsicherheit   │
└──────────────────┘  └──────────────────┘
                       │              │
                       ▼              ▼
             ┌──────────────┐  ┌──────────────┐
             │Unsicherheit bei│ │Entscheidung bei│
             │Risiko („Risiko-│ │Ungewissheit im │
             │situationen")  │ │engeren Sinne  │
             └──────────────┘  └──────────────┘
```

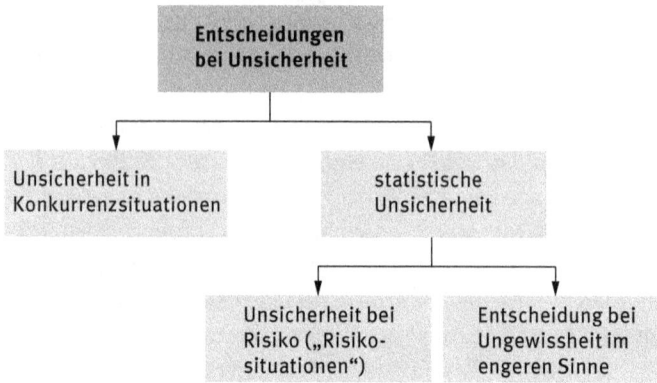

Abb. 1.5: Entscheidungen bei Unsicherheit

Jeschke fasst den Begriff der Unsicherheit (i.e. Entscheidungen unter Risiko bzw. unter Ungewissheit) selbst als Bestandteil einer Komplexitätsdimension auf und bezeichnet ihn als **Imponderabilität** (vgl. Jeschke 2017: 144ff).

Gleichermaßen ist es dem Entscheidungsträger möglich, sogenannte Rationalitätspostulate (also z. B. Dominanzprinzip; Transitivität und Vollständigkeit des Präferenzsystems) anzuwenden. Diese Rationalitätspostulate können sinnvoll in Entscheidungssituationen bei mehrfacher Zielsetzung (sogenannte multikriterielle Entscheidung), bei der mindestens ein Zielkonflikt besteht, eingesetzt werden. Effizienz bezieht sich auf die (relative) Vorteilshaftigkeit von Handlungsalternativen gegenüber anderen zur Verfügung stehenden zielrelevanten Handlungsalternativen in einer bestimmten Entscheidungssituation. Effiziente Handlungsalternativen sind gegenüber ineffizienten Handlungsalternativen vorzuziehen, sie dominieren diese Handlungsalternativen. Der Unterschied zwischen Dominanz und Effizienz in diesem Kontext besteht in folgendem Sachverhalt: Beim Dominanzprinzip repräsentiert die Dominanz eine Relation zwischen zwei Handlungsalternativen, Effizienz hingegen eine Relation zwischen allen zulässigen zielrelevanten Handlungsalternativen in einer bestimmten Entscheidungssituation. Daraus folgt, dass eine Handlungsalternative gegenüber einer anderen Handlungsalternative dominant sein kann, gegenüber allen anderen zielrelevanten Handlungsalternativen kann sie aber auch effizient sein. Die Bedeutung des Effizienzkriteriums liegt in der Vereinfachung (und damit in der Reduktion) der Komplexität des Entscheidungsproblems: der Entscheidungsträger braucht nur mehr die effizienten zielrelevanten Handlungsalternativen mittels seiner Präferenzen zu bewerten und in Erwägung zu ziehen. Es geht also beim Dominanzprinzip um die Aussortierung (Reduktion) von ineffizienten Handlungsalternativen aus dem Alternativenraum, der zulässige Raum für Lösungen eines vorliegenden Entscheidungsproblems wird auf die Menge der effizienten zielrelevanten Handlungsalternativen beschränkt. Das Dominanzprinzip ermöglicht ebenfalls, selektierend die Anzahl der Handlungsmöglichkeiten zu reduzieren. (vgl. weitergehend zum Dominanzprinzip Bamberg et al. 2012: 36).

Die Bestimmung der in einer Entscheidungssituation zu verfolgenden Zielsetzungen durch Festlegung der Zielinhalte (in Verbindung mit der Angabe mindestens einer Höhenpräferenz) selektiert die Anzahl der in Betracht kommenden Handlungsalternativen und wirkt daher zuallererst komplexitätsreduzierend. Ziele können daher im weiteren Sinne auch als gedankliche Festlegung und damit Vorwegnahme einer Komplexitätsreduktion angesehen werden. Zielinhalte determinieren daher in ganz erheblichem Maße die im Aktionsraum anzutreffenden und als zielrelevant einzustufenden Handlungsalternativen. Gleichermaßen als zu beeinflussender Teil des Entscheidungsfeldes legen auch die Zielinhalte die zielrelevanten Umweltzustände, die im sogenannten Zustandsraum erfasst werden, fest. Der unmittelbar vor einer zu treffenden Entscheidung nicht beeinflussbare Teil des Entscheidungsfeldes ist in den vorfindbaren Ausprägungen einzelner Umweltdatenparameter der Umweltzustände selbst zu sehen. Es kann festgehalten werden, dass auch durch das Zusammenwirken der beiden Teilmodelle (Teilmodell des Entscheidungsträgers und das Teilmodell des Entscheidungsfeldes) die Selektion hinsichtlich der infrage kommenden Handlungsalternativen als auch der jeweiligen Umweltzustände, die durch die Zielinhalte in ihrer Anzahl begrenzt werden, komplexitätsreduzierend wirkt. Durch Kombination dieser als zielrelevant erachteten Handlungsalternativen mit den jeweiligen ebenfalls als zielrelevant erachteten Umweltzuständen unter Berücksichtigung einer (meist mathematischen) Verknüpfung mittels eines Operators (der im Endeffekt als Ergebnisfunktion die Ursache-Wirkungszusammenhänge abbilden hilft in Form von Handlungskonsequenzen für die jeweiligen Kombinationen) ergibt sich für eine je spezifische Entscheidungssituation eine Ergebnismatrix, in der dimensionsbehaftete Handlungskonsequenzen abgebildet werden, die bei Auswahl einer Handlungsalternative aus dem Ergebnisraum (Gesamtheit der feststellbaren und zuordnungsfähigen Handlungskonsequenzen) eintreten würden. Für die Ergebnismatrix ergibt sich sachlogisch folgende Konstellation, d. h. das Zusammenwirken von Zielinhalten, Zeitpräferenz, Umweltzuständen und Handlungsalternativen ergibt einen Ergebnisraum der Handlungskonsequenzen, der in der Abbildung 1.6 (eigene Darstellung) dargestellt wird

Die allgemeine Indizierung ergibt sich durch folgende Konstellation: e_{ij}^{hp} = Ergebnis bei Durchführung der Handlungsalternative a_i und Eintreten des Umweltzustandes z_j bezogen auf die Zielart g_p und im Zeitpunkt t_h. Allein durch Anlegen der unabdingbaren Höhenpräferenz als erste vorzunehmende Selektionsvorschrift werden die dimensionsbehafteten (also z. B. Gelddimension, Gewichtsdimension, Längendimension etc.) Handlungskonsequenzen („Ergebnisse" e_{ij}) in dimensionsbereinigte (dimensionslose) (Teil-) Nutzenmaße (u_{ij}) transformiert. Daher wird dann aus der Ergebnismatrix eine Entscheidungsmatrix, in der (Teil-) Nutzenmaße abgebildet werden, die für die zielrelevanten Handlungsalternativen durch (in den meisten Fällen) mathematische Handlungsanweisungen zu Gesamtnutzenmaßen zusammengeführt werden können (vgl. hierzu exemplarisch die Ausführungen zur Nutzwertanalyse in Behrens, Feuerlohn 2018: 144ff). Der Entscheidungsprozess mündet in der Auswahl einer als optimal empfundenen (da höchster Gesamtnutzenwert) zielrelevanten

Z / A		z_1			z_j			z_n		
		g_1 ... g_p ... g_r			g_1 ... g_p ... g_r			g_1 ... g_p ... g_r		
a_1	t_1	e_{11}^{11} ... e_{1r}^{11}								
	t_h	e_{hp}^{11}			...			...		
	t_q	e_{q1}^{11} ... e_{qr}^{11}								
a_i	t_h	...			e_{hp}^{ij}			...		
a_m	t_1							e_{11}^{mn} ... e_{1r}^{mn}		
	t_h	...			...			e_{hp}^{mn}		
	t_q							e_{q1}^{mn} ... e_{qr}^{mn}		

Abb. 1.6: Das Teilmodell des Entscheidungsfeldes – disaggregierte Ergebnismatrix

Handlungsalternative als Ergebnis eines Suchprozesses in einer bestimmten Entscheidungssituation, die durch vorhergehende Selektionsmechanismen (u. a. durch Anlegen unterschiedlicher Präferenzen und zu verfolgender Zielinhalte) ermöglicht wurde.

Wie fast bei jedem Modell lassen sich auch hier Kritikpunkte anbringen. So ist z. B. die Gefahr der Ausblendung von zielrelevanten Handlungsalternativen durch Informationsunsicherheit resp. durch Intransparenz der Informationslage gegeben, kein Entscheidungsträger verfügt unmittelbar vor einer Entscheidung über alle entscheidungsrelevanten Informationen (daher werden ja in diesem Modell auch Unsicherheitspräferenzen berücksichtigt). Aber genau diese Unsicherheit in einer Entscheidungssituation bedingt einen Anstieg der Komplexität, zumindest der Wahrnehmung von Komplexität durch den Entscheidungsträger. Multikriterielle Entscheidungen unter Unsicherheit (expressis verbis die unter Ungewissheit) sind die Entscheidungen, die die Komplexität einer Problemsituation am deutlichsten symbolisieren und den Entscheidungsträger oftmals mit der eigenen Überforderung konfrontieren (vgl. hierzu u. a. Döring-Seipel, Lantermann 2015: 7).

Aus Sicht einer entscheidungsorientierten Betriebswirtschaftslehre wird die **Reduktion von Komplexität** darin bestehen, Unsicherheiten zu minimieren oder gar vollständig zu beseitigen. Luhmann spricht in diesem Kontext in Anlehnung an March/Simon von Unsicherheitsabsorption (vgl. Luhmann 1991: 214). March/ Simon sprechen in späteren Werken allerdings von der „Absorption der Ungewißheit" (March, Simon 1976: 154). Luhmann sieht in der Reduktion gleichzeitig die Erzeugung von Komplexität: „(…) wird die Reichweite von Entscheidungen *durch Einschränkung ausgedehnt;* oder wie zuvor gesagt: wird Komplexität durch Reduktion erzeugt." (Luhmann 2000: 223; Hervorhebung im Original). Schneider stellt den Begriff der Unsicherheitsverringerung sogar in den Mittelpunkt seiner grundlegenden betriebswirtschaftlichen Erklärungsansätze, allerdings aus entscheidungstheoretischer Sicht eingeschränkt auf die „Verringerung von Einkommensunsicherheiten" (Schneider 1991: 13; Anmerkung der Verfasser: Die Einkommensunsicherheit ist der Ausgangspunkt all seiner Überlegungen zum Gegenstand der Betriebswirtschaftslehre). Hierzu gibt es mehrere Ansätze, die diese Reduktion von Komplexität hervorrufen sollen. Pietsch/Scherm (2004b: 533) setzen im Spannungsfeld zwischen Entscheidungen auf der einen Seite und Informationsbereitstellung auf der anderen Seite an (siehe Abbildung 1.7):

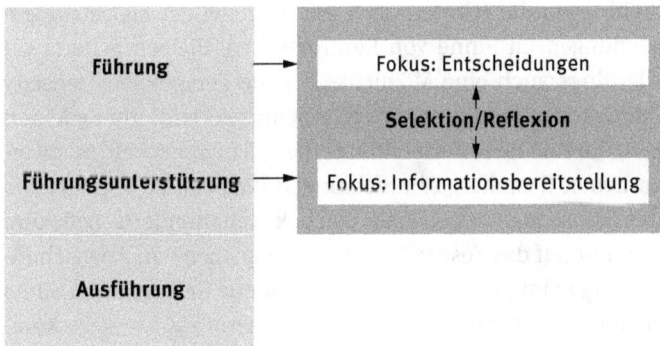

Abb. 1.7: Fokussierung des Handlungsfeldes „Unternehmen" und die Operationen der Komplexitätsbewältigung

Für Pietsch/Scherm gibt es demnach zwei Operatoren, die Komplexität bewältigen helfen sollen: Selektion und Reflexion. Unter Selektion verstehen sie die „(…) Auswahl aus einer Gesamtheit von Möglichkeiten (…)" (Pietsch, Scherm 2004b: 533), die komplexitätsreduzierend wirken sollen. Begründet wird dieser Vorgang mit der begrenzten Informationsaufnahme- und -verarbeitungskapazität von Entscheidungsträgern. Bereits Luhmann hat ausgeführt, dass „(…) Komplexität ein Selektionszwang ist. (…) Komplexität ist immer ein Selektionsverhältnis, das unter bestimmten Kriterien läuft." (Luhmann 2004: 236). Ähnlich formuliert es Ridder mit seinem ökonomischen Filter, der nur zielgerichtet bestimmte selektive Erkenntnisse zur Erklärung und Gestaltung von beobachtbaren (ökonomischen) Sachverhalten erlaubt (vgl. Ridder 1990: 290f). Martin geht sogar noch einen Schritt weiter als Pietsch/Scherm und unterstellt eine Informationsfehldosierung, weil sich Menschen im Umgang mit komplexen Problemen schwertun, da „(...) man die relevanten Wirkungszusammenhänge nicht vollständig überblickt." (Martin 2011: 83).

Selektion stellt also eine Begrenzung (Reduktion) des sogenannten Möglichkeitsraumes dar. „Das entscheidende Mittel der Komplexitätsbeherrschung ist die Reduktion der Möglichkeiten." (Brandes, Brandes 2013: 81). Selektion bedeutet im Rahmen des Führungsprozesses die Berücksichtigung von zielrelevanten Umweltbedingungen (Umweltzuständen mit ihren Umweltdatenparametern), erwartete Entwicklungen eben dieser Umwelt und des Unternehmens selbst, Einschätzung und Erfassung der eigenen Entwicklungsmöglichkeiten, Erfassung der Handlungskonsequenzen inklusive nicht-intendierter Nebenfolgen von alternativen Handlungsmöglichkeiten. „Selektion überführt so ein [zu] komplexes Entscheidungsfeld eines Problems in ein weniger komplexes Entscheidungsfeld, das für den Menschen lösbar ist." (Peffekoven 2004: 562). Die Gefahr fehlgeleiteter Selektion soll nach Pietsch/Scherm durch die Reflexion verringert werden, quasi als Korrektiv zur Selektion, die entweder abweichungsorientiert oder perspektivenorientiert ausgerichtet sein kann (vgl. Pietsch, Scherm 2004b: 537). Sie stellt eine kritische Beurteilung der durch Selektion hervorgerufenen Entscheidungen dar (Hinterfragen der unterstellten Zielsetzungen und Analyse von Abweichungen im Sinne von Kontrolle etc.). Pietsch/Scherm sehen in der Selektion allerdings auch eine Möglichkeit, neue Perspektiven jenseits der klassischen Kontrolltätigkeiten (von ihnen als abweichungsorientierte Reflexion bezeichnet) zu entwickeln, die eine neue Betrachtung eines (ökonomischen) Sachverhaltes erlaubt, um so zu neuen Gestaltungsempfehlungen kommen zu können. Die Hinterfragung wird daher konsequenterweise als perspektivenorientierte Reflexion bezeichnet, die eben nicht nur auf das Feststellen und Untersuchen von Abweichungen reduziert wird und somit alleinig als abweichungsorientierte Reflexion (im Sinne von Kontrolle) in Erscheinung treten würde (vgl. Pietsch/Scherm 2004a: 309). Komplexitätsbewältigung wird durch diese beiden Operatoren Selektion und Reflexion auf der Führungs- und Führungsunterstützungsebene von Unternehmen ermöglicht, da die verantwortlichen Entscheidungsträger im Rahmen der Wahrnehmung ihrer Führungsfunktionen diese Auswahl- und Bewertungsprozesse durch Treffen entsprechender Entscheidungen die Komplexitätsbewältigung initiieren (vgl. auch Pietsch 2003: 18ff). Abbildung 1.8 (Pietsch, Scherm 2004b: 536) basiert auf der Annahme, dass in Unternehmen die Komplexitätsbewältigung von denen zu bewirken sein soll, die auf den Ebenen der Führung und der Führungsunterstützung über entsprechende Möglichkeiten der Problemdurchdringung (Analyse- und Entscheidungskompetenzen) verfügen und deren Aufgabenzuschreibung dies erfordert (vgl. Pietsch, Scherm 2004b: 532ff).

Controlling lässt sich demnach aus der Differenz von Selektion und Reflexion als Führungs- und Führungsunterstützungsfunktion ableiten, das vornehmlich auf der Reflexionsebene (man könnte auch sagen, auf der Ergebnis- oder Handlungskonsequenzenebene) und eben nicht (maßgeblich) handlungsbestimmend auf der Selekti-

Die Führungsfunktionen				
Planung	Organisation	Personaleinsatz	Personalführung	Controlling

Selektion	Reflexion
Die Operation der Komplexitätsbewältigung	

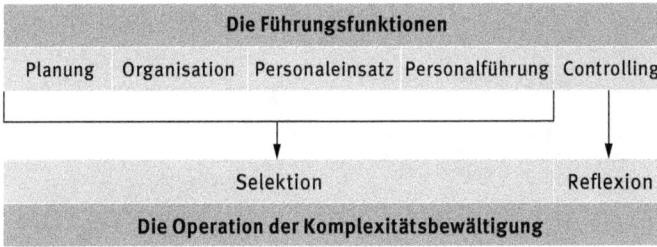

Abb. 1.8: Die Führungsfunktion und die Operationen der Komplexitätsbewältigung

onsebene (auf der die Zielinhalte und Höhenpräferenzen festgelegt und als Vorgabe formuliert werden durch Führungsinstanzen) wirksam wird.

Betriebswirtschaftlich betrachtet gibt es eine sehr heterogene Anzahl von sogenannten Komplexitätstreibern (siehe Abbildung 1.9), die ursächlich zur Erhöhung der Komplexität im System Unternehmen beitragen. Bick/Drexl-Wittbecker (2008: 29) systematisieren diese Komplexitätstreiber in Anlehnung an die Merkmale von Komplexität in Bezug auf Produkte und Prozesse (wobei diese Selbstbeschränkung auf eben diese Komplexitätsmerkmale eine ursächliche Analyse von Komplexität nur bedingt ermöglicht):

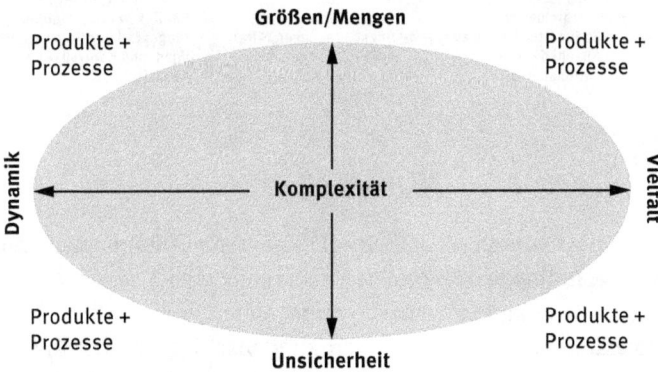

Größen/Mengen

Produkte + Prozesse   Produkte + Prozesse

Dynamik ←———— **Komplexität** ————→ **Vielfalt**

Produkte + Prozesse   Produkte + Prozesse

Unsicherheit

Abb. 1.9: Die vier Komplexitätstreiber

Daher wird im folgenden die sachlogisch abgeleitete Darstellung der Ursachen (eben die Komplexitätstreiber und nicht die Merkmale von Komplexität) zum Entstehen von Komplexität im System Unternehmen von Schoeneberg (2014b: 17) herangezogen, die in einem ersten Schritt zwischen internen und externen Komplexitätstreibern differenziert und in einem zweiten Schritt die wechselseitigen Beeinflussungen der Komplexitätsebenen verdeutlicht (siehe Abbildung 1.10):

Gesellschaftskomplexität

- Wertewandel
- Umweltbewusstsein
- rechtliche Faktoren
- wirtschaftliche und ökologische Faktoren
- politische Rahmenbedingungen

Marktkomplexität

Nachfragekomplexität	**Wettbewerbskomplexität**	**Beschaffungskomplexität**
– Vielfalt der Kundenanforderungen – Individualität der Nachfrage – Marktdynamik – globale Anforderungen	– Anzahl und Stärke der Wettbewerber – Wandel der Märkte – Wettbewerbsdynamik – Globalisierung	– Anzahl der Lieferanten – Beschaffungsstrategie und -konzept – Bedarfsschwankungen – Unsicherheit der Liefertermine bzw. -qualität

korrelierte Unternehmenskomplexität

Zielkomplexität	**Kundenstruktur-komplexität**	**Produkt- und Produktprogrammkomplexität**	**Technologiekomplexität**
– Anzahl parallel verfolgter Ziele – Dynamik der Zielanpassung – Fristigkeit der Zielerreichung	– Anzahl der Kunden und Kundengruppen – Heterogenität der Kunden und Kundengruppen – Grad der Mitbestimmung	– Aufbau der Produkte – Produkt- und Variantenanzahl – Dynamik der (Produkt-) Programmänderungen	– technologischer Wandel – Verfügbarkeit (innovativer) Technologien – Technologielebenszyklus

autonome Unternehmenskomplexität

Prozesskomplexität	**Organisationskomplexität**	**Strukturkomplexität**	**Planungs- und Steuerungskomplexität**
– Schnittstellenanzahl und -design – Vernetzungsgrad der Prozesse – Standardisierungsgrad	– Anzahl der Hierarchieebenen – Zentralisierungsgrad – Anzahl der Organisationseinheiten	– Anzahl der Distributionsstufen – Anzahl der Lager, Mitarbeiter, Maschinen, … – Kommunikationssysteme – Fertigungstiefe	– Kommunikationssysteme – Häufigkeit und Detaillierungsgrad des Steuerungs- und Kontrollbedarfs

(linke Randbeschriftung: externe Komplexitätstreiber / interne Komplexitätstreiber)

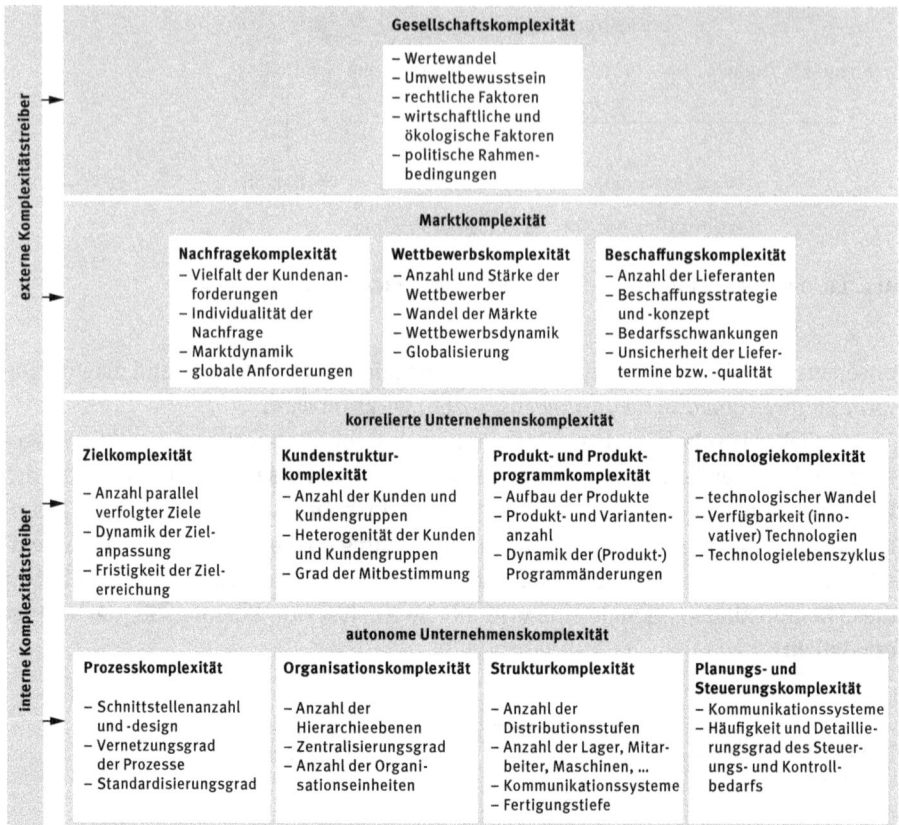

Abb. 1.10: Komplexitätstreiber

Externe Komplexitätstreiber wirken von außen auf das System Unternehmen und führen durch wechselseitige, indirekte oder direkte Verstärkung oder Abschwächung mit den sogenannten internen Komplexitätstreibern insgesamt zu einem korrelierten Unternehmenskomplexitätsanstieg (z. B. können kundenseitige Anforderungen im Sinne einer Nachfragekomplexität an Produkte zu einem Anstieg der Produkt- und Produktprogrammkomplexität u. a. hinsichtlich des Variantenreichtums bei den angebotenen Produkten führen). Eine interne, autonome Komplexitätstreiberebene entsteht aus den Notwendigkeiten der aufbau- und ablauforganisatorischen Anforderungen, d. h., die Organisationsstruktur und die Prozesslandschaft eines Unternehmens werden maßgeblich durch die Planung und Steuerung festgelegt. Und in der Organisationsgestaltung sind wesentliche Einflussfaktoren verankert, die die Kostenstrukturen determinieren. Organisatorische Entscheidungen (z. B. das Planen von neuen Stellen, welches zu einem Anstieg der Stellen- und – Schnittstellenkomplexität beiträgt) haben einen maßgeblichen Einfluss auf das Mengengerüst der Kosten (vgl. z. B. Reiß, Grimmeisen 1998: 48). Intern gibt es zudem eine Interdependenzebene zwischen den korrelierten und den autonomen Komplexitätstreibern, da z. B. die Umsetzung von Kundenanforderungen an Produkte die Produktionsprozesse und damit das Produktionslayout zur Herstellung geforderter Produkte beeinflussen, die Prozesskomplexität somit ansteigt.

1.1.3 Komplexitätsstrategien

Zur Bewältigung von und zum Umgang mit Komplexität werden drei Strategien genannt (vgl. Schoeneberg 2014c: 19ff):
1. Komplexitätsvermeidung,
2. Komplexitätsreduktion und,
3. Komplexitätsbeherrschung.

Komplexitätsvermeidung intendiert eine vorbeugende („präventive") Verhinderung der Komplexitätsentstehung, organisatorische (und damit strukturell bedingte als auch prozessbedingte Komplexitäten) sollten im Vorneherein antizipiert und vermieden werden. Dies berührt dann die Planungsebene, die schon in der gedanklichen Vorwegnahme ressourceneffektiv und –effizient, z. B. durch eindeutige Trennung komplexitätsanfälliger, aber komplexitätsreduzierter Bereiche von denen mit innewohnender Komplexität, eine Komplexitätsentstehung verhindern soll. Dies ist gerade bei der Planung von sogenannten Produktionslayouts von hoher Relevanz, der Grad der hier wirksamen Modularisierung hat in modernen Produktionsverfahren sehr stark zugenommen. Komplexität allerdings in Gänze vermeiden zu wollen, stünde im Widerspruch zur Überlebensfähigkeit von Unternehmen (Viabilität von Systemen [„Viable System Model"], wie es von dem britischen Managementkybernetiker Stafford Beer ausgedrückt wurde; vgl. Beer 1984: 7ff), die als zweckorientierte, produktive soziale Systeme eine eigene Komplexität bewahren müssen, um in ihrer komplexen und damit dynamischen Umwelt bestehen zu können.

Komplexitätsreduktionen sind (wie bereits ausgeführt) in der Reduktion von Varietät oder der Heterogenität in oder von Systemen zu sehen (als Beispiel seien hier die Reduktion der Variantenvielzahl oder der Prozessvielfalt in Produktionsbereichen genannt). In diesem Kontext greifen dann die Selektion und Reflexion als handlungsleitende Strategien zur Reduktion von Komplexität (vgl. Pietsch, Scherm 2004b: 529ff). Komplexitätsreduktion bedeutet somit gleichzeitig auch Unsicherheitsreduktion, oftmals in Erscheinung tretend als Informationsunsicherheitsbeseitigung. Schiemenz nennt als Reduktionsmaßnahme die Hierarchisierung innerhalb von Organisationen im Sinne dessen, dass Organisationstrukturen Komplexität reduzieren, wodurch z. B. die Vielzahl und Vielfalt der Kommunikationsmöglichkeiten eingeschränkt wird (vgl. Schiemenz 1994a: 11). Organisatorisch bedeutet es aber auch, dass selbst relativ simple Vorgänge komplexitätsreduzierend wirken können. Im Rahmen der organisatorischen Differenzierung und Integration wird beispielsweise die

Gesamtaufgabe in Teilaufgaben zerlegt (mit all seinen Folgewirkungen auf personaler und prozessualer Ebene), Komplexität wird also durch Aufteilung und Koordination reduziert (vgl. hierzu auch Spath 2009: 7). Weitere Reduktionsansätze liegen in der Differenzierungsmöglichkeit im Bereich der Elemente (z. B. Segmentierung im Produktionsbereich), der Reduktion der Relationen zwischen den Elementen eines Systems (z. B. Materialflussbeziehungen) oder in der Reduktion der zu koordinierenden Vernetzungszusammenhänge (z. B. Fertigungstiefenreduktion). Gleichermaßen können organisatorische Integrationsmechanismen komplexitätsreduzierend wirken: Verringerung der Kompliziertheit (z. B. Strukturgebung durch Hierarchisierung des Planungsprozesses), durch Verringerung der Dynamiken (z. B. Berücksichtigung von Puffern in der Materialversorgung) oder auch durch Erhöhung der Varietät, z. B. durch Nutzung dezentraler Planungskompetenzen (vgl. hierzu Westphal 2002: 257ff).

Nicht vermeidbare Komplexitäten erfordern wiederum eine andere Handhabung, die **Komplexitätsbeherrschung**. Die Beherrschung von interner Komplexität in einem System, das durch externe Systemanforderungen (als Ausdruck externer Systemkomplexitäten) einen Komplexitätsanstieg erfahren kann, sollte möglichst effizient gehandhabt werden. Effizient bedeutet so zu handeln, dass wirksame Verbesserungsmaßnahmen (sogenannte Optimierungen) Komplexität beherrschbar machen. Dieses geschieht in Unternehmen durch Anpassungen im Rahmen der organisatorischen Optimierung (z. B. Prozessoptimierung), flexible Reaktionsmuster bei auftretenden Störungen (z. B. Ersatzkapazitätsbeanspruchung anderer Produktionseinheiten oder kurzfristige Stilllegung von Produktionseinheiten) oder durch andere Verbesserungsmaßnahmen, die eine Anpassung des Systems an veränderte Rahmenbedingungen ermöglichen. Hier sind exemplarisch sogenannte Feedbackschleifen (im Sinne einer systemimmanenten Rückkoppelung) zu nennen. Reiß/Grimmeisen (1998: 46) haben diese Zusammenhänge wie folgt zusammengefasst (siehe Abbildung 1.11):

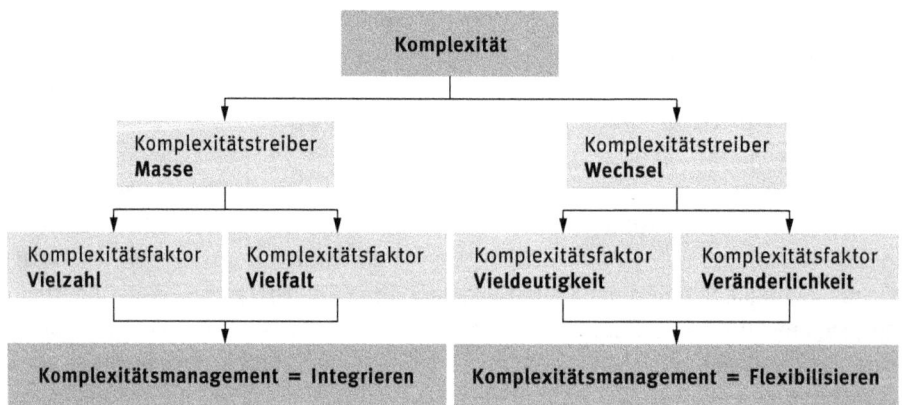

Abb. 1.11: Anatomie der Komplexitätshandhabung

Komplexitätshandhabung im (operativen) Controlling setzt bei den Optimierungsansätzen an, d. h., dass (auf der Planungsebene) in Erwägung gezogene oder bereits umgesetzte Maßnahmen zur Steigerung der Effizienz als komplexitätsreduzierende Maßnahmen angesehen werden können. Bei Betrachtung eines entscheidungsorientierten Zugangs zum Controlling sind es dann die (operativen) Systeme, die eine Handhabung von Komplexität ermöglichen. Die Reduktion erfolgt analog den zuvor beschriebenen Vorgängen im entscheidungstheoretischen Sinne, da u. a. die verfolgten Zielinhalte mit den angestrebten Ergebnishöhen in Entscheidungssituationen komplexitätsreduzierend wirken. Durch die Selektion der Betrachtungs- und Untersuchungsgegenstände werden durch den Einsatz unterschiedlicher Controllinginstrumente Reduktionen vorgenommen, da diese Instrumente immer an einem Punkt ansetzen, um erfolgswirksam Verbesserungen zu ermöglichen bzw. Schwachstellen offenzulegen. Hiervon berührt sind gleichermaßen operative Entscheidungsrechnungen wie auch operative Planungsprozesse bis hin zu den Informationssystemen des finanz- und kostenorientierten Controllings als auch das gesamte Berichtswesen von Unternehmen (Berichte sind expressis verbis reduzierte, zielgerichtete Informationszusammenstellungen über komplexe Sachverhalte), wie sie bei Behrens/Feuerlohn (2018) dargestellt werden. Im Folgenden sollen daher Komplexität und **Komplexitätsreduktion** im Bereich der grundlegenden Kostenrechnung und des Kostenmanagements unter dem Fokus der Handhabung von sogenannten Komplexitätskosten dargestellt werden.

Die zentralen Controllingfunktionen (Planung, Kontrolle und Steuerung) sind u. a. von der Komplexität des Systems Unternehmen und dessen Wechselwirkungen mit anderen Systemen (Systemumwelt) abhängig. Die Erhöhung von Komplexität in Unternehmen ruft regelmässig überproportionale Kosteneinsätze hervor. Als herausragende Merkmale für diese Komplexität sind insbesondere die Heterogenität der Produktionsprozesse und die Heterogenität des Leistungsspektrums zu nennen (vgl. Behrens, Feuerlohn 2018: 249). Aufgabe der Kostenrechnung ist es, die Auswirkungen dieser Heterogenitäten auf die Kosten eines Unternehmens zu erfassen und sie in Kostenrechnungssystemen (Istkostenrechnung vs. Plankostenrechnung) darzustellen. Nach Battenfeld (2001) ergeben sich hieraus allerdings zwei Probleme, die auf komplexitätsbeeinflussende Entscheidungen beruhen:

1. Eine Unterscheidung und strikte Trennung von strategischen und operativen Entscheidungsrechnungen kann sich als problematisch herausstellen, „(...) da mehrere operative komplexitätsverändernde Entscheidungen in der Summe Kapazitäts- und Prozessveränderungen nach sich ziehen, die eindeutig strategischen Charakter haben." (Battenfeld 2001: 37).

2. Kostenrechnungen, die annehmen, einer Produktvariante ließen sich die Kosten bei der Herstellung unabhängig vom Produktionsprogramm zurechnen, entspricht nicht der komplexitätsbeeinflussenden Wirkung von Entscheidungen, „(...) da Komplexität in der Summe aller Produktvarianten deutlich wird und sich in Form nicht-linearer sprungfixer Kostenverläufe auswirkt." (Battenfeld 2001: 37).

Die Kostenrechnungen als Informationssysteme erfüllen ihre Entscheidungsunterstützungsfunktion dann, wenn sie in der Lage sind, die Kostenwirkungen von komplexitätsbeeinflussenden Entscheidungen unter Berücksichtigung der Gemeinkosten zu ermitteln und abbilden zu können. Und genau an diesem Punkt beginnt die Problematik der Komplexitätskostenerfassung: Eine verursachungsgerechte Zuordnung von Gemeinkosten ist in den üblichen Vollkostenrechnungen nicht möglich. Dies ist u. a. dadurch bedingt, dass es sich in dieser Kostenrechnungssystematik um isolierte Betrachtungen von Kalkulationsobjekten handelt, die nicht unter Maßgabe des Ausgangszustandes des Unternehmens vor komplexitätserhöhenden Entscheidungen (z. B. Produktionsprogrammentscheidungen) betrachtet werden. Die Gemeinkosten werden daher zunächst auf Kostenstellen verteilt und im Gefolge dann per Zuschläge (i. d. R. proportional zu den Einzelkosten) den Produkten zugerechnet. Die Einzelkosten der Produkte können aber nicht unbedingt die Komplexität der Produkte widerspiegeln. In der Folge resultiert eine Gleichbelastung der Produkte mit den Komplexitätskosten. Komplexitätskosten lassen sich somit in der traditionellen Kostenrechnung (mit der Unterteilung in Kostenstellen-, Kostenarten- und Kostenträgerrechnung) nicht angemessen verteilen. Hungenberg schlägt deshalb vor, dass die Komplexitätskosten in Form von Sonderrechnungen aus der traditionellen Kostenrechnung abgeleitet werden sollten (vgl. Hungenberg 2000: 547).

Die **Systematisierung der Komplexitätskosten** führt zu zwei Kategorien (siehe Abbildung 1.12): Zum einen in die Kategorie der direkten Komplexitätskosten, und zum anderen in die Kategorie der indirekten Komplexitätskosten (in Anlehnung an Fischer 2000: 546):

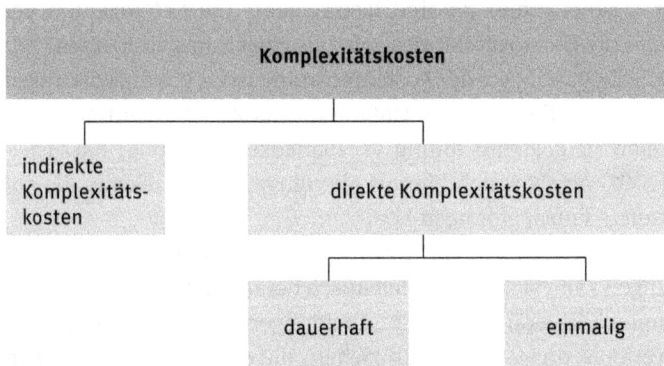

Abb. 1.12: Komplexitätskosten

Die **direkten Komplexitätskosten** bilden eine direkte proportionale Entwicklung der Kosten ab, die durch komplexitätsverändernde Maßnahmen im Unternehmen hervorgerufen werden, also z. B. durch zusätzliche neue Produktionsprogramme oder eine Veränderung der Wertschöpfungsprozessstruktur. Steigt die Komplexität im Unternehmen an, so steigen die Kosten der Komplexität direkt proportional mit an. Diese direkten Komplexitätskosten können einmalig (z. B. bei Einführung einer neuen Produktvariante aus Kundenanforderungsgründen) oder dauerhaft anfallen (z. B. qualitätssichernde Maßnahmen im Fertigungsbereich). Die **indirekten Komplexitätskosten** entstehen prinzipiell durch einen Nutzenentgang, der durch Nichtinanspruchnahme einer anderen Handlungsalternative hervorgerufen wird – bezeichnet als Opportunitätskosten. Hier ist beispielsweise die komplexitätsbedingte Nichtausnutzung einer Fertigungskapazität (die ressourcenverschwendend wirkt) zu nennen, also wenn durch die Annahme von Zusatzaufträgen der eigentliche Kernproduktbereich maschinell nicht mehr abgedeckt werden kann. Die indirekten Komplexitätskosten dokumentieren daher die komplexitätsbedingte Inanspruchnahme von Ressourcen, die anderweitig sinnvoller hätten eingesetzt werden können. Kannibalisierungs- und Substitutionseffekte rufen ebenfalls indirekte Komplexitätskosten hervor. Die Kannibalisierung von Unternehmensressourcen in einem Bereich (z. B. Delegation von Personalressourcen in einen anderen Bereich), um in einem anderen Bereich auftragsgemäße Ergebnisse zu erwirken, wird im kannibalisierten Bereich indirekte Komplexitätskostenwirkungen hervorrufen, da die Erhöhung der Komplexität in einem anderen Unternehmensbereich die Komplexität auch im kannibalisierten Bereich erhöhen wird (temporär bedingter defizitärer Personalbestand erfordert Ausgleichsmaßnahmen, z. B. Anordnung von Mehrarbeit für das verbliebene Personal in diesem Bereich). Substitutionseffekte, also die Substitution eines Einsatzfaktors durch einen anderen, können ebenso Opportunitätskosten der Komplexität bedingen. Wird menschliche Arbeitsleistung durch vollautomatisierte Roboter ersetzt, so fallen andere Kosten an, die vor dieser Substitution nicht existent waren, z. B. die Instandssetzungkosten und Betriebsstoffeeinsätze (Schmieröle etc.). D. h., dass die Substitution eine Erhöhung der Komplexität bewirkt und somit entsprechende Opportunitätskosten der Komplexität generiert.

Die Reduktion der Komplexität in einem Unternehmensbereich allerdings erhöht die Komplexität in einem anderen Unternehmensbereich (vgl. Gairola 2009: 747). Bei einer preisbezogenen Betrachtung von Komplexität können initiierte Veränderungen der Komplexität in einem Bereich kostenseitig durch resultierende Veränderungen der Komplexitäten in anderen Bereichen kompensiert werden. Beispielsweise kann eine Senkung des Komplexitätsgrades und damit einhergehend der Komplexitätskosten im Fertigungsbereich eine Erhöhung des Komplexitätsgrades und damit einhergehend der Komplexitätskosten im Beschaffungsbereich hervorrufen. Als Beispiel sei hier die Verringerung der Fertigungstiefe im Produktionsbereich genannt und eine damit verbundene Erhöhung der Fremdbezugsteile sowie der Lieferantenanzahl im Beschaffungsbereich. Sind einmal Komplexitätskosten als Folge der Reduktion von Komplexität entstanden, lassen sich diese bei einem nun verringerten Komplexitätsgrad nicht unmittelbar wieder abbauen: Der Kostenremanenzeffekt ist feststellbar (vgl. Behrens, Feuerlohn 2018: 209).

Generell lässt sich festhalten, dass Komplexitätskosten Kosten sind, die im kausalen Zusammenhang mit der vorfindbaren Komplexität in und von Unternehmen entstehen (vgl. hierzu auch die Darstellung der internen und externen Komplexität von Unternehmen in Abbildung 1.10).

Die Erfassung und Beeinflussung von Komplexitätskosten lässt sich durch verschiedene Kostenmanagementinstrumente realisieren. Zu nennen sind hier zuvörderst die Prozesskostenrechnung und das Target Costing (auf das aufgrund seiner eindeutig strategischen Orientierung im weiteren Verlauf nicht eingegangen wird). Die Prozesskostenrechnung stellt ab auf die durch die Hauptprozesse, Teilprozesse und die einzelnen Aktivitäten zur Herstellung von Produkten hervorgerufenen (durchschnittlichen) Kosten (vgl. Behrens, Feuerlohn 2018:214ff). Je häufiger eine Aktivität bei der Herstellung eines Produktes anzutreffen ist, desto höher wird auch die entsprechende Kostenverrechnung ausfallen, d. h., desto höher wird der Gemeinkostenanteil sein, da hier die vom Produkt hervorgerufenen (indirekten) Leistungen beanspruchungsorientiert zugerechnet werden. Allgemein lässt sich konstatieren, dass auf Grundlage der Prozesskostenkalkulation es ermöglicht wird, die Gemeinkosten verschiedenen Produkten oder Produktvarianten so zuzurechnen, wie sie Aktivitäten in den Unternehmensbereichen initiiert haben. Eine (ressourcenorientierte) Prozesskostenrechnung ermöglicht eine verursachungsgerechtere Zurechnung von Komplexitätskosten als es in der traditionellen Kostenrechnung überhaupt möglich war (vgl. Schuh, Baessler 2009: 243f). Der mit einer Erhöhung der Komplexität hervorgerufene überproportionale Kostenanstieg (bspw. durch Erhöhung der Anzahl der Produktvarianten und der Anzahl der Produktteile) ist als Komplexitätskosteneffekt zu benennen. Im Rahmen der prozessorientierten Kalkulation (der Prozesskostenrechnung) soll (abweichend vom pauschalen Gemeinkostenzuschlag traditioneller Vollkostenrechnung) eine verursachungsgerechtere Verrechnung dieser Komplexitätskosten erreicht werden. In Anlehnung an Coenenberg et al. (2016: 184) lässt sich der Komplexitätseffekt wie in Abbildung 1.13 darstellen.

Produkte mit niedriger Komplexität werden aufgrund der unzureichenden verursachungsgerechten Zuordnung der Gemeinkosten zu teuer auf den Märkten angeboten, Produkte mit einem hohen Komplexitätsgrad werden entsprechend zu kostengünstig angeboten. Die Folge wird eine **Fehlsteuerung** im sogenannten Produktmix eines Unternehmens sein, die Nachfrage wird zu einem ansteigenden Absatz der komplexeren Produkte führen. Ein entsprechender Anstieg auf der Gewinnrealisationsebene wird durch erhöhten Kosteneinsatz aber nicht zu verzeichnen sein. Daher sollten nur Produkte bis zu einem bestimmten Komplexitätsgrad angeboten werden, der einen betrieblichen Ressourceneinsatz hervorruft, der zumindest noch durch den realisierbaren Marktpreis abgedeckt wird (vgl. hierzu Coenenberg et al. 2016: 184f und 455f). Als Folge der Handhabung von Komplexität können Fehler in Erscheinung tre-

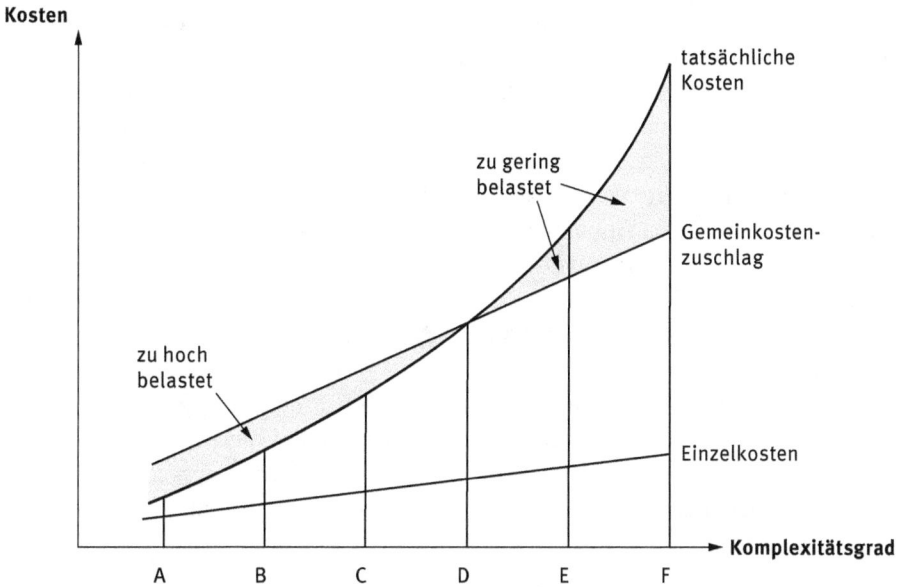

Abb. 1.13: Komplexitätseffekt

ten, die einen effizienten Umgang mit Komplexität (teilweise) ver- resp. behindern. Ebensolche Fehler, die beim Umgang mit Komplexität vorkommen können, werden bei Döring-Seipel/Lantermann (2015: 12) aufgeführt und in Abbildung 1.14 dargestellt.

Fehler	Zentrales Fehlersymptom
Zentralreduktion	Unterstellung einer zentralen Ursache
Verabsolutierung von Zielen	einseitige Optimierung einer Sollgröße
Handeln nach dem Reparaturdienstprinzip	Beseitigung von Störgrößen als Handlungsmaxime
Einkapselung	Rückzug in einen scheinbar beherrschbaren Teilbereich
thematisches Vagabundieren	unsystematisches Wechseln zwischen Problembereichen, ohne die Probleme ernsthaft anzugehen
ballistisches Verhalten	Handeln und Entscheiden ohne Feedback- und/oder Kontrollschleifen
exzessive Informationssammlung	Anhäufung von unorganisierten Datenmengen, häufig verbunden mit Handlungs- bzw. Entscheidungsaufschub
Informationsabwehr	Ausblenden von Informationen

Abb. 1.14: Typische Fehler im Umgang mit komplexen Problem- und Entscheidungssituationen

Da menschliches Handeln an und für sich durch Unzulänglichkeiten jedweder Art geprägt ist, die auf unzureichende kognitive Verarbeitungskapazität zurückzuführen sind, ist ein fehlerhaftes und folgenreiches Umgehen mit Komplexität in Unternehmen (gerade im operativen Bereich) beobachtbar. Viele sinnvolle Optimierungsansätze scheitern an der unzureichenden Erkenntnis, dass man der einen (System) Komplexität immer nur mit einer anderen (Verhaltens) Komplexität begegnen kann, das Verhalten in solchen Situationen demnach ebenfalls eine Komplexitätsanpassung (auch im Sinne der Erhöhung des Variantenreichtums alternativer Handlungsmöglichkeiten) durchlaufen sollte. Oder, um es mit den Worten Heinz von Foersters auszudrücken: „Handle stets so, dass die Anzahl der Möglichkeiten wächst." (von Foerster 2002: 15).

Die nachfolgenden Fallstudien sind als komplexe Problemsachverhalte gestaltet, so dass bei der Bearbeitung der Aufgaben in einigen Fällen keine eindeutigen Lösungen existieren, und aufgrund der komplexitätsbedingten Wirkungsgefüge eine kritische Reflexion der Lösungsvorschläge vorgenommen werden sollte.

1.2 Literaturhinweise zum Komplexitätscontrolling

Amann, Wolfgang/Krumm, Stephan/Rennekamp, Marcus/Stoffel, Markus (2013): Komplexitätscontrolling: Möglichkeiten und Grenzen, in: Gleich, Ronald [Hrsg.] (2013): Komplexitätscontrolling – Komplexität verstehen, reduzieren und beherrschen, Planegg München: Haufe-Lexware, S. 147–164.

Ashby, William Ross (1974): Einführung in die Kybernetik, Frankfurt/Main: STW.

Bamberg, Günter/Coenenberg, Adolf G./Krapp, Michael (2012): Betriebswirtschaftliche Entscheidungslehre, 15., überarbeitete Auflage, München: Vahlen.

Bandte, Henning (2007): Komplexität in Organisationen – Organisationstheoretische Betrachtungen und agentenbasierte Simulation, Wiesbaden: Gabler.

Baraldi, Claudio/Corsi, Giancarlo/Esposito, Elena (1997): Glossar zu Niklas Luhmanns Theorie sozialer Systeme, Frankfurt/Main: STW.

Battenfeld, Dirk (2001): Behandlung von Komplexitätskosten in der Kostenrechnung, in: krp – Kostenrechnungspraxis, 45. Jahrgang, Heft 3, S. 137–143.

Bauer, Leonhard/Matis, Herbert [Hrsg.] (1989): Evolution – Organisation – Management. Zur Entwicklung und Selbststeuerung komplexer Systeme, Berlin: Duncker & Humblot.

Beer, Anthony Stafford (1984): The Viable System Model: Its Provenance, Development, Methodology and Pathology, in: Journal of the Operational Research Society, 35. Jahrgang, S. 7–25.

Behrens, Reinhard/Feuerlohn, Bernd (2018): Angewandtes Unternehmenscontrolling – Operative Systeme der Planung, Kontrolle und Entscheidung, Berlin et al.: De Gruyter Oldenbourg.

Berens, Wolfgang/Schmitting, Walter (1996): Neuere Entwicklungen im industriellen Rechnungswesen: Produktionsprogammplanung im Spannungsfeld zwischen Theorie und Praxis, in: Rieper, Bernd/Witte, Thomas/Berens, Wolfgang (1996): Betriebswirtschaftliches Controlling: Planung – Entscheidung – Organisation, Festschrift für Univ.-Prof. Dr. Dietrich Adam zum 60. Geburtstag, Wiesbaden: Gabler, S. 1–29.

Bertalanffy, Ludwig von (1969): General System Theory. Foundations – Development – Applications, New York: George Braziller.

Bick, Werner/Drexl-Wittbecker, Susanne (2008): Komplexität reduzieren – Konzept. Methoden. Praxis., Stuttgart: Log_X.

Brandes, Dieter/Brandes, Nils (2013): Von der Komplexität zur Einfachheit – Komplexität verstehen, vermeiden, reduzieren und beherrschen, in: Gleich, Ronald [Hrsg.] (2013): Komplexitätscontrolling – Komplexität verstehen, reduzieren und beherrschen, Planegg München: Haufe-Lexware, S. 77–92.

Bronner, Rolf (1992): Komplexität, in: Frese, Erich [Hrsg.] (1992): Handwörterbuch der Organisation, 3., völlig neu gestaltete Auflage, Stuttgart: Schäffer-Poeschel, Sp. 1121–1130.

Bullinger, Hans-Jörg/Spath, Dieter/Warnecke, Hans-Jürgen / Westkämper, Engelbert [Hrsg.] (2009): Handbuch Unternehmensorganisation – Strategien, Planung, Umsetzung, 3., neu bearbeitete Auflage, Berlin Heidelberg: Springer.

Coenenberg, Adolf G./Fischer, Thomas M./Günther, Thomas (2016): Kostenrechnung und Kostenanalyse, 9., überarbeitete Auflage, Stuttgart: Schäffer-Poeschel.

Dieckmann, Johann (2006): Schlüsselbegriffe der Systemtheorie, München: UTB Wilhelm Fink.

Dittes, Frank-Michael (2012): Komplexität – Warum die Bahn nie pünktlich ist, Berlin Heidelberg: Springer Vieweg.

Döring-Seipel, Elke/Lantermann, Ernst-Dieter (2015): Komplexitätsmanagement – Psychologische Erkenntnisse zu einer zentralen Führungsaufgabe, Wiesbaden: Springer Gabler.

Dörner, Dietrich (2012): Die Logik des Mißlingens – Strategisches Denken in komplexen Situationen, 11. Auflage, erweiterte Neuauflage von 2003, Reinbek: Rowohlt.

Eberl, Peter/Geiger, Daniel/Koch, Jochen [Hrsg.] (2012): Komplexität und Handlungsspielraum – Unternehmenssteuerung zwischen Ordnung und Chaos, Berlin: ESV.

Fischer, Thomas M. [Hrsg.] (2000): Kostencontrolling – Neue Methoden und Inhalte, Stuttgart: Schäfer-Poeschel.

Foerster, Heinz von/Bröcker, Monika (2002): Teil der Welt. Fraktale einer Ethik – Ein Drama in drei Akten, Heidelberg: Auer.

Frese, Erich [Hrsg.] (1992): Handwörterbuch der Organisation, 3., völlig neu gestaltete Auflage, Stuttgart: Schäffer-Poeschel.

Gairola, Arun (2009): Kunden-Lieferanten-Beziehung im Unternehmen, in: Bullinger, Hans-Jörg/Spath, Dieter/Warnecke, Hans-Jürgen/Westkämper, Engelbert [Hrsg.]

(2009): Handbuch Unternehmensorganisation – Strategien, Planung, Umsetzung, 3., neu bearbeitete Auflage, Berlin Heidelberg: Springer, S. 746–764.

Gleich, Ronald [Hrsg.] (2013): Komplexitätscontrolling – Komplexität verstehen, reduzieren und beherrschen, Planegg München: Haufe-Lexware.

Hungenberg, Harald (2000): Komplexitätskosten, in: Fischer, Thomas M. [Hrsg.] (2000): Kostencontrolling – Neue Methoden und Inhalte, Stuttgart: Schäffer-Poeschel, S. 540–553.

Jellenko-Dickert, Brigitta/Dickert, Thomas (2014): Die Sehnsucht nach Einfachheit – Leben hier und jetzt, in: Schoeneberg, Klaus-Peter [Hrsg.] (2014): Komplexitätsmanagement in Unternehmen – Herausforderungen im Umgang mit Dynamik, Unsicherheit und Komplexität meistern, Wiesbaden: Springer Gabler, S. 403–418.

Jeschke, Barmin G. (2017): Entscheidungsorientiertes Management. Einführung in eine konzeptionell fundierte, pragmatische Entscheidungsfindung, Berlin et al.: De Gruyter Oldenbourg.

Kirchhof, Robert (2003): Ganzheitliches Komplexitätsmanagement – Grundlagen und Methodik des Umgangs mit Komplexität im Unternehmen, Wiesbaden: DUV.

Klein, Robert/Scholl, Armin (2011): Planung und Entscheidung. Konzepte, Modelle und Methoden einer modernen betriebswirtschaftlichen Entscheidungsanalyse, 2. Auflage, München: Vahlen.

Krieger, David J. (1996): Einführung in die allgemeine Systemtheorie, München: UTB Wilhelm Fink.

Knyphausen-Aufseß, Dodo zu (2012): Strategischer Ansatz: Möglichkeiten und Grenzen der Gestaltung von Umwelten, in: Eberl, Peter/Geiger, Daniel/Koch, Jochen [Hrsg.] (2012): Komplexität und Handlungsspielraum – Unternehmenssteuerung zwischen Ordnung und Chaos, Berlin: ESV, S. 45–70.

Lingnau, Volker/Brenning, Matthias (2015): Komplexität, Flexibilität und Unsicherheit – Konzeptionelle Herausforderungen für das Controlling durch Industrie 4.0, in: Controlling – Zeitschrift für erfolgsorientierte Unternehmenssteuerung, 27. Jahrgang, Heft 8/9, S. 455–460.

Luhmann, Niklas (1973): Zweckbegriff und Systemrationalität, Frankfurt/Main: STW.

Luhmann, Niklas (1984): Soziale Systeme. Grundriß einer allgemeinen Theorie, Frankfurt/Main: STW.

Luhmann, Niklas (1986): Ökologische Kommunikation. Kann die moderne Gesellschaft sich auf ökologische Gefährdungen einstellen?, Opladen: Westdeutscher Verlag.

Luhmann, Niklas (1991): Soziologie des Risikos, Berlin New York: De Gruyter.

Luhmann, Niklas (1994): Die Wirtschaft der Gesellschaft, Frankfurt/Main: STW.

Luhmann, Niklas (2000): Organisation und Entscheidung, Opladen: Westdeutscher Verlag.

Luhmann, Niklas (2004): Einführung in die Systemtheorie, 2. Auflage, Heidelberg: Carl Auer.

Mainzer, Klaus (2008): Komplexität, Paderborn: UTB Wilhelm Fink.

March, James G./Simon, Herbert A. (1976): Organisation und Individuum – Menschliches Verhalten in Organisationen, Wiesbaden: Gabler.

Martin, Albert (2011): Handlungstheorie – Grundelemente des menschlichen Handelns, Darmstadt: WBG.

Milling, Peter [Hrsg.] (2002a): Entscheiden in komplexen Systemen – Wissenschaftliche Jahrestagung der Gesellschaft für Wirtschafts- und Sozialkybernetik vom 29. und 30. September 2000 in Mannheim, Bd. 20, Berlin: Duncker & Humblot.

Milling, Peter (2002b): Kybernetische Überlegungen beim Entscheiden in komplexen Systemen, in: Milling, Peter [Hrsg.] (2002a): Entscheiden in komplexen Systemen – Wissenschaftliche Jahrestagung der Gesellschaft für Wirtschafts- und Sozialkybernetik vom 29. und 30. September 2000 in Mannheim, Bd. 20, Berlin: Duncker & Humblot, S. 11–26.

Peffekoven, Frank Peter (2004): Erkenntnistheoretische Grundlagen einer reflexionsorientierten Controllingforschung, in: Scherm, Ewald/Pietsch, Gotthard [Hrsg.] (2004): Controlling – Theorie und Konzeptionen, München: Vahlen, S. 555–579.

Pietsch, Gotthard (2003): Reflexionsorientiertes Controlling – Eine Analyse aus funktionaler und institutioneller Perspektive, Wiesbaden: Gabler.

Pietsch, Gotthard/Scherm, Ewald (2004a): Die Reflexionsaufgabe im Zentrum des Controlling, in: krp – Kostenrechnungspraxis, 45. Jahrgang, Heft 5, S. 307–313.

Pietsch, Gotthard/Scherm, Ewald (2004b): Reflexionsorientiertes Controlling, in: Scherm, Ewald/Pietsch, Gotthard [Hrsg.] (2004): Controlling – Theorie und Konzeptionen, München: Vahlen, S. 529–553.

Probst, Gilbert (1989): Soziale Institutionen als selbstorganisierende, entwicklungsfähige Systeme, in: Bauer, Leonhard/Matis, Herbert [Hrsg.] (1989): Evolution – Organisation – Management. Zur Entwicklung und Selbststeuerung komplexer Systeme, Berlin: Duncker & Humblot, S. 145–159.

Pruckner, Maria (2005): Die Komplexitätsfalle – Wie sich Komplexität auf den Menschen auswirkt: vom Informationsmangel bis zum Zusammenbruch, Norderstedt: BoD.

Pubanz, Henning (2013): Komplexitätscontrolling als Baustein eines effektiven Komplexitätsmanagements – Darstellung am Beispiel Henkel Adhesive Technologies, in: Controlling – Zeitschrift für erfolgsorientierte Unternehmenssteuerung, 25. Jahrgang, Heft 2, S. 68–74.

Reimer, Jürgen-Michael (2005): Verhaltenswissenschaftliche Managementlehre, Berne: UTB Haupt.

Reiß, Michael/Grimmeisen, Markus (1998): Komplexitätsmanagement im Dienste des Controlling: Optimierte Projektkostenstrukturen durch komplexitätsorientiertes Schnittstellenmanagement, in: Steinle, Claus/Eggers, Bernd/Lawa, Dieter [Hrsg.] (1998): Zukunftsgerichtetes Controlling – Unterstützungs- und Steuerungssystem für das Management, mit Fallbeispielen, 3. Auflage, Wiesbaden: Gabler. S. 41–61.

Ridder, Hans-Gerd (1990): Technologische Entwicklung und Kontinuität der Betriebswirtschaftslehre, Bern Stuttgart: Haupt.

Rieper, Bernd/Witte, Thomas/Berens, Wolfgang (1996): Betriebswirtschaftliches Controlling: Planung – Entscheidung – Organisation, Festschrift für Univ.-Prof. Dr. Dietrich Adam zum 60. Geburtstag, Wiesbaden: Gabler.

Sailer, Ulrich (2012): Management – Komplexität verstehen: Systemisches Denken, Business Modeling, Handlungsfelder nachhaltigen Erfolgs, Stuttgart: Schäffer-Poeschel.

Scherm, Ewald/Pietsch, Gotthard [Hrsg.] (2004): Controlling – Theorie und Konzeptionen, München: Vahlen.

Schiemenz, Bernd [Hrsg.] (1994a): Interaktion – Modellierung, Kommunikation und Lenkung in komplexen Organisationen. Wissenschaftliche Tagung der Gesellschaft für Wirtschafts- und Sozialkybernetik aus Anlaß ihres 25jährigen Bestehens am 8. und 9. Oktober 1993 an der Universität in Koblenz, Berlin: Duncker & Humblot.

Schiemenz, Bernd (1994b): Kybernetik und Systemtheorie als Hilfen zur Lösung komplexer Probleme – Zugleich eine Einführung in den Tagungsband, in: Schiemenz, Bernd [Hrsg.] (1994a): Interaktion – Modellierung, Kommunikation und Lenkung in komplexen Organisationen. Wissenschaftliche Tagung der Gesellschaft für Wirtschafts- und Sozialkybernetik aus Anlaß ihres 25jährigen Bestehens am 8. und 9. Oktober 1993 an der Universität in Koblenz, Berlin: Duncker & Humblot, S. 9–29.

Schimank, Uwe (2005): Die Entscheidungsgesellschaft – Komplexität und Rationalität der Moderne, Wiesbaden: VS.

Schneider, Dieter (1993): Betriebswirtschaftslehre – Band 1: Grundlagen, München Wien: Oldenbourg.

Schoeneberg, Klaus-Peter [Hrsg.] (2014a): Komplexitätsmanagement in Unternehmen – Herausforderungen im Umgang mit Dynamik, Unsicherheit und Komplexität meistern, Wiesbaden: Springer Gabler.

Schoeneberg, Klaus-Peter (2014b): Komplexität zwischen wissenschaftlichem Forschungsverständnis und praktischer Umsetzung, in: Schoeneberg, Klaus-Peter [Hrsg.] (2014): Komplexitätsmanagement in Unternehmen – Herausforderungen im Umgang mit Dynamik, Unsicherheit und Komplexität meistern, Wiesbaden: Springer Gabler, S. 1–9.

Schoeneberg, Klaus-Peter (2014c): Komplexität – Einführung in die Komplexitätsforschung und Herausforderungen für die Praxis, in: Schoeneberg, Klaus-Peter [Hrsg.] (2014): Komplexitätsmanagement in Unternehmen – Herausforderungen im Umgang mit Dynamik, Unsicherheit und Komplexität meistern, Wiesbaden: Springer Gabler, S. 13–27.

Schüller, Achim/Schlange, Lutz E. (1994): Komplexität und Managementpraxis – Reale Visionen zum Komplexitätsmanagement, Stuttgart: Enke.

Schuh, Günter/Baessler, Elke (2009): Lebenszyklusorientierte Produktentwicklung, in: Bullinger, Hans-Jörg/Spath, Dieter/Warnecke, Hans-Jürgen/Westkämper, Engelbert [Hrsg.] (2009): Handbuch Unternehmensorganisation – Strategien, Planung, Umsetzung, 3., neu bearbeitete Auflage, Berlin Heidelberg: Springer, S. 236–246.

Schwarz, Rainer (2002): Controllingsysteme – Eine Einführung in Grundlagen, Komponenten und Methoden des Controlling, Wiesbaden: Gabler.

Spath, Dieter (2009): Grundlagen der Organisationsgestaltung, in: Bullinger, Hans-Jörg/Spath, Dieter/Warnecke, Hans-Jürgen/Westkämper, Engelbert [Hrsg.] (2009): Handbuch Unternehmensorganisation – Strategien, Planung, Umsetzung, 3., neu bearbeitete Auflage, Berlin Heidelberg: Springer, S. 3–24.

Steinle, Claus/Eggers, Bernd/Lawa, Dieter [Hrsg.] (1998): Zukunftsgerichtetes Controlling – Unterstützungs- und Steuerungssystem für das Management, mit Fallbeispielen, 3. Auflage, Wiesbaden: Gabler.

Tietzel, Manfred (1985): Wirtschaftstheorie und Unwissen, Tübingen: J. C. B. Mohr (Paul Siebeck).

Wacker, Wilhelm H. (1971): Betriebswirtschaftliche Informationstheorie, Opladen: Westdeutscher Verlag.

Westphal, Jan (2002): Organisationskybernetik in der Produktionslogistik, in: Milling, Peter [Hrsg.] (2002a): Entscheiden in komplexen Systemen – Wissenschaftliche Jahrestagung der Gesellschaft für Wirtschafts- und Sozialkybernetik vom 29. und 30. September 2000 in Mannheim, Bd. 20, Berlin: Duncker & Humblot, S. 257–271.

Willke, Helmut (1991): Systemtheorie, 3., überarbeitete Auflage, Stuttgart New York: UTB Gustav Fischer.

Willke, Helmut (2006): Systemtheorie I: Grundlagen, 7., überarbeitete Auflage, Stuttgart: UTB Lucius & Lucius.

Wüpping, Josef (2013): Warum einfach? Es geht auch kompliziert! – Der kontrollierte Umgang mit Komplexität, in: Gleich, Ronald [Hrsg.] (2013): Komplexitätscontrolling – Komplexität verstehen, reduzieren und beherrschen, Planegg München: Haufe-Lexware, S. 129–146.

1.3 Fallstudienbezogenes Glossar

Alternative Methodik (der Abweichungsanalyse): klammert die ergebnisverzerrenden Abweichungen höheren Grades aus, so dass die Summe der Teilabweichungen nicht die Gesamtabweichung widerspiegelt. Es wird jeweils nur eine Einflussgröße betrachtet, alle anderen werden ausgehend von Plangrößen konstant gesetzt.

Auflagefixe Kosten: sind die in einer Serienfertigung bei einem Serienwechsel entstehenden Kosten der Umrüstung. Sie werden als unabhängig von der Menge des Fertigungsloses eingestuft und fallen per Annahme für jedes neue Fertigungslos in derselben Höhe an. Die Summe der auflagefixen Kosten pro Periode hängt somit von der Anzahl der Serienwechsel ab.

Auflageproportionale Kosten: sind die in einer Serienfertigung durch die gegebenenfalls erforderliche Bevorratung der Fertigerzeugnisse entstehenden Lager- und Zinskosten. Sie werden als auflageproportionale Kosten bezeichnet, da sie für jede Produkteinheit einer Serie gleich hoch und damit von der Losgrößenmenge abhängig sind.

Berichtsarten: bei den Berichtsarten handelt es sich im unternehmerischen Berichtswesen um die Standard-, Abweichungs- und Bedarfsberichte. Die zugrunde liegenden Bezugsgrößen sind die Sach- und Funktionsbereiche des Unternehmens, der Zeitbezug der abgeforderten Sachverhalte, das Informationsmedium, die Häufigkeit der Erstellung, der Informationsverdichtungsgrad und die Funktion des Berichtes selbst.

Berichtswesen (Reporting): alle formellen internen und externen Informationen, die vom Controlling den Informationsnutzern für die Erfüllung ihrer Aufgaben in den verschiedenen Berichten zur Verfügung gestellt werden.

Beschäftigungsabweichung: bezeichnet als ein Teil der Budgetabweichung die Differenz zwischen den Sollkosten (der flexiblen Plankostenrechnung) und den verrechneten Plankosten (der starren Plankostenrechnung). Sie geht auf den Fehler der Fixkostenproportionalisierung bei Anwendung des Plankostenverrechnungssatzes als Vollkostensatz zurück

Betriebsergebnisrechnung: ist eine Variante der Kostenträgerzeitrechnung, die üblicherweise auf der differenzierenden Variante der Zuschlagskalkulation aufbaut; sie weist das Betriebsergebnis insgesamt, wie auch die Anteile der einzelnen Kostenträger am Betriebsergebnis aus.

Bezugsgrößenanalyse: sie soll alle Teilprozesse und Tätigkeiten in einer Kostenstelle daraufhin untersuchen, ob sie sich in Bezug auf die von der Kostenstelle zu erbringenden Leistungen mengenvariabel verhalten, oder ob sie unabhängig davon mengenfix anfallen.

Budget: bezeichnet ein formalzielorientiertes, operatives, in wertmäßigen Größen formuliertes Planungsergebnis, das einer Entscheidungseinheit für eine bestimmte Periode mit einem bestimmten Verbindlichkeitsgrad vorgegeben wird.

Budgetabweichung: ergibt sich bei Anwendung der Abweichungsanalyse in der Form eines Ist-Plan-Vergleiches auf das Analyseobjekt Kostenstelle; sie setzt sich aus der Beschäftigungs- und der Verbrauchsabweichung zusammen.

Budgetierung: bezeichnet einen Prozess, der von der Budgetvorbereitung und der Budgeterstellung über die Budgetabstimmung und -verabschiedung bis hin zur Budgetkontrolle reicht.

Cost-Center: sind Organisationseinheiten, die als umfassende Hauptkostenstellen ohne Zugang zum Absatzmarkt zu verstehen sind. Die Verantwortung der Führungsinstanz eines Cost-Centers beschränkt sich auf die Steuerung der Kosten im Beschaffungs- und Produktionsbereich.

Dezentralisation: bezeichnet ein Prinzip, nach dem Kompetenzen, welche originär der Unternehmensführung zuzuordnen sind, den Divisionen übertragen werden.

Mit der Verlagerung der Entscheidungskompetenzen an die jeweiligen Bereichsleiter kann die Unternehmensführung um operative und kurzfristig wirksame Entscheidungen entlastet werden.

Differenziert-kumulative Methodik (der Abweichungsanalyse): hier werden die Abweichungen höherer Ordnung gesondert ausgewiesen. Die Gesamtabweichung wird als Summe der Teilabweichungen ausgewiesen, wobei in unterschiedliche Ordnungen zu differenzieren ist; die Anzahl der Einflussgrößen entspricht dabei der Anzahl der Ordnungsstufen.

Direct Costing: bezeichnet das einfachste Verfahren der Deckungsbeitragsrechnung. Hier werden dem Umsatzerlös lediglich die variablen Kosten gegenübergestellt, die zur Erzielung des Umsatzerlöses eingesetzt werden mussten; die Differenz bezeichnet man als Deckungsbeitrag.

Divisionen: werden auch als Geschäftsbereiche oder Sparten bezeichnet. Sie entstehen, indem die Organisationseinheiten eines Unternehmens nach Objekten, wie bspw. nach Kunden, Kundengruppen, Produkten, Produktgruppen oder auch Regionen differenziert werden (sogenannte Objektspezialisierung). Sie werden mit unterschiedlichen Kompetenzen und Funktionen betraut und bilden somit relativ autonome Bereiche.

Engpassbezogene Kostenvorteile: geben die Kostenvorteile aufgrund der geringeren variablen Stückkosten eines Produktes an, die bei einer Eigenfertigung pro genutzter Engpassminute gegenüber der Fremdfertigung entstehen. Engpassbezogene Kostenvorteile werden mit relativen Deckungsbeiträgen verglichen, um eine Produktionsrangfolge und ein optimales Produktionsprogramm entwickeln zu können.

Engpassbezogene Mehrkosten: geben die Mehrkosten (aufgrund des höheren Bezugspreises) eines Produktes an, die bei einer Fremdfertigung pro nicht genutzter Engpasseinheit gegenüber der Eigenfertigung entstehen.

Engpässe (betriebliche): sind durch Kapazitätsbeschränkungen begründet und entstehen, wenn verschiedene Produkte dieselben technischen oder personellen Ressourcen oder dieselben Materialbestände beanspruchen. Bei dem Vorliegen betrieblicher Engpässe können nicht alle Produkte in der nachgefragten Menge selbst hervorgebracht werden.

Entscheidung: rationale (Aus-)Wahl der optimalen Handlungsalternative aus der Menge der zielrelevanten Handlungsalternativen in einer bestimmten Entscheidungssituation.

Entscheidungskoordination: Koordination der Entscheidungen auf vertikal oder horizontal unterschiedlichen oder gleichen Hierarchieebenen.

Erfolg: ergibt sich aus der Verrechnung aller Erträge und Aufwendungen einer Abrechnungsperiode; ein Aufwand stellt eine Reinvermögensabnahme, ein Ertrag eine Reinvermögenszunahme in der Abrechnungsperiode dar.

Fixkostendeckungsrechnung: bezeichnet eine mehrstufige Deckungsbeitragsrechnung, die eine Analyse des Fixkostenblockes nach dem Kriterium der Zurechenbarkeit auf Kostenträger und Kostenträgergruppen vornimmt.

Fortschreibungsbudgetierung: wird auch als Planfortschreibung bezeichnet; sie geht von Ist- oder Durchschnittswerten bzgl. des Ressourceneinsatzes vergangener Perioden aus. Diese werden entweder unverändert als Budget übernommen, oder auf der Basis externer Einflussgrößen fortgeschrieben (Ex-post-plus-Verfahren).

Globalbetrag: dieser periodische Betrag soll die durch die im grenzkostenorientierten Verrechnungspreis fehlende Fixkostenverrechnung herbeigeführte Verzerrung in den Erfolgsrechnungen der Divisionen zumindest teilweise ausgleichen. Der Globalbetrag wird in Bezug auf eine Kapazitätsreservierung durch die abnehmende Division und zudem auf Basis einer unternehmensüblichen Mindestrendite ermittelt.

Grenzgewinn: bezeichnet den Stückgewinn, der bei Produktion und Absatz einer zusätzlichen Leistungseinheit entsteht.

Grenzkosten: sind die Kosten, die bei der Produktion einer zusätzlichen Leistungseinheit entstehen.

Grundkosten: sind betragsgleiche Zweckaufwendungen, die zu Ausgaben geführt haben und sich sowohl der relevanten Abrechnungsperiode zurechnen lassen, als auch der eigentlichen Betriebs- und Geschäftätigkeit dienen, und zudem nicht außergewöhnlicher Art sind.

Handlungsalternativen: zielrelevante Möglichkeiten des Handelns zur Realisation vordefinierter Ziele, die gedanklich vor dem Treffen einer Entscheidung anhand verfügbarer Daten ermittelt und hinsichtlich ihrer Handlungskonsequenzen in einer Ergebnismatrix abgebildet werden können.

Hauptprozesse: untergliedern den Geschäftsprozess in verschiedene kostenstellenübergreifende Abläufe und entsprechen geplanten Workflows. Sie bezeichnen sachlogisch zusammengehörige Teilprozesse; jeder Hauptprozess ist mit genau einem Kostentreiber ausgestattet.

Innerbetriebliche Leistungsverrechnung: bezeichnet die Verteilung der sekundären Gemeinkosten. Sekundärkosten sind Kosten, die beim Verzehr innerbetrieblicher Leistungen entstehen; innerbetriebliche Leistungen sind für den Betrieb notwendige Leistungen, die selbst hervorgebracht und ausschließlich betriebsintern verbraucht bzw. genutzt werden.

Istkosten: sind Kosten, die aufgrund einer bestimmten Beschäftigung in einer vergangenen Abrechnungsperiode zur Erstellung der betrieblichen Leistungen tatsächlich angefallen sind.

Kalkulatorische Kosten: sind Kosten, die nicht als Aufwand verrechnet, oder in den Erfolgsrechnungen in anderer Aufwandshöhe erfasst werden; es sind hier die zwei Arten Anders- und Zusatzkosten zu unterscheiden.

Kapazitätsbeschränkungen: können aufgrund von Anlagen- und Maschinenkapazitäten, Raumkapazitäten, Arbeitszeiten, der begrenzten Verfügbarkeit von Rohstoffen etc. gegeben sein. Unvorhersehbare Entwicklungen wie bspw. Instandsetzungen von technischen Anlagen, Krankheit von Mitarbeitern oder unverschuldete Lieferengpässe können zudem unerwartete Kapazitätsbeschränkungen auslösen.

Komplexität: kann als das Zusammenwirken einer Gesamtheit von unterschiedlichen Elementen in wechselwirkender Verbindung mit unterschiedlichen Ausprägungen von Zuständen sowie einer Veränderlichkeit im Zeitverlauf verstanden werden, die im Rahmen einer spezifischen Problemsituation entsteht. Zentrale Merkmale der Komplexität sind Vielzahl (Varietät) und Vielfalt (Heterogenität) der Systemelemente, der Grad der Vernetzung dieser Elemente, die Veränderlichkeit im Zeitverlauf (Dynamiken), sowie die Folgelastigkeit des Entscheidungsfeldes, die durch Kausalketten intendierte und nicht intendierte Folgewirkungen hervorbringen kann.

Komplexitätsbeherrschung: repräsentiert eine zielgerichtete Systemanpassung an (unvermeidbare) Komplexitäten durch möglichst effizienten Einsatz von Verbesserungsmaßnahmen.

Komplexitätskosten: sind Kosten, die durch den Anstieg der externen und/oder internen Komplexität hervorgerufen werden. Diese Kosten können in direkte und indirekte Komplexitätskosten unterteilt werden. Direkte Komplexitätskosten entstehen direkt proportional mit der Erhöhung der Kosteneinsätze eines Unternehmens bei Komplexitätsanstieg (z. B. Ausweitung der Wertschöpfungsprozesse oder Erhöhung der Vielfalt der Produktprogramme). Indirekte Komplexitätskosten repräsentieren die sogenannten Opportunitätskosten, die komplexitätsbedingt durch einen nicht optimalen Einsatz von Unternehmensressourcen entstehen (z. B. Annahme eines Nischenproduktauftrages, der Maschinen- und Personalkapazitäten bindet und somit der Herstellung regulärer Kernprodukte entgegenwirkt).

Komplexitätskosteneffekt: bezeichnet den überproportionalen Kostenanstieg, der mit einer Erhöhung der Komplexität (bspw. durch Erhöhung der Anzahl der Produktvarianten und der Anzahl der Produktteile) verbunden ist. Im Rahmen der prozessorientierten Kalkulation (der Prozesskostenrechnung) soll – abweichend vom pauschalen Gemeinkostenzuschlag traditioneller Vollkostenrechnung – eine verursachungsgerechtere Verrechnung dieser Komplexitätskosten erreicht werden.

Komplexitätsreduktion: bedeutet die Reduktion der Varietät und Heterogenität der Systemelemente und deren Vernetzung, sowie die Handhabung auftretender dynamischer Entwicklungen.

Komplexitätsvermeidung: umfasst alle Maßnahmen, die präventiv die Entstehung von Komplexität verhindern sollen. Diese schränken aber die erforderliche Varietät ein, so dass die interne Komplexität, z. B. eines Unternehmens, nicht mehr der externen Komplexität gerecht wird, und die Überlebensfähigkeit des Systems bei beliebiger Komplexitätsvermeidung somit infrage gestellt wird.

Kosten: stellen den Wert aller verbrauchten Güter im Rahmen der Erstellung der typischen betrieblichen Leistungen dar (wertmäßige Interpretation).

Kostenartenrechnung: nimmt eine systematische Erfassung, Gliederung und Zuordnung aller Kostenarten vor; ergänzend werden die Kosten auf ihre Zurechenbarkeit auf Kostenträger untersucht. Zur Vorbereitung der Teilkostenrechnungssysteme sind die Kosten auf ihre Beschäftigungsabhängigkeit zu prüfen.

Kostenstellenrechnung: nimmt eine örtliche Zuordnung der in der Kostenartenrechnung erfassten Kosten und Kosteneinsätze vor; die Orte der Verrechnung werden als Kostenstellen (KoSt.) bezeichnet. Diese lassen sich nach funktionellen und nach abrechnungstechnischen Kriterien systematisieren.

Kostenträgerrechnung: bezeichnet die Verteilung der Kosten auf die Kostenträger; hierunter sind die Leistungen zu verstehen, durch deren Erstellung ein Werteverzehr entstanden ist bzw. Kosten verursacht wurden.

Kostenträgerstückrechnung: bezeichnet die Verteilung der Kosten – in Abhängigkeit des vorliegenden Fertigungsverfahrens – auf eine betriebliche Leistungseinheit mit dem Ziel der Ermittlung der Herstell- und Selbstkosten (je Leistungseinheit).

Kostenträgerzeitrechnung: wird oft auch als Betriebsergebnisrechnung oder als kurzfristige Erfolgsrechnung bezeichnet, da den Kosten einer Abrechnungsperiode die zugehörigen Leistungen bzw. Erlöse gegenübergestellt werden.

Kostentreiber: dienen als Messgröße für die Anzahl der durchgeführten betrieblichen Aktivitäten und als Maßstab der Kostenverursachung; sie sind mengenmäßig erfassbar und beschreiben einen nachvollziehbaren und willkürfreien Zusammenhang zwischen Maßgröße und zu messenden Sachverhalt.

Kostenvergleichsrechnungen: sind statische Verfahren im Rahmen der Wirtschaftlichkeitsrechnungen; sie werden generell den Investitionsrechnungen zugeordnet. Kostenvergleichsrechnungen untersuchen einzelne oder mehrere Investitionsobjekte hinsichtlich ihrer durchschnittlichen Gesamtkosteneinsätze.

Kumulative Methodik (der Abweichungsanalyse): interpretiert die Gesamtabweichung als Summe der Teilabweichungen. Dabei werden die Abweichungen höherer Ordnung den Einflussgrößen zugeordnet, die bei der Untersuchung zuerst betrachtet werden.

Leerkosten: bezeichnen den Anteil der Fixkosten für die bereitgestellte, aber nicht genutzte Kapazität.

Leistungen: stellen den Wert aller erbrachten Absatz- und Lagerleistungen im Rahmen der typischen betrieblichen Tätigkeit dar (wertmäßige Interpretation).

Leistungsmengeninduzierte Teilprozesse (lmi): für lmi-Prozesse ist die direkte Zuordnung eines Kostentreibers möglich. Kosten, die in ihrer Höhe in einem kausalen Zusammenhang zur Aktivität stehen, bezeichnet man als leistungsmengeninduzierte Kosten (lmi-Kosten); diese fallen v.A. bei repetitiven Tätigkeiten an.

Leistungsmengenneutrale Teilprozesse (lmn): für lmn-Prozesse kann kein direkter Kostentreiber identifiziert werden, weil hier in erster Linie individuelle Tätigkeiten anfallen. Sie dienen zur Unterstützung der lmi-Prozesse; deshalb werden die lmn-Kosten i. d. R. auf die lmi-Teilprozesse der jeweiligen Kostenstelle verrechnet.

Losgröße (optimale): als optimale Losgröße wird die kostenoptimale Produktionsmenge in einer Serienfertigung bezeichnet, die den Produktionsprozess als in sich geschlossener Posten oder Unterbrechung oder Umstellung des Produktionsprozesses durchläuft. Die Optimierung der Losgröße zielt darauf ab, die Summe aus auflagefixen und auflageproportionalen Kosten zu minimieren.

Make-or-Buy (-Entscheidung): bezeichnet die Entscheidung, ob ausgewählte Güter oder Dienstleistungen selbst hergestellt (Eigenfertigung) oder vom Markt bezogen werden sollen (Fremdfertigung bzw. Fremdbezug). Sobald Leistungen, die in der Vergangenheit selbst hervorgebracht wurden, auch langfristig fremdbezogen werden sollen, kommt es zu einer Verringerung der Fertigungstiefe.

Maximalkapazität: bezeichnet das in Anbetracht der Produktionskapazität maximal verfügbare Leistungsvolumen einer Unternehmenseinheit.

Neutraler Aufwand: entspricht dem Teil des Aufwandes, der keinen Kostenbestandteil darstellt; es sind hier die drei Arten betriebsfremder, periodenfremder, und außerordentlicher Aufwand zu unterscheiden.

Nutzkosten: ist der Fixkostenanteil, der in einer Abrechnungsperiode für Herstellung und Absatz eines bestimmten Leistungsvolumens eingesetzt wird.

Nutzwertanalyse (Synonyme: Punktverfahren oder Multifaktorentechnik): ist ein analytisches Bewertungsverfahren, welches in Planungsabläufen eingesetzt wird, um bei vorgegebenen Zielsetzungen mehrere zielrelevante Handlungsalternativen in eine Rangordnung der Vorzugswürdigkeit zu bringen.

Opportunitätskosten: bezeichnen im Allgemeinen solche kalkulatorischen Kosten (des Nutzenentganges), die durch den Verzicht auf eine Handlungsalternative entstehen. Im Kontext der Programmoptimierung bei engpasswirksamen Kapazitätsbeschränkungen sind die Opportunitätskosten mit den verdrängten Deckungsbeiträgen zu bewerten. Im Kontext der engpassbezogenen Lenkung durch knappheitsorientierte Verrechnungspreise sind die Opportunitätskosten mit dem höchsten relativen Deckungsbeitrag zu bemessen, der durch die letzte begrenzte Kapazitätseinheit erzielt werden kann.

Plan-Ist-Vergleich: ist ein auf Kennzahlenmessungen basierendes Instrument zur Feststellung von Zielabweichungen.

Plankosten: sind Kosten, bei denen die Mengen und die Preise der benötigten Produktionsfaktoren für eine geplante Beschäftigung geplante Größen sind. Sie haben Vorgabecharakter.

Plankostenverrechnungssatz: dieser Plankalkulationssatz einer Kostenstelle bezeichnet den zu planenden Kosteneinsatz in Bezug auf eine Beschäftigungseinheit; er ist als Vollkostensatz oder als Teilkostensatz (variabler Plankalkulationssatz) gestaltbar.

Planprozessmenge: zeigt, wie häufig ein Teilprozess innerhalb einer Zeitspanne durchgeführt werden soll. In der kapazitätsorientierten Planung ist sie Ausdruck für die maximal verfügbare Kapazität einer Kostenstelle.

Preisobergrenze (kurzfristige): gibt den kritischen Beschaffungspreis an, bei dessen Überschreitung der Einkauf von Beschaffungsgütern aus kostenrechnerischer Sicht nicht zu empfehlen ist, weil das Betriebsergebnis damit verringert würde.

Preisuntergrenze (kurzfristige): gibt den kritischen Absatzpreis an, bei dessen Unterschreitung der Verkauf von Absatzgütern aus kostenrechnerischer Sicht nicht mehr empfehlenswert ist, weil das Betriebsergebnis damit reduziert würde. Bei einer Unterbeschäftigung stellen die variablen Stückkosten die absolute Preisuntergrenze dar; eine Unterschreitung führt zu einem kurzfristigen Produktionsstopp. Die Preisuntergrenzen beim Vorliegen einer engpasswirksamen Kapazitätsbeschränkung werden als relative Preisuntergrenzen bezeichnet. Eine Unterschreitung führt nicht zu einem Produktionsstopp, sondern verlegt lediglich die Vorteilhaftigkeit auf die Alternative.

Profit-Center: sind Organisationseinheiten, welche einen weitgehend freien Zugang zu Beschaffungs- und Absatzmärkten haben. Die Verantwortung der Führungsinstanz eines Profit-Centers erstreckt sich sowohl auf die Kosten als auch auf die Erlöse. Profit-Center-Leitungen sind somit für ihr Bereichs- resp. Centerergebnis verantwortlich, welches im Rahmen einer erfolgsorientierten Vergütung auch als Beurteilungsgröße zugrunde gelegt werden kann.

Prozesskosten: bezeichnen die Summe der Gemeinkosten, die durch eine ganz bestimmte Aktivität innerhalb eines bestimmten Zeitraumes ausgelöst wird. Die Veränderung der Gemeinkosten wird dabei durch die Veränderung der Bezugsgröße erklärt, wobei ein proportionaler Verlauf der Gemeinkosten unterstellt wird.

Prozesskostensatz: kann als durchschnittlicher Kosteneinsatz pro Prozessinanspruchnahme verstanden werden. Er ist als Vollkostensatz oder als Teilkostensatz (variabler Gemeinkostenkalkulationssatz) gestaltbar.

Relativer (Stück-) Deckungsbeitrag: bezeichnet einen wertmäßig auf den Produktions- und/oder Lieferengpass angepassten Stückdeckungsbeitrag. Der relative Deckungsbeitrag eines Produkts bildet sich als Quotient des Stückdeckungsbeitrags und der Engpassnutzung je Einheit des Produktes. Er gibt an, welchen Fixkostenbetrag eine Einheit eines Produkts pro genutzter Engpasseinheit deckt.

Serienfertigung: Form der Mehrfachfertigung. Sie untergliedert sich in die reine Serienfertigung, in die Sortenfertigung und in die Chargenfertigung. Während bei der Chargenfertigung die Losgröße fertigungstechnisch vorgegeben ist, zeichnen sich die reine Serienfertigung und die Sortenfertigung durch eine Gestaltbarkeit der Losgröße aus.

Sollkosten: sind Plankosten, die auf die tatsächlich erbrachte Beschäftigung umgerechnet sind.

Standardbericht: repräsentiert den Kernbereich des unternehmerischen Berichtswesens. Sie werden periodisch und routinemäßig erstellt und an die entsprechenden Informationsadressaten übermittelt; diese haben auf den Inhalt und auf die Struktur keinen Einfluss, können aber selektiv die für sie relevanten Informationen aus diesen Berichten entnehmen.

Tätigkeiten: sind die kleinsten zu erfassenden, Kapazitäten in Anspruch nehmenden Aktivitäten eines Mitarbeiters in einer Kostenstelle.

Tätigkeitsanalyse: sie soll ein lückenloses Bild über die Leistungen einer Kostenstelle und den zugehörigen Ressourceneinsatz liefern. Eine solche Tätigkeitsanalyse ist dreistufig aufgebaut und umfasst (1) die Analyse der Inputfaktoren der jeweiligen Kostenstelle, (2) die Erhebung und Analyse der von den Mitarbeitern zu verrichtenden Tätigkeiten, und (3) die Analyse des Outputs der Kostenstelle.

Teilkostenrechnung: im Rahmen dieses Rechnungssystems werden nur die entscheidungsrelevanten Kosten auf die Kostenträger verrechnet; damit folgen die Teilkostenrechnungen dem Verursachungsprinzip.

Teilprozesse: beziehen sich entlang der Prozesskette auf die Aktivitäten, die in bestimmten Kostenstellen erbracht werden; sie bezeichnen sachlogisch zusammengehörige Aktivitäten. Durch die Aggregation der Teilprozesse ergeben sich die Hauptprozesse.

Teilprozesskostensatz: dieser Kalkulationssatz drückt aus, was die einmalige Inanspruchnahme eines Teilprozesses kostet, wenn die leistungsmengeninduzierten und die umgelegten leistungsmengenneutralen Kosten berücksichtigt werden. Er ist als lmi-Teilprozesskostensatz oder als Prozessvollkostensatz (gesamter Teilprozesskostensatz) gestaltbar.

Transaktionsfreiheit: beschreibt, ob und in welchem Maße (bspw. aufgrund von Kapazitätsreservierungen) einzelne Unternehmenseinheiten Leistungen an externe Unternehmen veräußern bzw. von externen Unternehmen beziehen dürfen.

Transfermenge: bezeichnet gemäß Hirshleifer-Modell die gleiche Menge, die eine abnehmende Unternehmenseinheit von der zuliefernden Unternehmenseinheit erhält, resp. die die liefernde Unternehmenseinheit der abnehmenden zuliefert.

Unterbeschäftigung: bezeichnet eine Ausgangssituation, bei der keine betrieblichen Engpässe existieren, so dass das vorgesehene Produktionsprogramm auf Basis der vorhandenen Produktionskapazitäten realisiert werden kann.

Unternehmensrechnung: stellt ein Konglomerat verschiedenster Informationssysteme dar, das die leistungs- und finanzwirtschaftlichen Prozesse eines Unternehmens zahlenmäßig abbilden und eine Beurteilung der Prozesse unter ökonomischen Gesichtspunkten ermöglichen soll; sie lässt sich (grob) in eine interne und eine externe Unternehmensrechnung unterteilen.

Verbrauchsabweichung: ist ein Teil der Budgetabweichung und bezeichnet in Bezug auf einen bestimmten Beschäftigungsgrad die Differenz zwischen den Istkosten (der Plankostenrechnung) und den Sollkosten.

Verhaltensanomalien: kennzeichnen irrationale Verhaltensweisen der am Berichtswesen beteiligten Parteien, die in der Folge Fehlentscheidungen der Entscheidungsträger forcieren können. Sie sind ursächlich auf begrenzte Aufnahme-, Verarbeitungs-, Interpretations- und Transformationskompetenzen zurückzuführen; daneben können sie durch eine funktionale Gebundenheit des Verhaltens und/oder durch bestimmte Persönlichkeitsstrukturen bedingt sein.

Verhaltensmodulation: beschreibt die Veränderung des Verhaltens von Entscheidungsträgern, die durch die Wirkungen der Berichte hervorgerufen werden. Zum einen gibt es die Aktivierung als Modulation, bei der eine Erhöhung der Wahrnehmungs- und Handlungsbereitschaft durch Berichte bei Entscheidungsträgern als Wirkung hervorgerufen wird. Zum anderen können Berichte eine Variation der Aufmerksamkeit beim Entscheidungsträger bewirken (Aufmerksamkeitserhöhung oder -einschränkung); daneben kann situativ bedingt eine interessengeleitete Variation des Auflösungsgrades der Informationswahrnehmung resultieren.

Verhaltenswirkungen: ergeben sich aus der Kombination reflektierten und intuitiven Verhaltens von Informationsnutzern mit den intendierten und nicht intendierten Wirkungen, die Berichte bei den Informationsnutzern hervorrufen können bzw. sollen.

Verrechnungspreise: stellen Wertansätze für Leistungen dar, die innerhalb einzelner Unternehmensbereiche erstellt und bezogen werden; sie werden häufig auch als Transfer- oder Lenkpreise bezeichnet.

Vollkosten: sind die gesamten Kosten, die bei der Produktion einer Leistungseinheit entstehen; diese werden auch als Stückkosten bezeichnet.

Vollkostenrechnung: im Rahmen dieses Rechnungssystems werden alle Kostenbestandteile erfasst und auf die Kostenträger verrechnet; dabei müssen die Gemeinkosten teilweise unzureichend verursachungsgerecht auf die Kostenstellen und auf die Kostenträger umgelegt werden, was in der Folge zu einer mangelhaften Kalkulation der Kostenträger führen kann.

Zusatzaufträge: werden als Kundenaufträge angesehen, die nach der Festlegung des Produktionsprogramms eingehen, mit dem verfügbaren Potenzialfaktorbestand realisiert werden können, und sich qualitativ und/oder quantitativ von den Produkten im üblichen Produktionsprogramm unterscheiden.

2 Fallstudie 1: Koordination, Budgetierung und Entscheidung bei der MotorCycle GmbH

2.1 Ausgangssituation und Bearbeitungsvorschläge

Ausgangssituation

Die MotorCycle GmbH (MC-G) ist ein Hersteller von Kleinmotoren und von motorisierten Zweirädern. Sie hat für ihre neue Modellvariante „Pocket-Bike" eine Preisabsatzfunktion ermittelt, bei der der Preis mit zunehmender Angebotsmenge sinkt (x_A = Absatzmenge):

$$E_A(x_A) = (1.500 - 0,05 \cdot x_A) \cdot x_A \qquad \text{[Erlös der MC-G]}$$

Die Herstellung eines Endprodukts der Modellvariante Pocket-Bike verursacht bei der MC-G variable Stückkosten in Höhe von 620 €/LE (LE = Leistungseinheit, -en). Daneben sind jährliche Fixkosten in Höhe von insgesamt 2.000.000 € zu decken. In den nächsten Wochen stehen die Kapazitäts- und Preisverhandlungen für das Geschäftsjahr 2018 mit der Johnson GmbH an, einem Zulieferbetrieb der Fahrzeugindustrie für Kraftrad-Sitzelemente. Bei der Johnson GmbH fallen auf Basis einer verfügbaren Maximalkapazität in Höhe von 15.000 LE Fixkosten pro Geschäftsjahr in Höhe von 1.500.000 € an; zudem entstehen durch die Herstellung eines Sitzelements variable Stückkosten in Höhe von 40 €/LE.

In der Kostenarten- und Kostenstellenrechnung für das Jahr 2015 wurden im Fertigungsbereich der MC-G die fünf Hauptkostenstellen bei einer Ausbringung von 15.000 LE und einer Istbeschäftigung in Höhe von 3.000 Maschinenstunden mit den folgenden Gemeinkostenarten und -einsätzen (zu Planpreisen) erfasst:

Gemeinkostenarten	Summen (€)	Reagibilitätsgrade
Gehälter und Sozialkosten	482.000	0 %
Hilfslöhne	22.000	100 %
Energiekosten	250.000	80 %
Wartung und Reparatur	34.000	60 %
kalkulatorische Abschreibungen	82.000	0 %
Hilfs- und Betriebsstoffe	70.000	80 %
allgemeine Bürokosten	8.000	20 %

Die im Jahr 2015 in den Hauptkostenstellen des Fertigungsbereichs durchgeführte Reagibilitätsuntersuchung ergab für die Gemeinkostenarten die in der obigen Tabelle aufgeführten Reagibilitätsgrade. Eine der fünf Hauptkostenstellen im Fertigungsbereich der MC-G ist die Kostenstelle Motorenfertigung, in der die Kosten für die Serienfertigung unterschiedlicher Kleinmotorvarianten erfasst werden. Hierzu gehören ein vollautomatischer 4-Takt-Motor (Produkt A), ein halbautomatischer 4-Takt-Motor (Pro-

https://doi.org/10.1515/9783110631043-004

dukt B) sowie ein 2-Takt-Motor (Produkt C). Diese können mit begrenzten Absatzmengen auch als Halbfabrikate direkt am externen Markt zu den nachfolgend aufgeführten Stückerlösen und variablen Produktionsstückkosten abgesetzt werden:

Motorvarianten	A	B	C
Stückerlöse [e_i]	508 €	590 €	420 €
variable Produktionsstückkosten [k_{vi}]	340 €	350 €	240 €
maximale Absatzmenge [m_i]	5.000 LE	4.000 LE	3.000 LE

In der Hauptkostenstelle fallen pro Geschäftsjahr Fixkosten in Höhe von 1.000.000 € an. Die drei Motorvarianten durchlaufen im Rahmen ihrer Fertigung dieselbe technische Anlage, die innerhalb eines Geschäftsjahrs mit 2.000 Stunden zur Verfügung steht. Pro Geschäftsjahr kann die MC-G maximal 45.000 kg eines in allen drei Motorvarianten zu verarbeitenden Rohstoffs mobilisieren. Die Anlagebelegzeiten und die benötigten Rohstoffmengen je LE sind der nachfolgenden Tabelle zu entnehmen:

Motorvarianten	A	B	C
Belegzeit der technischen Anlage je LE [b_i]	12 min	15 min	10 min
benötigte Rohstoffmenge je LE [f_i]	4 kg	4 kg	3 kg

Bearbeitungsvorschläge – Überblick

Aufgabe 1:   Koordinationsrechnungen
Aufgabe 1.1:   Transfermengenoptimierung
Aufgabe 1.2:   Erfolgsrechnungen
Aufgabe 1.3:   Kritische Reflexion

Aufgabe 2:   Operative Budgetierung
Aufgabe 2.1:   Plankostenermittlung
Aufgabe 2.2:   Abweichungsanalyse
Aufgabe 2.3:   Kritische Reflexion

Aufgabe 3:   Operative Entscheidungsrechnungen
Aufgabe 3.1:   Programmoptimierung
Aufgabe 3.2:   Losgrößenoptimierung
Aufgabe 3.3:   Kritische Reflexion

Bearbeitungsvorschläge – Aufgabenstellungen

Aufgabe 1: Im Rahmen eines in der Gründungsphase abgeschlossenen Vorvertrags hatte sich die Johnson GmbH gegenüber der MC-G einem Kontrahierungszwang unterworfen. Bereiten Sie für das Management der MC-G die Verhandlungen über die Kapazitätsbereitstellung für 2018 wie folgt vor:

1.1 Führen Sie eine Transfermengenoptimierung auf Basis eines grenzkostenorientierten und auf Basis eines vollkostenorientierten Verrechnungspreises durch! Es ist davon auszugehen, dass die MC-G pro Pocket-Bike genau ein Sitzelement von der Johnson GmbH bezieht.

1.2 Stellen Sie die Erfolgsrechnungen bei Anwendung des vollkostenorientierten Verrechnungspreises für die MC-G und für die Johnson GmbH sowie eine unternehmensübergreifende Erfolgsrechnung auf! Ermitteln Sie die bei der Johnson GmbH entstehenden Nutz- und Leerkosten, wenn die Maximalkapazität gemäß den Regelungen des Vorvertrags allein für die MC-G vorgehalten werden muss. Interpretieren Sie Ihre Ergebnisse im Kontext der ermittelten Transfermenge.

1.3 Beurteilen Sie Ihre Ergebnisse (aus den Teilaufgaben 1.1 und 1.2) mit Bezug auf die Koordinations- und Erfolgsermittlungsfunktion der Verrechnungspreise! Zeigen Sie in diesem Zusammenhang auch die Wirkungen von Aufschlägen auf den grenzkostenorientierten Verrechnungspreis, sowie die Wirkungen von (transfermengenneutralen) Globalbeträgen auf.

Aufgabe 2: Bereiten Sie für das Management der MC-G die Budgetierung und die Budgetkontrolle des Fertigungsbereichs für das Geschäftsjahr 2018 wie folgt vor:

2.1 Ermitteln Sie die Planbeschäftigung und den Plan-Beschäftigungsgrad für die Planperiode 2018 (mithilfe eines Stundenfaktors pro Leistungseinheit), die Plankosten für den Fertigungsbereich mit den jeweiligen variablen und fixen Plankostenanteilen (mithilfe einer direkten Kostenauflösung) sowie den Plankostenverrechnungssatz (als Vollkostensatz)! Es ist davon auszugehen, dass im Rahmen der Kapazitätsverhandlungen für die Planperiode eine Transfermenge in Höhe von 12.000 LE vereinbart wird.

2.2 Bereiten Sie eine Abweichungsanalyse für den Fertigungsbereich für die Abrechnungsperiode 2018 vor, die an einem Worst-Case-Szenario ausgerichtet ist! In diesem Szenario wird davon ausgegangen, dass in der Abrechnungsperiode die vereinbarte Transfermenge aufgrund der Verfehlung der geplanten Absatz- und Produktionsmenge mit nur 8.000 LE nicht erreicht wird; es wird zudem eine tatsächliche Beschäftigung in Höhe von 1.600 Maschinenstunden bei einem tatsächlichen, zu Planpreisen bewerteten Gemeinkosteneinsatz in Höhe von 982.000 € unterstellt. Rekonstruieren Sie die Gesamtabweichung und die Verbrauchs- und Beschäftigungsabweichung.

2.3 Decken Sie den durch die Fixkostenproportionalisierung bedingten Kalkulationsfehler in der Abweichungsanalyse und die Notwendigkeit der Ermittlung von Einzelabweichungen auf! Stellen Sie Ihre Analyseergebnisse grafisch dar und beurteilen Sie kritisch die Aussagekraft der Analyse.

Aufgabe 3: Erarbeiten Sie für das Management der MC-G Entscheidungsvorlagen hinsichtlich der zu treffenden Programmentscheidungen im Fertigungsbereich für die Planperiode 2018:

3.1 Entwickeln Sie das optimale Produktionsprogramm! Bestimmen Sie hierfür den Periodenerlös, die produktbezogenen Deckungsbeiträge und das Nettoergebnis im Rahmen einer einstufigen Deckungsbeitragsrechnung (in der Planperiode sollen keine Bestandsveränderungen bei den drei Produkten erwirtschaftet werden).

3.2 Optimieren Sie für den Jahresbedarf (gemäß optimalem Produktionsprogramm) des Produkts B die Losgröße! Gehen Sie von einem zusammengefassten Kalkulationssatz für die Zins- und Lagerkosten in Höhe von 2,5 % aus. Jeder Serienwechsel ist mit Umrüst- und Einrichtungskosten in Höhe von 4.375 € zu kalkulieren.

3.3 Unterziehen Sie Ihre Entscheidungsvorlagen einer ausführlichen kritischen Würdigung, insbesondere in Bezug auf den betriebspraktischen Anwendungswert!

2.2 Lösungshinweise mit weiterführenden Literaturangaben

Lösungshinweise zu Aufgabe 1.1

Transfermengenoptimierung bei grenzkostenorientiertem Verrechnungspreis:

$$v = 40 \text{ €/LE} \qquad \text{(entspricht den variablen Stückkosten der Johnson GmbH)}$$

$$E_A(x_A) = (1.500 - 0,05 \cdot x_A) \cdot x_A \quad \text{[Erlösfunktion der MC-G, gegeben]}$$

$$K_A(x_A) = 2.000.000 + 620 \cdot x_A \quad \text{[Kosten der MC-G]}$$

$$K_Z(x_Z) = 1.500.000 + 40 \cdot x_Z \quad \text{[Kosten der Johnson GmbH]}$$

$$x_Z = x_A \qquad \text{[Transfermenge]}$$

Gewinnfunktion der MC-G:

$$G_A(x_A) = [(1.500 - 0,05 \cdot x_A) \cdot x_A] - [2.000.000 + 620 \cdot x_A] - [40 \cdot x_A]$$

$$G_A(x_A) = [(1.500 - 0,05 \cdot x_A) \cdot x_A] - [2.000.000 + 660 \cdot x_A]$$

Gewinnmaximum und die zugehörige optimale Transfermenge:

$$G'_A(x_A) = 1.500 - 0,1 \cdot x_A - 660$$

$$G'_A(x_A) = -0,1 \cdot x_A + 840 = 0 \qquad x_A = 8.400 \text{ LE}$$

Bei Verwendung eines grenzkostenorientierten Verrechnungspreises beträgt die gewinnmaximierende optimale Transfermenge aus der Perspektive der MC-G 8.400 Leistungseinheiten.

Transfermengenoptimierung bei vollkostenorientiertem Verrechnungspreis:
Ermittlung des Verrechnungspreises v:

$$v = \text{volle Stückkosten der Johnson GmbH}$$
$$K_Z(x_Z) = 1.500.000 + 40 \cdot x_Z \qquad \text{[Vollkosten der Johnson GmbH]}$$
$$K_Z(x_{Z(MAX)}) = 1.500.000 + 40 \cdot 15.000 \qquad \text{[Kosten der Johnson GmbH]}$$
$$= 2.100.000$$
$$k_Z = v = 140 \,\text{€/LE} \qquad \text{[Stückkosten der Johnson GmbH;}$$
$$\text{Verrechnungspreis]}$$

Gewinnfunktion der MC-G:

$$G_A(x_A) = [(1.500 - 0,05 \cdot x_A) \cdot x_A] - [2.000.000 + 620 \cdot x_A] - [140 \cdot x_A]$$
$$G_A(x_A) = [(1.500 - 0,05 \cdot x_A) \cdot x_A] - [2.000.000 + 760 \cdot x_A]$$

Gewinnmaximum und die zugehörige optimale Transfermenge:

$$G_A'(x_A) = 1.500 - 0,1 \cdot x_A - 760$$
$$G_A'(x_A) = -0,1 \cdot x_A + 740 = 0 \qquad x_A = 7.400 \,\text{LE}$$

Bei Verwendung eines vollkostenorientierten Verrechnungspreises beträgt die gewinnmaximierende optimale Transfermenge aus der Perspektive der MC-G 7.400 Leistungseinheiten.

Lösungshinweise zu Aufgabe 1.2
Erfolgsrechnungen bei vollkostenorientiertem Verrechnungspreis:

$$E_A(x_A) = (1.500 - 0,05 \cdot x_A) \cdot x_A \qquad \text{[Erlösfunktion der MC-G, gegeben]}$$
$$K_A(x_A) = 2.000.000 + 620 \cdot x_A \qquad \text{[Kosten der MC-G]}$$
$$K_Z(x_Z) = 1.500.000 + 40 \cdot x_Z \qquad \text{[Kosten der Johnson GmbH]}$$
$$v = 140 \,\text{€/LE} \qquad \text{[Verrechnungspreis]}$$
$$x_Z = x_A = 7.400 \,\text{LE} \qquad \text{[Transfermenge]}$$

Daten (€)	Johnson GmbH	MC-G	Summen
Erlöse (extern)	–	8.362.000	8.362.000
Transfererlöse	1.036.000	–	1.036.000
fixe Kosten	1.500.000	2.000.000	3.500.000
Transferkosten	–	1.036.000	1.036.000
variable Kosten	296.000	4.588.000	4.884.000
Gesamtkosten	1.796.000	7.624.000	9.420.000
Erfolgsausweise	**–760.000**	**+738.000**	**–22.000**

Nutz- und Leerkosten der Johnson GmbH:

$$K_F = K_N + K_L \qquad\qquad K_N = K_F \cdot b \qquad\qquad K_L = K_F - [K_F \cdot b]$$

$$x_z = 7.400\,LE \quad [\text{Transfermenge}]$$

$$b = (7.400 : 15.000) \cdot 100\,\% = 49,33\,\% \quad (\text{gerundet})$$

$$K_N = 1.500.000\,\text{€} \cdot 0,4933 \qquad\qquad K_N = 740.000\,\text{€}$$

$$K_L = 1.500.000\,\text{€} - [1.500.000\,\text{€} \cdot 0,4933] \quad K_L = 760.000\,\text{€}$$

Da die MC-G mit der aus ihrer Perspektive festgelegten optimalen Transfermenge von der Maximalkapazität der Johnson GmbH abweicht, weist diese einen Verlust in Höhe der Leerkosten (K_L = 760.000 €) aus. Mit dem vollkostenorientierten Verrechnungspreis werden lediglich die in den Fixkosten enthaltenen Nutzkosten im Verrechnungspreis berücksichtigt. Eine vollständige Deckung der gesamten Fixkosten der Johnson GmbH ließe sich also nur dann erreichen, wenn die MC-G mit der festzulegenden Transfermenge die Maximalkapazität (15.000 LE) der Johnson GmbH ausschöpft (b = 100 %).

Lösungshinweise zu Aufgabe 1.3

Koordinationsfunktion:

- Hinsichtlich der koordinierenden Wirkung der Verrechnungspreise ist zunächst zu bedenken, dass die Johnson GmbH bezüglich der Transfer- und Produktionsmengenbestimmung keine Entscheidungsautonomie besitzt, da die Transfermengen allein durch die Kalküle der MC-G festgelegt werden. Der Johnson GmbH wird dabei immer ein Verlust aus dem Transfergeschäft in Höhe der Fix- bzw. der Leerkosten zugewiesen.
- Die Verwendung des vollkostenorientierten Verrechnungspreises erhöht im Vergleich zum grenzkostenorientierten Verrechnungspreis die im Entscheidungskalkül der MC-G zu berücksichtigen Kosten. Dies führt dazu, dass eine geringere Menge nachgefragt wird – und in der Folge das Gesamtergebnis vom optimalen Ergebnis abweicht. Jeder Aufschlag auf den grenzkostenorientierten Verrechnungspreis reduziert also die Transfermenge. Hier führt die Verwendung des vollkostenorientierten Verrechnungspreises zu einer Reduktion der Transfermenge um 1.000 LE.
- Jeder Aufschlag auf den grenzkostenorientierten Verrechnungspreis verringert den Gewinn der MC-G und führt darüber hinaus auch bei unternehmensübergreifender Betrachtung zu einem Suboptimum. Dies zeigt auch eine vergleichende

Erfolgsrechnung unter Anwendung des grenzkostenorientierten Verrechnungspreises ($v = 40\,€/LE$):

$$E_A(x_A) = (1.500 - 0,05 \cdot x_A) \cdot x_A \quad \text{[Erlösfunktion der MC-G, gegeben]}$$

$$K_A(x_A) = 2.000.000 + 620 \cdot x_A \quad \text{[Kosten der MC-G]}$$

$$K_Z(x_Z) = 1.500.000 + 40 \cdot x_Z \quad \text{[Kosten der Johnson GmbH]}$$

$$x_Z = x_A = 8.400\,\text{LE} \quad \text{[Transfermenge]}$$

Daten (€)	Johnson GmbH	MC-G	Summen
Erlöse (extern)	–	9.072.000	9.072.000
Transfererlöse	336.000	–	336.000
fixe Kosten	1.500.000	2.000.000	3.500.000
Transferkosten	–	336.000	336.000
variable Kosten	336.000	5.208.000	5.544.000
Gesamtkosten	1.836.000	7.544.000	9.380.000
Erfolgsausweise	**–1.500.000**	**+1.528.000**	**+28.000**

Die Anwendung des grenzkostenorientierten Verrechnungspreises hätte zwar bei der Johnson GmbH den Verlust auf den Betrag der Fixkosten erhöht, jedoch unternehmensübergreifend zu einem Gewinn geführt, bedingt durch den deutlich höheren Gewinnanteil der MC-G.

Erfolgsermittlungsfunktion:
- Bei Verwendung eines grenzkostenorientierten Verrechnungspreises werden durch die MC-G lediglich die variablen Kosten erstattet. Der Johnson GmbH entsteht damit (unabhängig von der Transfermenge) ein Verlust in Höhe der fixen Kosten; damit ist die Gefahr der Demotivation bei der Johnson GmbH relativ hoch. Die MC-G wiederum verzeichnet einen Gewinn, der nur zu einem gewissen Anteil durch eigene Leistung erwirtschaftet wird. Beide Erfolgsausweise sind also verzerrt, so dass bei beiden beteiligten Unternehmen eine Erfolgsermittlung auf Leistungsbasis und eine entsprechende Anreizgestaltung nicht mehr möglich sind.
- Bei Verwendung eines vollkostenorientierten Verrechnungspreises werden neben den variablen Kosten auch Fixkostenanteile erstattet, nämlich in Höhe der Nutzkosten. Zwar weist die Johnson GmbH im Idealfall keinen Verlust aus, kann aus dem Transfergeschäft aber auch keinen Gewinn erzielen. Der MC-G wird nach wie vor ein Gewinn zugeschrieben, der nur zu einem Teil durch eigene Leistung erzielt wird. Auch hier sind beide Erfolgsausweise verzerrt, so dass die Johnson GmbH genauso wenig wie die MC-G auf Basis der Teilerfolge beurteilt werden kann.

– Wenn zur Entschädigung für die Kapazitätsbereitstellung ein (hinsichtlich des Mengenoptimums neutraler) Globalbetrag (hier in Höhe von exemplarisch 700.000 €) vereinbart wird, ändern sich die Erfolgsrechnungen wie folgt:

Daten (€)	Johnson GmbH	MC-G	Summen
Erfolgsausweise (vor Globalbetrag)	−760.000	+738.000	−22.000
Globalbetrag	+700.000	−700.000	±0
Erfolgsausweise	**−60.000**	**+38.000**	**−22.000**

Auch wenn der Globalbetrag die Verzerrungen in den Erfolgsrechnungen zumindest teilweise reduziert, so bleibt doch das grundlegende Problem der Betragsfindung bestehen. Sofern der Globalbetrag auf Aushandlungen zwischen den beteiligten Unternehmen basieren soll, fehlt der Johnson GmbH aufgrund des Kontrahierungszwangs eine der Position der MC-G entsprechende Verhandlungsposition. Damit ist nicht zu erwarten, dass der Globalbetrag die Erfolgsermittlungsfunktion angemessen unterstützen kann.

Vertiefende Literatur zu Aufgabe 1

Behrens, Reinhard/Feuerlohn, Bernd (2018): Angewandtes Unternehmenscontrolling – Operative Systeme der Planung, Kontrolle und Entscheidung, Berlin et al.: De Gruyter Oldenbourg.

Brühl, Rolf (2016): Controlling. Grundlagen des Erfolgscontrollings, 4., überarbeitete und erweiterte Auflage, München: Vahlen.

Ewert, Ralf/Wagenhofer, Alfred (2014): Interne Unternehmensrechnung, 8., aktualisierte Auflage, Berlin Heidelberg: Springer Gabler.

Küpper, Hans-Ulrich/Friedl, Gunther/Hofmann, Christian/Hofmann, Yvette/Pedell, Burkhard (2013): Controlling. Konzeption, Aufgaben, Instrumente, 6., überarbeitete Auflage, Stuttgart: Schäffer-Poeschel.

Wala, Thomas/Haslehner, Franz/Hirsch, Manuela (2016): Kostenrechnung, Budgetierung und Kostenmanagement. Eine Einführung mit zahlreichen Beispielen, 2., überarbeitete und erweiterte Auflage, Wien: Linde.

Lösungshinweise zu Aufgabe 2.1

Beschäftigungsgrad, Stundensatz, Planbeschäftigung (2018):

$$\text{Beschäftigungsgrad b:} \quad \frac{12.000\,\text{LE}}{15.000\,\text{LE}} = 0,8\ (80\%)$$

$$\text{Stundensatz pro LE:} \quad \frac{3.000\,\text{Std.}}{15.000\,\text{LE}} = 0,2\,\text{Std./LE}$$

$$\text{Planbeschäftigung } B_P: \quad 3.000\,\text{Std.} \cdot 0,8 = 12.000\,\text{LE} \cdot 0,2\,\text{Std./LE} = 2.400\,\text{Std.}$$

Direkte Kostenauflösung (2018):

Gemeinkostenarten (€)	Summen	R	K_{var}	K_f
Gehälter und Sozialkosten	482.000	0 %	0	482.000
Hilfslöhne	22.000	100 %	22.000	0
Energiekosten	250.000	80 %	200.000	50.000
Wartung und Reparatur	34.000	60 %	20.400	13.600
kalk. Abschreibungen	82.000	0 %	0	82.000
Hilfs- und Betriebsstoffe	70.000	80 %	56.000	14.000
allgemeine Bürokosten	8.000	20 %	1.600	6.400
Summen	**948.000**		**300.000**	**648.000**

Plankosten (2018):

Daten	Summen
Planbezugsgröße	12.000 LE
Planbeschäftigung B_P (bei 0,2 Std./LE)	2.400 Std.
fixe Plankosten K_{Pf}	648.000,00 €
variable Plankosten K_{Pv}	240.000,00 €
Plankosten gesamt (für 2018) K_P	**888.000,00 €**

Plankostenverrechnungssatz für den Fertigungsbereich (2018):

$$\text{PKVS:} \quad \frac{888.000 €}{2.400\,\text{Std.}} = 370,00\,€/\text{Std.}$$

Lösungshinweise zu Aufgabe 2.2
Gesamtabweichung für den Fertigungsbereich (2018):

Daten	Summen
Istbezugsgröße	8.000 LE
Istbeschäftigung B_I (bei 0,2 Std./LE)	1.600 Std.
Plankostenverrechnungssatz PKVS	370,00 €/Std.
Istkosten gesamt (für 2018) K_I	982.000,00 €
verrechnete Plankosten K_{verr}	**592.000,00 €**
Gesamtabweichung GA	**+390.000,00 €**

$$\text{verrechnete Plankosten } K_{verr}: \quad 370\,€/\text{Std.} \cdot 1.600\,\text{Std.} = 592.000\,€$$

Einzelabweichungen für den Fertigungsbereich (2018):

Daten	Summen
Istbezugsgröße	8.000 LE
Istbeschäftigung B_I (bei 0,2 Std./LE)	1.600 Std.
Istkosten gesamt (für 2018) K_I	982.000,00 €
fixe Plankosten K_{Pf}	648.000,00 €
verrechnete Plankosten K_{verr}	592.000,00 €
Plankostenverrechnungssatz PKVS$_{var}$	**100,00 €/Std.**
Sollkosten K$_S$	**808.000,00 €**
Verbrauchsabweichung VA	**+174.000,00 €**
Beschäftigungsabweichung BA	**+216.000,00 €**
Gesamtabweichung GA	+390.000,00 €

$$\text{PKVS}_{var}: \quad \frac{240.000\,\text{€}}{2.400\,\text{Std.}} = 100,00\,\text{€/Std.}$$

$$\text{Sollkosten } K_S: \quad 648.000 + (100\,\text{€/Std.} \cdot 1.600\,\text{Std.}) = 808.000\,\text{€}$$

Lösungshinweise zu Aufgabe 2.3

Kalkulationsfehler (Fixkostenproportionalisierung):

Verrechnungssatz (fix):   370 – 100 = 270 €/Std.

Differenz Beschäftigung: 2.400 – 1.600 = 800 Std.

Proportionalisierungsumfang: 270 €/Std. · 800 Std. = +216.000 €

- Im Plankostenverrechnungssatz als Vollkostensatz sind auch fixe Kostenbestandteile enthalten, die bei der Ermittlung der verrechneten Plankosten (K_{verr}) proportionalisiert werden. Die Gesamtabweichung als Differenz zwischen den Istkosten und den verrechneten Plankosten (hier +390.000 €) unterliegt somit dem grundlegenden Mangel der Fixkostenproportionalisierung.
- Der Umfang der (fehlerhaften) Fixkostenproportionalisierung ergibt sich aus dem fixen Kostenanteil pro Stunde (hier 270 €/Std.), der über eine Beschäftigungsdifferenz (zwischen Plan- und Istbeschäftigung für 2018) in Höhe von 800 Stunden proportionalisiert wird. Die Beschäftigungsabweichung basiert allein auf diesem Fehler der Fixkostenproportionalisierung.
- Da die Vergleichswerte (Ist- und Plankosten) auf unterschiedlichen Beschäftigungen basieren, kann eine Budgetkontrolle auf Grundlage der Gesamtabweichung kaum aussagekräftig sein. Bei der Darstellung der Gesamtabweichung wird hier der tatsächliche Mehrverbrauch bei den Gemeinkosten in Höhe von 174.000 € nicht korrekt ausgewiesen.
- Da sich Gesamtabweichung als Summe der Verbrauchs- und Beschäftigungsabweichung ergibt, ist die Beschäftigungsabweichung mithilfe der Sollkosten zu iso-

lieren. Die verbleibende Verbrauchsabweichung kennzeichnet dann die Abweichung, die im Verantwortungsbereich des Kostenstellenleiters zu verorten ist. Sie bezeichnet einen tatsächlichen beschäftigungsunabhängigen Mehr- bzw. Minderverbrauch bei den Einsatzfaktoren. Im Falle des Mehrverbrauches (hier in Höhe von 174.000 €) ist die Verbrauchsabweichung durch einen ineffizienten Ressourceneinsatz hervorgerufen.

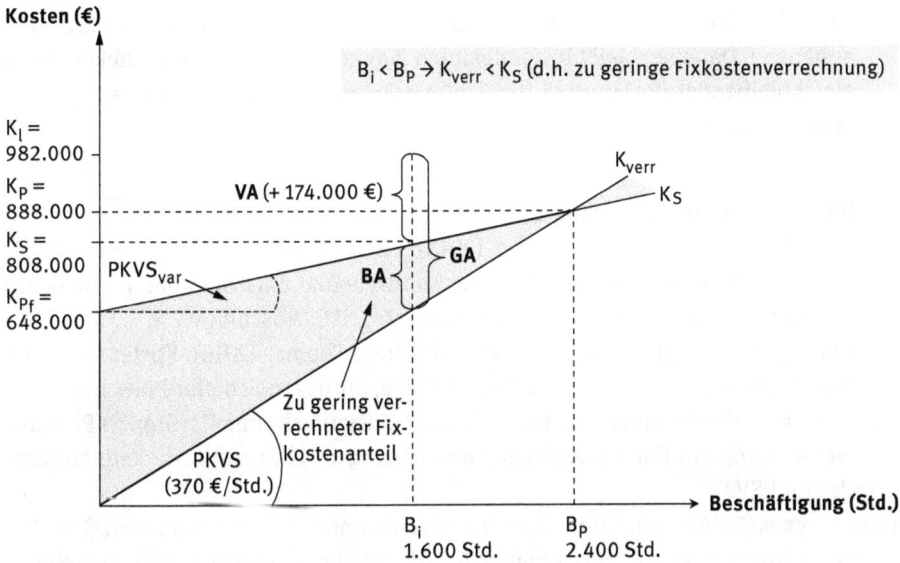

Die Abbildung zeigt zwar den beschäftigungsunabhängigen Mehrverbrauch bei den Einsatzfaktoren. Für eine zweckgerichtete Steuerung ist die gesamte Verbrauchsabweichung jedoch noch in einzelne Spezialabweichungen wie seriengrößenbedingte oder intensitätsbedingte Teilabweichungen zu differenzieren. Zudem muss mithilfe einer Abweichungsursachenanalyse recherchiert werden, auf welche Ursachen die Abweichung zurückzuführen ist (z. B. Schwund); diese Analyse sollte differenziert nach den eingesetzten Kostenarten erfolgen.

Die Budgeterstellung und die Budgetkontrolle sind hier auf Basis der flexiblen Plankostenrechnung vorgenommen worden. Die Aussagekraft der Budgetrechnungen ist somit von der Präzision des verwendeten Rechnungssystems abhängig. In diesem Kontext ist zu bedenken, dass dieses Rechnungssystem eine Auflösung der gesamten Gemeinkosten in fixe und in variable Bestandteile erfordert:
–   Eine Auflösung der Gemeinkosten wird im Allgemeinen nur dann möglich sein, wenn die Beschäftigung als zentrale Kosteneinflussgröße durch angemessene Bezugsgrößen präzisiert und quantifiziert werden kann (wie bspw. durch Zeit- oder Leistungseinheiten).

- Eine solche Kostenauflösung kann aufgrund ihrer Vergangenheitsorientierung lediglich angemessene Aussagekraft hinsichtlich der Kostenzusammensetzung in der Vergangenheit entfalten. Die für die Budgetierung relevante zukünftige Kostenzusammensetzung kann sich aber schon durch relativ unerhebliche Einflüsse (z. B. durch die Beschaffung einer technischen Anlage) maßgeblich verändern.
- Zudem unterstellt die flexible Plankostenrechnung einen Reagibilitätsgrad in Höhe von Eins bei den variablen Gemeinkosten. Variable Kosten verhalten sich aber nur zum Teil proportional zur jeweils gewählten Bezugsgröße. Darüber hinaus kann die Höhe des variablen Kosteneinsatzes auch von mehreren Bezugsgrößen abhängen. Daneben bleibt in der flexiblen Plankostenrechnung der Effekt nahezu gleichbleibender Kosten trotz rückläufiger Beschäftigung (Kostenremanenz) unberücksichtigt.

Vertiefende Literatur zu Aufgabe 2

Behrens, Reinhard/Feuerlohn, Bernd (2018): Angewandtes Unternehmenscontrolling – Operative Systeme der Planung, Kontrolle und Entscheidung, Berlin et al.: De Gruyter Oldenbourg [Teil A, Abschnitt 3.2; Teil C, Abschnitte 2.2, 3.2 und 3.3].

Coenenberg, Adolf G./Fischer, Thomas M./Günther, Thomas (2016): Kostenrechnung und Kostenanalyse, 9., überarbeitete Auflage, Stuttgart: Schäffer-Poeschel.

Haberstock, Lothar/Breithecker, Volker (2008): Kostenrechnung II. (Grenz-) Plankostenrechnung mit Fragen, Aufgaben und Lösungen, 10., neu bearbeitete Auflage, Berlin: ESV.

Joos, Thomas (2014): Controlling, Kostenrechnung und Kostenmanagement. Grundlagen – Anwendungen – Instrumente, 5., überarbeitete Auflage, Wiesbaden: Springer Gabler.

Rieg, Robert (2015): Planung und Budgetierung. Was wirklich funktioniert, 2. Auflage, Wiesbaden: Springer Gabler.

Stelling, Johannes N. (2009): Kostenmanagement und Controlling, 3., unveränderte Auflage, München: Oldenbourg.

Lösungshinweise zu Aufgabe 3.1

Programmoptimierung:

Schritt 1: Bestimmung der Stückdeckungsbeiträge – Die Stückdeckungsbeiträge der drei Produkte werden aus der Differenz der Stückerlöse und der variablen Stückkosten des jeweiligen Produkts gebildet:

Produkt	A	B	C
Stückerlöse [e_i]	508 €	590 €	420 €
– variable Stückkosten [k_{vi}]	340 €	350 €	240 €
= **Stückdeckungsbeitrag [db_i]**	168 €	240 €	180 €

Alle drei Produkte weisen einen positiven Stückdeckungsbeitrag auf und tragen einen Anteil zur Verlustminderung bzw. zur Gewinnerzielung bei. Bei verfügbaren Kapazitäten sollte demzufolge jedes der drei Produkte ins Produktionsprogramm aufgenommen und bis zur jeweiligen Absatzhöchstmenge produziert werden.

Schritt 2: Überprüfung auf engpasswirksame Kapazitätsbeschränkungen – Im zweiten Schritt ist zu prüfen, ob mit der verfügbaren Anlagenlaufzeit und mit der verfügbaren Rohstoffmenge engpasswirksame Kapazitätsbeschränkungen hervorgerufen werden:

Produkt (Anlagenlaufzeit)	A	B	C
maximale Absatzmenge [m_i]	5.000 LE	4.000 LE	3.000 LE
Belegzeit der Anlage je LE [b_i]	12 min	15 min	10 min
= Anlagenbelegzeit [B_i]	60.000 min	60.000 min	30.000 min
= Anlagenbelegzeit [B] gesamt	150.000 min (2.500 Std.)		

Produkt (Rohstoffmenge)	A	B	C
maximale Absatzmenge [m_i]	5.000 LE	4.000 LE	3.000 LE
benötigte Rohstoffmenge je LE [f_i]	4 kg	4 kg	3 kg
= Rohstoffmenge [F_i]	20.000 kg	16.000 kg	9.000 kg
= Rohstoffmenge [F] gesamt	45.000 kg		

Um die Produkte A, B und C mit den Absatzhöchstmengen herstellen zu können, müssen in der Planperiode insgesamt eine Anlagenlaufzeit in Höhe von 2.500 Std. und ein Rohstoffbestand in Höhe von 45.000 kg zur Verfügung stehen. Da die Kapazitätsanforderung hinsichtlich der Anlagenlaufzeit nicht erfüllt werden kann, bestehen diesbezüglich ein betrieblicher Engpass und eine Konkurrenzsituation zwischen den drei Produkten.

Schritt 3: Ermittlung des engpassspezifischen relativen Deckungsbeitrags – Der relative Deckungsbeitrag gibt an, wie hoch mit jeder genutzten Engpasseinheit (Minute) der Anteil an der Deckung der periodischen Fixkosten ist. Dieser ergibt sich bei dem hier vorliegenden Engpass als Quotient des Stückdeckungsbeitrags und der Anlagenbelegzeit je LE eines Produkts:

Produkt	A	B	C
Stückdeckungsbeitrag [db_i]	168 €	240 €	180 €
Belegzeit der Anlage je LE [b_i]	12 min	15 min	10 min
relativer db [rdb_i]	14 €/min	16 €/min	18 €/min

Schritt 4: Festlegung der Produktionsrangfolge – Die den Engpass beanspruchenden drei Produkte werden entsprechend ihrem relativen Deckungsbeitrag in einer Rangordnung hinsichtlich der Produktionspriorität gebracht:

Produkt	A	B	C
Stückdeckungsbeitrag [db_i]	168 €	240 €	180 €
relativer db [rdb_i]	14 €/min	16 €/min	18 €/min
Produktionspriorität	3	2	1

Obwohl das Produkt C mit 180 € nur den zweitgrößten Stückdeckungsbeitrag der drei Produkte hervorbringt, wird es bei dem vorliegenden Engpass aufgrund des höchsten relativen Deckungsbeitrags mit der höchsten Produktionspriorität (Priorität 1) versehen. Das Produkt B hingegen besitzt mit 240 € den größten Stückdeckungsbeitrag, ist aufgrund seiner Engpassbelegung aber nur mit dem zweitgrößten relativen Deckungsbeitrag ausgestattet. Das optimale Produktionsprogramm für die kommende Periode wäre somit wie folgt zu gestalten:

Produkt	A	B	C
maximale Absatzmenge [m_i]	5.000 LE	4.000 LE	3.000 LE
Produktionspriorität	3	2	1
Belegzeit der Anlage je LE [b_i]	12 min	15 min	10 min

Produkt	A	B	C
Fertigungsmenge	2.500 LE	4.000 LE	3.000 LE
Anlagenbelegzeit [B_i]	30.000 min	60.000 min	30.000 min
= Anlagenbelegzeit [B] gesamt	120.000 min (2.000 Std.)		

Das Produkt C ist aufgrund seines höchsten relativen Deckungsbeitrags bevorzugt zu fertigen; für die Absatzhöchstmenge von 3.000 Leistungseinheiten werden insgesamt 30.000 Minuten [3.000 LE · 10 min/LE] der Anlagenlaufzeit in Anspruch genommen. Das Produkt B mit dem zweitgrößten relativen Deckungsbeitrag kann ebenfalls mit der Absatzhöchstmenge hervorgebracht werden; für die maximale Menge von 4.000 Leistungseinheiten wird insgesamt eine Anlagenlaufzeit in Höhe von 60.000 Minuten [4.000 LE · 15 min/LE] beansprucht. Die verbleibende Kapazität der Anlage mit noch 30.000 Fertigungsminuten wird dem Produkt mit dem geringsten relativen Deckungsbeitrag zugeordnet; das Produkt A kann dann noch mit 2.500 Leistungseinheiten hergestellt werden [30.000 min : 12 min/LE].

Deckungsbeitragsrechnung (einstufig):

	A	B	C	Summen
Fertigungs-/Absatzmenge	2.500 LE	4.000 LE	3.000 LE	9.500 LE
Gesamterlöse [E_i]	1.270.000 €	2.360.000 €	1.260.000 €	4.890.000 €
– variable Kosten [K_{vi}]	850.000 €	1.400.000 €	720.000 €	2.970.000 €
= Deckungsbeitrag [DB_i]	**420.000 €**	**960.000 €**	**540.000 €**	**1.920.000 €**
– Fixkosten [K_f]				1.000.000 €
= Nettoergebnis				**920.000 €**

Lösungshinweise zu Aufgabe 3.2
Losgrößenoptimierung: Die optimale Losgröße gibt die Mengenbündelung an, bei der die Summe aus auflagefixen und auflageproportionalen Kosten minimal ist (zur Ermittlungsformel vgl. Behrens, Feuerlohn 2018, Teil F, Kapitel 2.4.2):

Produkt	B
Jahresbedarf gem. Programmoptimierung [J]	4.000 LE
variable Produktionsstückkosten [k_v]	350 €
Umrüst- und Einrichtungskosten [u]	4.375 €
Zins- und Lagerkostensatz [j]	2,5 %
optimale Losgröße [x_{opt}]	**2.000 LE**

Lösungshinweise zu Aufgabe 3.3
Im Fokus der Erarbeitung von Entscheidungsvorlagen für das Management der MC-G steht die Fundierung von Anpassungsentscheidungen. Diese Fundierung ist eine rein kostenrechnerische, d. h., alle anderen entscheidungsrelevanten Aspekte jenseits der kostenrechnerischen Erwägungen (wie bspw. die Materialverfügbarkeit am Beschaffungsmarkt) werden (bewusst) ausgeblendet. Auch absatz- und/oder produktionsbezogene Verbundbeziehungen zwischen den Produkten bleiben bei den kostenrechnerischen Erwägungen unbeachtet. Insofern ist hier die Erarbeitung von Entscheidungsvorlagen als Ausprägung eines rein kostenorientierten Controllings zu interpretieren.

Die Erarbeitung der Entscheidungsvorlagen zu dem festzulegenden Produktionsprogramm und zur festzulegenden Losgröße ist allein an dem Ziel ausgerichtet, das Betriebsergebnis zu optimieren. Alle anderen Ziele (bspw. Rendite- oder Liquiditätsziele) bleiben unbeachtet. Den Optimierungsüberlegungen der Entscheidungsvorlagen liegen zudem vielfältige Annahmen und Prämissen zugrunde:

– Bei der Erarbeitung kostenbasierter Entscheidungsvorlagen werden im Rahmen der einzusetzenden Teilkostenrechnungssysteme lediglich entscheidungsrelevante Kosten berücksichtigt. Sofern Fixkosten einzelnen Produkten oder Produktgruppen zugeordnet werden können, erlangen sie nur im Rahmen der differenzierten kurzfristigen Erfolgsrechnungen Relevanz. Mit der Fokussierung auf die variablen Kosten wird das Problem der kalkulationsungenauen Fixkostenproportionalisierung der Vollkostenrechnungssysteme ausgeschaltet; Teilkostenrechnungssysteme sind demzufolge für die Fundierung kurzfristiger Anpassungsentscheidungen grundsätzlich eher geeignet als Vollkostenrechnungssysteme. Allerdings ist zu bedenken, dass Kosten nur sehr unscharf in fixe und variable Bestandteile aufgeteilt werden können. Zudem können Fixkosten zumindest bei mehrperiodischer Betrachtung einen variablen Charakter entfalten (wie bspw. die kalkulatorischen Abschreibungen auf technische Anlagen).

– Bei der Erarbeitung kostenbasierter Entscheidungsvorlagen wird regelmäßig angenommen, dass es sich bei den variablen Kosten um proportionale Kosten handelt. Dies ist in der betrieblichen Anwendungspraxis zumindest nicht bei allen Kostenarten zu erwarten. Zudem bereitet es in der Anwendungspraxis häufig Probleme, den gesamten Umfang der variablen Kosten vollständig und präzise zu bestimmen. Variable Gemeinkosten müssen meist willkürlich geschlüsselt werden, damit sie den einzelnen Produkten zugeordnet werden können. So ist bspw. eine präzise und verursachungsgerechte Übertragung der variablen Fertigungskosten einer von mehreren Produkten beanspruchten technischen Anlage auf die einzelnen Produkte selten möglich. In Anbetracht der betrieblichen Alltagsrealität sind neben den Annahmen linearer Kostenfunktionen und konstanter variabler Stückkosten die Annahmen linearer Erlösfunktionen und konstanter Stückerlöse gleichermaßen kritisch zu beurteilen.

– Die Entscheidungsvorlagen zur Losgrößenoptimierung sind aufgrund der vielfältigen und unrealistischen Prämissen des Optimierungsmodells mit ihrem betriebspraktischen Anwendungswert besonders kritisch zu hinterfragen. So werden bspw. Kapazitätsbeschränkungen aller Art, begrenzte Produktionsgeschwindigkeiten, Bedarfsschwankungen oder auch inkonstante Zins- und Lagerkosten im Rahmen der Optimierung nicht berücksichtigt.

Einerseits bergen die Annahmen und Prämissen solcher kostenbasierten Entscheidungsvorlagen zwar die Gefahr in sich, dass die Optimierungsüberlegungen ihren betriebspraktischen Anwendungswert verlieren können. Andererseits ermöglichen sie aber auch erst die Berechenbarkeit und die Bewältigung der verschiedenen Optimierungsherausforderungen.

Vertiefende Literatur zu Aufgabe 3

Behrens, Reinhard/Feuerlohn, Bernd (2018): Angewandtes Unternehmenscontrolling – Operative Systeme der Planung, Kontrolle und Entscheidung, Berlin et al.: De Gruyter Oldenbourg [Teil A, Abschnitt 3.4; Teil F, Abschnitte 2.1, 2.2 und 2.4].

Ewert, Ralf/Wagenhofer, Alfred (2014): Interne Unternehmensrechnung, 8., aktualisierte Auflage, Berlin Heidelberg: Springer Gabler.

Fischbach, Sven (2017): Grundlagen der Kostenrechnung, 7. Auflage, München: Vahlen.

Freidank, Carl-Christian (2012): Kostenrechnung. Grundlagen des innerbetrieblichen Rechnungswesens und Konzepte des Kostenmanagements, 9., aktualisierte Auflage, München: Oldenbourg.

Kalenberg, Frank (2013): Kostenrechnung: Grundlagen und Anwendungen – mit Übungen und Lösungen, 3. Auflage, München: Oldenbourg.

Preißler, Peter R./Preißler, Peter J. (2015): Entscheidungsorientierte Kosten- und Leistungsrechnung, 4. Auflage, Berlin et al.: De Gruyter Oldenbourg.

Wöhe, Günter/Döring, Ulrich/Brösel, Gerrit (2016): Einführung in die Allgemeine Betriebswirtschaftslehre, 26., überarbeitete und aktualisierte Auflage, München: Vahlen.

3 Fallstudie 2: Planung, Budgetierung und Entscheidung bei der Cycle GmbH

3.1 Ausgangssituation und Bearbeitungsvorschläge

Ausgangssituation

Die CYCLE GMBH ist ein mittelständischer Industriebetrieb, der sich auf die Fertigung unterschiedlicher Fahrradmodelle spezialisiert hat. Die Abteilung Forschung & Entwicklung der CYCLE GMBH hatte in 2016 als Nachwuchsprodukt das elektronisch unterstützte Seniorenfahrradmodell VITALITY mit integriertem Unterrohr-Akkumulator entwickelt. Nachdem die Geschäftsleitung die Markteinführung des Nachwuchsproduktes für das Abrechnungsjahr 2017 mit 2.300 Leistungseinheiten (LE) beschlossen hatte, wurde Herr Berkhofer, frischgebackener Absolvent des Studienganges Betriebswirtschaftslehre und erst seit wenigen Wochen im Controlling tätig, damit beauftragt, die Folgewirkungen und erforderlichen Anpassungen zu recherchieren, die sich mit der Aufnahme des Modells VITALITY in die Serienproduktion ergeben. Nach den ersten Gesprächen mit den beiden Leitern der Hauptkostenstellen Einkauf und Endmontage lokalisiert Herr Berkhofer eines der zu lösenden Hauptprobleme bei dem zu verbauenden Akkumulator, der als hochwertiges A-Material erhebliche Anpassungen der Beschaffungs- und Produktionsprozesse mit sich bringt.

Aus den Gesprächen mit Herrn Dr. Adam, Leiter der Hauptkostenstelle Einkauf, wurde deutlich, dass mit dem Fremdbezug des neuen A-Materials zugleich eine strategische Neuorientierung durch ein Global Sourcing für diese Materialklasse erfolgen sollte. Dies erforderte auch eine Neugestaltung des Lieferantenportfolios. Die gleichzeitige Umstellung auf die stärker auf Rahmenverträgen basierenden Bestellvorgänge sei nach Angaben von Dr. Adam zwar dem Bemühen um Kosteneinsparungen geschuldet, führe aber durch die Lieferantenauswahl und die zeitintensiven Verhandlungen der Rahmenverträge zu zusätzlichen Ausgaben. Aus diesem Grunde erwarte man für das Abrechnungsjahr 2017 eine Budgetaufstockung auf ca. 1 Mio. €. Das auf die Ergebnisse der Tätigkeits- und Bezugsgrößenanalyse in der Kostenstelle Einkauf für das repräsentative Abrechnungsjahr 2015 zurückgehende Budget mit knapp 877 T€ würde zur Aufgabenerfüllung keinesfalls mehr ausreichen:

https://doi.org/10.1515/9783110631043-005

Bezeichnungen		Analyseergebnisse für 2015		
Nr.	Aktivitäten	Bezugsgrößen (Kostentreiber)	Menge	Kosten (€)
1	Lieferantenbetreuung	Lieferanten	40	20.000
2	Einzelbestellungen	Bestellungen	2.500	200.000
3	Eingangskontrollen	Bestellungen	2.500	300.000
4	Verhandlung Rahmenverträge	Rahmenverträge	15	75.000
5	Bestellung aus Rahmenverträgen	Abrufe	1.200	72.000
6	Rechnungsprüfung	Eingangsrechnungen	3.700	29.600
7	Leitung Kostenstelle	–	–	180.000
			Summe	**876.600**

Für den Bezug der Akkumulatoren habe Dr. Adam bereits den Beschaffungsmarkt analysiert und einen belgischen Lieferanten aus Lüttich und einen Lieferanten in Südkorea mit Sitz in der Hafenstadt Busan ausfindig gemacht. Bei annähernd gleicher Produktqualität zeige der belgische Lieferant bzgl. der Zuverlässigkeit marginale Vorteile. Hinsichtlich der Transportkosten, des Einstandspreises und des Wechselkursänderungsrisikos offenbaren sich jedoch erhebliche Differenzen.

Die Gespräche mit dem Leiter der Hauptkostenstelle Endmontage, Herrn Kruschwitz, zeigten, dass die Aufnahme des Nachwuchsproduktes in die Serienproduktion mit dem bestehenden Produktionsfaktorbestand nicht realisierbar ist. Die in seiner Hauptkostenstelle derzeit zu montierenden vier Fahrradmodelle beanspruchen alle dieselbe Montageanlage, die pro Abrechnungsjahr mit nur 3.200 Std. zur Verfügung steht – und vom Modell VITALITY nun noch zusätzlich belegt werden würde. In den vergangenen Abrechnungsperioden habe Kruschwitz das Produktionsprogramm auf der Basis folgender Daten geplant:

Produktmodelle	Modell A (Sport)	Modell B (Mountain)	Modell C (Damen)	Modell D (Herren)
Stückerlöse [€]	440	520	410	310
variable Stückkosten [€]	230	300	250	320
maximale Absatzmenge [LE]	2.500	3.800	3.000	4.000
Belegzeit der Anlage je LE	30 min	25 min	25 min	15 min

Daneben sei für den Verbau des Akkumulators als integrierter Unterrohr-Akku ein halbautomatischer Montageplatz mit einem erheblichen Investitionsvolumen erforderlich. Kruschwitz habe im Rahmen seiner Beschaffungsmarktanalyse bereits zwei vergleichbare Investitionsobjekte identifiziert. Beide Montageplätze zeigten bei gleicher betriebsgewöhnlicher Nutzungsdauer und identischer Kapazität unterschiedliche Anschaffungskosten und Restwerte, sowie ungleiche Kostenstrukturen:

Merkmal	Montageplatz A	Montageplatz B
Nutzungsdauer [Jahre]	6	6
Anschaffungskosten [€]	300.000	340.000
Restwert nach Nutzungsdauer [€]	30.000	40.000
Anlagenkapazität pro Jahr [LE]	5.000	5.000
variable Kosten bei Kapazitätsauslastung [€]	200.000	150.000
fixe Kosten pro Jahr (ohne Kapitalkosten) [€]	10.000	20.000

Schon aus diesen ersten Gesprächen wird Herrn Berkhofer deutlich, dass die vorgesehene Serienproduktion des Nachwuchsproduktes VITALITY vielfältige und vernetzte Folgewirkungen hervorbringt, die eine differenzierte Koordination erfordern.

Bearbeitungsvorschläge – Überblick

Aufgabe 1:   *Operative Planungsinstrumente*
Aufgabe 1.1:   Nutzwertanalyse
Aufgabe 1.2:   Kostenvergleichsrechnung
Aufgabe 1.3:   Kritische Reflexion

Aufgabe 2:   *Operative Budgetierung*
Aufgabe 2.1:   Ermittlung von Teilprozessgrößen
Aufgabe 2.2:   Prozessorientierte Budgetermittlung
Aufgabe 2.3:   Kritische Reflexion

Aufgabe 3:   *Operative Entscheidungsrechnungen*
Aufgabe 3.1:   Produktionsprogrammoptimierung
Aufgabe 3.2:   Optimierung bei Preisuntergrenzen
Aufgabe 3.3:   Kritische Reflexion

Bearbeitungsvorschläge – Aufgabenstellungen

Aufgabe 1: Die Beschaffungsmarktanalysen der beiden Hauptkostenstellenleiter Dr. Adam und Kruschwitz bilden beschaffungsseitig die Grundlage für die Lieferantenauswahl und produktionsseitig die Grundlage für die Auswahl des Investitionsobjektes:

1.1 Erarbeiten Sie für Herrn Berkhofer zwecks Auswahl des Lieferanten für die Akkumulatoren eine Nutzwertanalyse! Die Gewichtungen von mindestens vier relevanten Teilzielen und die Punktwertzuordnungen können – bitte sachlogisch konsistent – nach eigenem Ermessen erfolgen. Erläutern Sie Ihre Selektionen und Bewertungen.

1.2 Nehmen Sie für Herrn Berkhofer eine Auswahl des zu beschaffenden halbautomatischen Montageplatzes mithilfe einer Kostenvergleichsrechnung vor! Verwenden Sie hierbei einen Kalkulationszinssatz in Höhe von 5 % p.a. Bei welcher Leistungsmenge wäre ein Wechsel der Vorteilhaftigkeit feststellbar?

1.3 Unterziehen Sie Ihre Entscheidungsvorlagen (aus den Teilaufgaben 1.1 und 1.2) einer ausführlichen kritischen Würdigung, insbesondere in Bezug auf den betriebspraktischen Anwendungswert!

Aufgabe 2: In Anbetracht der im Rahmen eines Global Sourcings geplanten Erhöhung der Rahmenvertragsanzahl und der Abrufe aus den Rahmenverträgen wäre gemäß den Recherchen von Herrn Berkhofer für das Abrechnungsjahr 2017 in der Hauptkostenstelle Einkauf von folgenden Prozessmengen auszugehen:

Bezeichnungen		Planung für 2017	
Nr.	Aktivitäten	Bezugsgrößen (Kostentreiber)	Menge
1	Lieferantenbetreuung	Lieferanten	40
2	Einzelbestellungen	Bestellungen	1.200
3	Eingangskontrollen	Bestellungen	1.200
4	Verhandlung Rahmenverträge	Rahmenverträge	30
5	Bestellung aus Rahmenverträgen	Abrufe	2.500
6	Rechnungsprüfung	Eingangsrechnungen	3.700

2.1 Ermitteln Sie zunächst alle Teilprozesse und alle Teilprozessgrößen für das Abrechnungsjahr 2015!

2.2 Planen Sie auf Basis der Teilprozessgrößen für 2015 ein prozessorientiertes Budget für das Abrechnungsjahr 2017! Stellen Sie Ihrem ermittelten Budget für 2017 das Budget aus 2015 sowie die Budgetforderung der Kostenstellenleitung gegenüber und bestimmen Sie die Differenzen.

2.3 Unterziehen Sie Ihre Ergebnisse (aus den Teilaufgaben 2.1 und 2.2) und Ihre vergleichende Budgetprüfung einer ausführlichen kritischen Würdigung!

Aufgabe 3: In der Hauptkostenstelle Endmontage sind derzeit vier Fahrradmodelle zu bearbeiten, die alle dieselbe Montageanlage beanspruchen. Auch das Nachwuchsprodukt VITALITY würde an dieser Montageanlage mit einer erforderlichen Anlagenbelegzeit in Höhe von 20 min/LE gefertigt.

3.1 Führen Sie für Herrn Berkhofer zunächst eine Programmoptimierung in Bezug auf die derzeit zu montierenden vier Fahrradmodelle durch! Ermitteln Sie den entsprechenden Periodendeckungsbeitrag der einzelnen Produkte sowie insgesamt.

3.2 Integrieren Sie nun das Nachwuchsprodukt VITALITY in Ihre Optimierungsüberlegungen. Bestimmen Sie eine kostenrechnerisch begründete Preisuntergrenze, bis zu der die Cycle GmbH die Serienproduktion des Nachwuchsproduktes aufnehmen sollte, wenn mit der Herstellung des Nachwuchsproduktes variable Stückkosten in Höhe von 570 €/LE entstehen! Bestimmen Sie auch das optimale

Produktionsprogramm ab der Preisuntergrenze. Zeigen Sie mithilfe des entsprechenden Periodendeckungsbeitrages, warum die Preisuntergrenze einen kritischen Absatzpreis darstellt.

3.3 Unterziehen Sie Ihre Entscheidungsvorlagen (aus den Teilaufgaben 3.1 und 3.2) einer ausführlichen kritischen Würdigung, insbesondere in Bezug auf den betriebspraktischen Anwendungswert!

3.2 Lösungshinweise mit weiterführenden Literaturangaben

Lösungshinweise zu Aufgabe 1.1

Exemplarische Nutzwertanalyse:

Teilziele und Gewichtungen		Lieferanten für Akkumulatoren			
		Handlungsalternative 1: Lieferant aus Belgien		Handlungsalternative 2: Lieferant aus Südkorea	
Teilziel	Gewichtung (K)	Punktwert (B)	Teilnutzen (B · K)	Punktwert (B)	Teilnutzen (B · K)
Zuverlässigkeit	20 %	6	1,2	5	1,0
Einstandspreis	30 %	2	0,6	8	2,4
Transportkosten	30 %	7	2,1	2	0,6
Kursänderungsrisiko	20 %	9	1,8	3	0,6
Gesamt:	**100 %**	**Nutzen gesamt:**	**5,7**	**Nutzen gesamt:**	**4,6**

Die Rangordnung der Vorzugswürdigkeit würde in dieser exemplarischen Nutzwertanalyse wie folgt festgelegt werden:
– Rangplatz 1: Handlungsalternative 1 – Lieferant aus Belgien
– Rangplatz 2: Handlungsalternative 2 – Lieferant aus Südkorea.

Erläuterungen und Begründungen:

Zur Präzisierung des Oberziels (Auswahl des Lieferanten für die Akkumulatoren) erfolgt zunächst eine Festlegung relevanter Teilziele. Der Fallbeschreibung folgend sollten dies die Teilziele Zuverlässigkeit, Einstandspreis, Transportkosten und Wechselkursänderungsrisiko sein. Da beide Lieferanten mit annähernd gleicher Produktqualität aufwarten können, bleibt dieses Teilziel hier unbeachtet. Mit dem Strategiewechsel zu einem Global Sourcing und mit den stärker auf Rahmenverträgen basierenden Bestellvorgängen sollen nach Angaben von Dr. Adam Kosteneinsparungen realisiert werden. Demzufolge werden die beiden Teilziele bzgl. der unmittelbaren Beschaffungskosten (Materialeinstandspreis und Transportkosten) mit jeweils 30 % gleichgewichtet. Da die Beschaffungskosten durch die Lieferantenzuverlässigkeit und durch eine Wechselkursänderung der beteiligten Währungen nur indirekt und zumeist nur mittelfristig beeinflusst werden, sind diese Teilziele mit einem nur 20 %-igen Bedeutungsgewicht versehen. Zur Ermittlung des bewerteten Zielerreichungsgrades wird eine Bewertungsskala mit den möglichen Punktwerten von 0 bis 10 herangezogen.

Die Punktbewertungen der beiden Lieferantenalternativen gehen – der Fallbeschreibung folgend – davon aus, dass

- der belgische Lieferant bzgl. der Zuverlässigkeit marginale Vorteile aufweist,
- der Lieferant aus Südkorea mit Sitz in der Hafenstadt Busan aufgrund der größeren Entfernung vom Sitz der Cycle GmbH im Vergleich zum belgischen Lieferanten deutlich höhere Transportkosten verursacht,
- der Lieferant aus Südkorea aufgrund des erheblich geringeren Lohnkostenniveaus im Vergleich zu dem belgischen Lieferanten signifikante Vorteile bzgl. des Einstandspreises aufweist,
- das Wechselkursänderungsrisiko beim südkoreanischen Lieferanten deutlich höher ausfällt, zumal bei dem in der Eurozone ansässigen Lieferanten aus Belgien dieses Risiko faktisch nicht gegeben ist.

Durch die Multiplikation der Punktwerte mit den zugeordneten Gewichtungsfaktoren ergeben sich für die jeweiligen Handlungsalternativen bezüglich der Teilziele die sogenannten Teilnutzenwerte, die durch Addition zum (Gesamt-) Nutzenwert zusammengezogen werden. Abschließend wird die Rangordnung der Handlungsalternativen abgeleitet. Auf der Basis der hier vorgeschlagenen Bewertungen wäre der Lieferant aus Belgien als optimaler Lieferant einzustufen.

Lösungshinweise zu Aufgabe 1.2
Kostenvergleichsrechnung:

Merkmale	Alternative A	Alternative B
variable Stückkosten [€/LE]	40	30
Variable Kosten (für die Herstellmenge in Höhe von 2.300 LE) [€]	92.000	69.000
fixe Kosten pro Jahr (ohne Kapitalkosten) [€]	10.000	20.000
kalkulatorische Abschreibungen pro Jahr [€]	45.000	50.000
kalkulatorische Zinsen pro Jahr [€]	8.250	9.500
gesamte Fixkosten pro Jahr [€]	63.250	79.500
Gesamtkosten [€]	**155.250**	**148.500**

Aufgrund ihrer niedrigeren durchschnittlichen Gesamtkosten (mit einem Kostenvorteil in Höhe von 6.750 €) ist die Investitionsalternative B die zu präferierende Alternative.

Wechsel der Vorteilhaftigkeit:

Ausgehend von proportionalen variablen Kosten sowie absolut-fixen Kosten können für die beiden Investitionsalternativen die linearen Kostenfunktionen (in Abhängigkeit der Leistungsmenge x als Maßstab für die Beschäftigung) aufgestellt werden:

$$K_{A(x)}: \text{Kostenfunktion der Investitionsalternative A}$$
$$K_{B(x)}: \text{Kostenfunktion der Investitionsalternative B}$$
$$K_{A(x)} = 40 \cdot x + 63.250 \qquad K_{B(x)} = 30 \cdot x + 79.500$$

Der Wechsel der Vorteilhaftigkeit bzgl. der zu präferierenden Investitionsalternative ist bei der Leistungsmenge feststellbar, bei der für beide Investitionshandlungsalternativen die gleichen durchschnittlichen Gesamtkosten resultieren:

$$K_{A(x)} = K_{B(x)}\,; \qquad \text{d. h.} \quad x = 1.625\,\text{LE}$$

Bei der Kapazitätsauslastung in Höhe von ca. 1.625 LE ist der Wechsel der Vorteilhaftigkeit gegeben („kritische Menge"), weil unterhalb dieser Leistungsmenge die Investitionsalternative A mit geringeren Gesamtkosten verbunden wäre.

Lösungshinweise zu Aufgabe 1.3
Nutzwertanalyse:

Die Nutzwertanalyse soll den Zielen dienen, aus einer vorgegebenen Menge möglicher Beschaffungsalternativen eine optimale Beschaffungsalternative herauszufiltern, sowie die Grundlagen für die Ermittlung der Vorzugswürdigkeit einer Beschaffungsalternative transparent zu gestalten. Der Vorteil der Nutzwertanalyse gegenüber anderen Entscheidungsverfahren liegt im Wesentlichen darin, dass im Rahmen dieses Verfahrens nicht nur quantifizierbare Größen, sondern auch nicht-quantifizierbare Größen berücksichtigt werden können. Dieser Sachverhalt ist hier insofern relevant, weil nicht alle Handlungskonsequenzen der in einer Entscheidungssituation vorhandenen zielrelevanten Handlungsalternativen z. B. in quantitativen monetären Größen (oder in einer anderen Quantifizierungsdimension) darstellbar sind (bspw. die Produktqualität). Dabei ist jedoch zu bedenken, dass die Teilzielauswahl und die Teilzielgewichtungen fast ausschließlich erfahrungsgestützte, häufig situativ bedingte und weitestgehend subjektive Prozesse darstellen. Auch die Punktbewertungen der Alternativen sind ohne absolute Aussagekraft. Zudem fließen verschiedene Bewertungskriterien in die Nutzwertanalyse gar nicht oder in nur rudimentärem Maße ein, wie bspw.

- die Zusammenhänge zwischen Bestellmengen und mittelbaren sowie unmittelbaren Beschaffungskosten (bspw. aufgrund von Mindermengenzuschlägen oder Mengenrabatt);
- die Zusammenhänge zwischen den Bestellmengen und den gesamten Kosten der Lagerhaltung und -bewirtschaftung (teilweise in Abhängigkeit der genutzten Lagerraumkapazität);
- die geopolitischen Stabilitätsrisiken und die Auswirkungen solcher Stabilitätsrisiken auf die Lieferbereitschaftsgrade der potenziellen Lieferanten.

Vor dem Hintergrund des Ermessensspielraumes bei der Auswahl der Bewertungskriterien und in Anbetracht der Bewertungsspielräume bei der Gewichtung der Kriterien und der Punktbewertungen der Alternativen bestehen die potenziellen Gefahren, dass die Ermittlung der Entscheidungsvorlage von vornherein auf der Basis einer stark ergebnisgeleiteten Bewertung erfolgt.

Kostenvergleichsrechnung:

Auch die Kostenvergleichsrechnung soll den Zielen dienen, aus einer vorgegebenen Menge möglicher Investitionsalternativen eine optimale Alternative herauszufiltern, sowie die Grundlagen für die Ermittlung der Vorzugswürdigkeit einer Investitionsalternative transparent zu gestalten. Der Vorteil der Kostenvergleichsrechnung gegenüber anderen Auswahlverfahren liegt im Wesentlichen darin, dass im Rahmen dieses Verfahrens die in einer Entscheidungssituation vorhandenen zielrelevanten Handlungsalternativen mittels monetärer Größen relativ einfach quantifiziert werden können. Doch auch hier ist zu bedenken, dass verschiedene Bewertungskriterien in die Kostenvergleichsrechnung gar nicht oder nur in rudimentärem Maße einfließen, wie bspw.

– der Grad der Repräsentativität der ausgewählten Abrechnungsperiode und der damit herangezogenen Daten, wie bspw. Nutzungsdauer und Kostenstruktur;
– der Zeitwert des Geldes aufgrund der eigentlich erforderlichen mehrperiodischen und zahlungsstrombezogenen Betrachtung der Handlungsalternativen;
– die gewünschte langfristige Entwicklung des Potenzialfaktorbestandes der Cycle GmbH.

Vertiefende Literatur zu Aufgabe 1

Behrens, Reinhard/Feuerlohn, Bernd (2018): Angewandtes Unternehmenscontrolling – Operative Systeme der Planung, Kontrolle und Entscheidung, Berlin et al.: De Gruyter Oldenbourg [Teil B, Abschnitt 3.1].
Fischer, Thomas M./Möller, Klaus/Schultze, Wolfgang (2015): Controlling – Grundlagen, Instrumente und Entwicklungsperspektiven, 2. Auflage, Stuttgart: Schäffer-Poeschel.
Jung, Hans (2014): Controlling, 4. aktualisierte Auflage, München: Oldenbourg.
Lorson, Peter/Quick, Reiner/Wurl, Hans-Jürgen (2013): Grundlagen des Controllings, Weinheim: Wiley-VCH.
Weber, Jürgen/Schäffer, Utz (2016): Einführung in das Controlling, 15., überarbeitete und aktualisierte Auflage, Stuttgart: Schäffer-Poeschel.

Lösungshinweise zu Aufgabe 2.1

Teilprozesse und Teilprozessgrößen für das Abrechnungsjahr 2015:

Zunächst ist eine Zusammenfassung der Aktivitäten mit gleichem Kostentreiber zu Teilprozessen vorzunehmen (hier: Aktivitäten 2 und 3 zu Teilprozess 2), sowie die Summen der lmi- und der lmn-Kosten zu ermitteln:

Bezeichnungen		Analyseergebnisse für 2015		
Nr.	Teilprozesse	Kostentreiber	Menge	Kosten (€)
1	Lieferantenbetreuung	Lieferanten	40	20.000
2	Einzelbestellungen & Eingangskontrollen	Bestellungen	2.500	500.000
3	Verhandlung Rahmenverträge	Rahmenverträge	15	75.000
4	Bestellung aus Rahmenverträgen	Abrufe	1.200	72.000
5	Rechnungsprüfung	Eingangsrechnungen	3.700	29.600
		Summe lmi-Kosten		**696.600**
6	Leitung Kostenstelle	–	–	180.000
		Summe lmn-Kosten		**180.000**
		Summe Kosten gesamt		876.600

Anschließend ist die Ermittlung der lmi-Teilprozesskostensätze (lmi-TPKS) durchzuführen, indem für die fünf lmi-Teilprozesse jeweils die Teilprozesskosten durch die Prozessmengen dividiert werden (s. u.). Dann erfolgt die Ermittlung der Prozessumlagesätze (PUS):

$$\text{Prozessumlagesatz PUS 1:} \quad \frac{180.000\,€}{696.600\,€} \cdot 500\,€/ME = 129,20\,€/ME$$

$$\text{Prozessumlagesatz PUS 2:} \quad \frac{180.000\,€}{696.600\,€} \cdot 200\,€/ME = 51,68\,€/ME$$

$$\text{Prozessumlagesatz PUS 3:} \quad \frac{180.000\,€}{696.600\,€} \cdot 5.000\,€/ME = 1.291,99\,€/ME$$

$$\text{Prozessumlagesatz PUS 4:} \quad \frac{180.000\,€}{696.600\,€} \cdot 60\,€/ME = 15,50\,€/ME$$

$$\text{Prozessumlagesatz PUS 5:} \quad \frac{180.000\,€}{696.600\,€} \cdot 8\,€/ME = 2,07\,€/ME$$

Die gesamten Teilprozesskostensätze (TPKS) ergeben sich jeweils durch Addition der lmi-Teilprozesskostensätze (lmi-TPKS) und der zugehörigen lmn-Umlagesätze (PUS):

Bezeichnungen		Teilprozessgrößen für 2015 (€)			
Nr.	Teilprozesse	Kostentreiber	lmi-TPKS	PUS	TPKS
1	Lieferantenbetreuung	Lieferanten	500,00	129,20	629,20
2	Einzelbestellungen & Eingangskontrollen	Bestellungen	200,00	51,68	251,68
3	Verhandlung Rahmenverträge	Rahmenverträge	5.000,00	1.291,99	6.291,99
4	Bestellung aus Rahmenverträgen	Abrufe	60,00	15,50	75,50
5	Rechnungsprüfung	Eingangsrechnungen	8,00	2,07	10,07
		Summen	**5.768,00**	**1.490,44**	**7.258,44**

Lösungshinweise zu Aufgabe 2.2

Prozessorientiertes Budget für das Abrechnungsjahr 2017:

Auf der Basis der Teilprozesskostensätze gelangt bei geänderten Prozessmengen zu den nachfolgend aufgeführten Teilprozesskosten und zu einem Budgetansatz in Höhe von ca. 742 T€:

Bezeichnungen		Teilprozessgrößen für 2017			
Nr.	Teilprozesse	Kostentreiber	TPKS(€)	Mengen	Budgetansatz (€)
1	Lieferantenbetreuung	Lieferanten	629,20	40	25.168,00
2	Einzelbestellungen & Eingangskontrollen	Bestellungen	251,68	1.200	302.016,00
3	Verhandlung Rahmenverträge	Rahmenverträge	6.291,99	30	188.759,70
4	Bestellung aus Rahmenverträgen	Abrufe	75,50	2.500	188.750,00
5	Rechnungsprüfung	Eingangsrechnungen	10,07	3.700	37.259,00
		Kostenbudget für das Abrechnungsjahr 2017			741.952,70

Gegenüberstellung der Budgets:

Eine Erhöhung der Rahmenvertragsanzahl und der Abrufe aus den Rahmenverträgen führt zu folgenden Veränderungen bei den Budgetansätzen (für 2015 resultiert durch Verwendung der gerundeten TPKS eine Rundungsdifferenz in Höhe von 6,85 €):

Bezeichnungen		Budgets im Vergleich (€)		
Nr.	Teilprozesse	TPKS	Budget 2015	Budget 2017
1	Lieferantenbetreuung	629,20	25.168,00	25.168,00
2	Einzelbestellungen & Eingangskontrollen	251,68	629.200,00	302.016,00
3	Verhandlung Rahmenverträge	6.291,99	94.379,85	188.759,70
4	Bestellung aus Rahmenverträgen	75,50	90.600,00	188.750,00
5	Rechnungsprüfung	10,07	37.259,00	37.259,00
	Budgetsummen		876.606,85	741.952,70

Die Kostenstellenleitung fordert gemäß dem Fortschreibungsgedanken eine Budgetaufstockung um 123.400 € (ca. 14 %). Die prozessorientierte Budgetermittlung zeigt gegenüber dem Budget von 2015 jedoch ein Reduktionspotenzial von ca. 134.600 € (ca. 15 %). Budgetforderung der Kostenstellenleitung und prozessorientierter Budgetansatz liegen also um ca. 258 T€ auseinander; diese Differenz entspricht fast 30 % des Budgets von 2015.

Lösungshinweise zu Aufgabe 2.3

Aspekte einer kritischen Würdigung:

– Transparenz: Das besondere Merkmal des Prozesskostenansatzes und der prozessorientierten Budgetierung ist die kostenstellenübergreifende Betrachtung. Die Prozesskostenrechnung bietet die Möglichkeit, den Grad der Kapazitätsauslastung, die durch die einzelnen Teilprozesse beanspruchten Produktionsfaktoren und letztlich die Kosteneinsätze transparenter zu gestalten. So drückt der gesamte Teilprozesskostensatz (TPKS) aus, was die einmalige Inanspruchnahme eines Teilprozesses kostet, wenn die leistungsmengeninduzierten und die umgelegten leistungsmengenneutralen Kosten verrechnet werden. Mit der Verdichtung von Teil- zu Hauptprozessen werden betriebliche Abläufe mit ihren Ressourcenverbräuchen transparent und kostenstellenübergreifende Zusammenhänge auch für die Budgetierung erkennbar. Die kostenrechnerische Gesamtsicht auf das betriebliche Handeln bleibt erhalten und wird nicht – wie bei der funktionsorientierten traditionellen Kostenrechnung – zerschlagen. Dies kann dazu beitragen, das stellenbezogene Denken bei der Budgetierung und die Schnittstellenprobleme zwischen verschiedenen Abteilungen zu überwinden, die insbesondere in der kostenstellen- und bereichsübergreifenden Koordination zu sehen sind. Die erhöhte Kostentransparenz kann allerdings auch zu innerorganisatorischen Meinungsverschiedenheiten führen, insbesondere bei unzureichender Prozessverantwortung oder bei unzureichendem prozessorientierten Denken.

- Evaluation von Kostensenkungsmaßnahmen: Durch die konsequente prozessbezogene Sichtweise kann im Rahmen der Kostenstellenplanung die Diskussion versachlicht werden, da sich die geplanten Kosteneinsätze allein nach den geplanten Prozessmengen der leistungsmengeninduzierten Prozesse richten sollen. Infolge dieser Kosten- und Leistungstransparenz kann der Prozesskostenansatz einerseits zu einer gezielten Evaluation von Kostensenkungsmaßnahmen beitragen. Andererseits kann ein kostenbewusstes Handeln bezüglich der Inanspruchnahme gemeinkostenverursachender Ressourcen und im Hinblick auf die konkrete Leistungserstellung und -bereitstellung forciert werden.
- Planung betrieblicher Ressourcen: Der oben aufgeführte Vergleich der prozessorientierten mit der kostenstellenbezogenen Budgetierung kann aufzeigen, dass eine prozessorientierte Budgetierung im Vergleich zur inputorientierten Budgetierung eine zielgerichtete und detailliertere Planung betrieblicher Ressourcen ermöglicht. Rein inputorientiert ermittelten Budgets mangelt es grundsätzlich an angemessenem Leistungsbezug. Da die prozessorientierte Budgetierung mit ihrem Prozessbezug eine outputorientierte Perspektive für die Mittelzuweisung entwerfen kann, bietet sich zur Überprüfung der Sachgerechtigkeit der inputorientiert ermittelten Budgets ein Abgleich mit den prozessorientiert ermittelten Budgets an.
- Proportionalisierung der fixen Gemeinkosten: Zu bedenken ist allerdings, dass die Prozesskostenrechnung und die prozessorientierte Budgetierung nicht ohne eine pauschale Schlüsselung der Gemeinkosten auskommen. Auch in der Prozesskostenrechnung wird der den Vollkostenrechnungssystemen innewohnende Fehler der Fixkostenproportionalisierung nicht vollständig eliminiert. An die Stelle der herkömmlichen Gemeinkostenverteilung in der traditionellen Vollkostenrechnung tritt hier das Verrechnen auf Basis mengen- oder zeitbezogener

Leistungsdaten. Dies wird zumindest dann ungenau, wenn in einzelnen Kostenstellen ein relativ hoher fixer Gemeinkostenanteil vorliegt, der gemäß der Logik der Zuschlagskalkulation über Prozessumlagesätze (PUS) auf die leistungsmengeninduzierten Teilprozesse verteilt werden muss. Neben der problematischen Schlüsselung der fixen Gemeinkosten wird zudem ein einfacher proportionaler Zusammenhang zwischen einer als Kostentreiber ausgewählten Bezugsgröße und den Prozesskosten unterstellt. Zudem wird von einer eindeutigen Abgrenzbarkeit von Prozessen und zurechenbaren Prozesskosten, sowie von der Abhängigkeit der Prozesskosten von nur einer Bezugsgröße ausgegangen. Aufgrund der Fokussierung des Prozesskostenansatzes auf repetitive und gut strukturierte Abläufe eignet sich eine prozessorientierte Budgetierung nicht für innovative, kreative oder dispositive Tätigkeitsbereiche. Sie kann also bei der Prüfung der Sachgerechtigkeit der Fortschrittsbudgetierung indirekter Bereiche, wie bspw. in den Bereichen der Forschung und Entwicklung oder der Unternehmensführung, nur bedingt unterstützen.

– Aufwand für eine prozessorientierte Budgetierung: Bei der Überprüfung der Sachgerechtigkeit der inputorientiert ermittelten Budgets durch Abgleich mit den prozessorientiert ermittelten Budgets ist zudem der relativ hohe Aufwand für eine Budgetierung auf Basis der Prozesskostenrechnung zu bedenken. Hier ist einerseits der mit der Tätigkeits- und Bezugsgrößenanalyse verbundene hohe Einführungsaufwand zu beachten. Andererseits ist ein relativ hoher Nutzungsaufwand feststellbar, bspw. bedingt durch die permanente Pflege des Prozessmodells und durch das relativ hohe Datenvolumen, das erhoben und verarbeitet werden muss.

Vertiefende Literatur zu Aufgabe 2

Behrens, Reinhard/Feuerlohn, Bernd (2018): Angewandtes Unternehmenscontrolling – Operative Systeme der Planung, Kontrolle und Entscheidung, Berlin et al.: De Gruyter Oldenbourg [Teil C, Abschnitte 4.2, 4.3 und 4.4].

Coenenberg, Adolf G./Fischer, Thomas M./Günther, Thomas (2016): Kostenrechnung und Kostenanalyse, 9., überarbeitete Auflage, Stuttgart: Schäffer-Poeschel.

Götze, Uwe (2010): Kostenrechnung und Kostenmanagement, 5., verbesserte Auflage, Berlin Heidelberg: Springer.

Posluschny, Peter/Treuner, Felix (2009): Prozesskostenmanagement. Instrumente und Anwendungen: mit Fallbeispielen und Übungen. München: Oldenbourg.

Remer, Detlef (2005): Einführen der Prozesskostenrechnung. Grundlagen, Methodik, Einführung und Anwendung der verursachungsgerechten Gemeinkostenzurechnung. 2., überarbeitete und erweiterte Auflage, Stuttgart: Schäffer-Poeschel.

Rieg, Robert (2015): Planung und Budgetierung. Was wirklich funktioniert, 2. Auflage, Wiesbaden: Springer Gabler.

Lösungshinweise zu Aufgabe 3.1

Programmoptimierung:

Produkt	A	B	C	D
db [€]	210	220	160	−10
gesamte Belegzeit der Anlage	75.000 min	95.000 min	90.000 min	−
relativer db [€/min]	7,00	8,80	6,40	−
Priorität	2	1	3	−
Belegzeit der Anlage gem. Engpasssteuerung	75.000 min	95.000 min	22.000 min	−
Herstellmengen [LE]	**2.500**	**3.800**	**880**	**0**

Produkt D fällt wegen seines negativen db von vornherein aus dem Produktionsprogramm heraus. Die benötigte gesamte Anlagenbelegzeit für die Produktion der Absatzhöchstmengen der Produkte A, B und C beträgt 260.000 Minuten. In der hier gegebenen Situation sind lediglich 192.000 Minuten (= 3.200 Std.) verfügbar, so dass bereits vor der Kenntnisnahme der Aufnahme des Nachwuchsproduktes in die Serienfertigung ein Engpass vorlag. Die Produkte A und B können den Engpass mit den Absatzhöchstmengen durchlaufen und beanspruchen die Anlage gemeinsam mit 170.000 min. Produkt C wird in der Produktionsrangfolge mit geringster Priorität berücksichtigt; es kann aufgrund des vorliegenden Engpasses mit nur 880 Leistungseinheiten [22.000 min : 25 min/LE] hervorgebracht werden.

Periodendeckungsbeitrag:

Produkt	A	B	C
db [€]	210	220	160
Herstellmengen [LE]	2.500	3.800	880
Periodendeckungsbeiträge [€]	**525.000**	**836.000**	**140.800**
Summe DB [€]		**1.501.800**	

Lösungshinweise zu Aufgabe 3.2

Preisuntergrenze:

Das Nachwuchsprodukt VITALITY (= Produkt N) soll gemäß Beschluss der Geschäftsleitung in der nächsten Periode mit einem Umfang von 2.300 Leistungseinheiten produziert werden. Mit der Herstellung des Produktes N entstehen variable Stückkosten in Höhe von 570 €/LE und die Anlagenbelegzeit beträgt 20 min/LE. Es soll die Preisuntergrenze bestimmt werden, bis zu der die Cycle GmbH die Serienproduktion des Nachwuchsproduktes aus rein kostenrechnerischer Perspektive aufnehmen sollte. Hierzu wird zunächst berechnet, welche Produkte in welcher Menge verdrängt werden müssen, um die Serienproduktion des Produktes N realisieren zu können:

$$B_N = eq_N \cdot b_N = 2.300\,LE \cdot 20\,min = 46.000\,min$$

Bei einer Auftragsmenge von 2.300 Leistungseinheiten nimmt Produkt N die Anlagenkapazität mit 46.000 Minuten in Anspruch. Produkt C besitzt den geringsten relativen Deckungsbeitrag und wäre mit höchster Priorität zu eliminieren. Da die Engpassbelastung von Produkt C insgesamt 22.000 Minuten beträgt, würde Produkt C in einem Umfang von 880 Leistungseinheiten [22.000 min : 25 min/LE], also vollständig verdrängt werden. Mit jeder nicht produzierten Einheit des Produktes C kann der entsprechende Stückdeckungsbeitrag nicht erwirtschaftet werden; die Opportunitätskosten in Bezug auf Produkt C ergeben sich damit wie folgt:

$$K_{o1;N} = q_C \cdot db_C = 880\,LE \cdot 160\,€ = 140.800\,€$$

Der verbleibende Laufzeitbedarf mit 24.000 Minuten geht zu Lasten der Produktionszeit des mit zweiter Produktionspriorität ausgestatteten Produktes A. Hier werden 800 Leistungseinheiten [24.000 min : 30 min/LE] verdrängt. Mit jeder nicht produzierten Einheit des Produktes A kann der entsprechende Stückdeckungsbeitrag nicht erwirtschaftet werden; die Opportunitätskosten in Bezug auf Produkt A ergeben sich damit wie folgt:

$$K_{o2;N} = q_A \cdot db_A = 800\,LE \cdot 210\,€ = 168.000\,€$$

Werden 2.300 Leistungseinheiten von Produkt N gefertigt, entstehen durch die verdrängten Produkte Opportunitätskosten in Höhe von 308.800 €:

$$K_{o;N} = K_{o1;N} + K_{o2;N} = 308.800\,€$$

Unter Berücksichtigung der entstehenden Opportunitätskosten und den variablen Kosten ist die kurzfristige Preisuntergrenze (PUG) mit 704,26 €/LE festzulegen:

variable Kosten	$K_{v;N}$	2.300 LE · 570 €		1.311.000,00 €
Verdrängung DB_i	C	880 LE · 160 €	140.800 €	
	A	800 LE · 210 €	168.000 €	308.800,00 €
				1.619.800,00 €
PUG	**N**	**1.619.800 € : 2.300 LE**		**704,26 €**

Ausgehend von den variablen Stückkosten (in Höhe von 570 €/LE) und den Opportunitätsstückkosten ergibt sich die kurzfristige Preisuntergrenze (PUG) wie folgt:

$$PUG_N = k_{v;N} + k_{o;N} = 570,00€/LE + 134,26\,€/LE = 704,26\,€/LE$$

Optimales Produktionsprogramm ab der Preisuntergrenze:

Ab der Preisuntergrenze setzte sich das optimale Produktionsprogramm wie folgt zusammen:

Produkt	A	B	C	N
db [€]	210,00	220,00	160,00	134,26
relativer db [€/min]	7,00	8,80	6,40	6,71
Belegzeit der Anlage je LE	30 min	25 min	25 min	20 min
Herstellmengen [LE]	**1.700**	**3.800**	**0**	**2.300**
Belegzeit der Anlage	51.000 min	95.000 min	–	46.000
Belegzeit der Anlage ges.	192.000 min			

Preisuntergrenze und Periodendeckungsbeitrag:

Die Preisuntergrenze sagt aus, dass der Engpass zu Gunsten der verdrängenden 2.300 Leistungseinheiten von Produkt N genutzt werden sollte, solange der Absatzpreis von Produkt N nicht unter 704,26 €/LE liegt. Sofern der Absatzpreis unter diese Preisuntergrenze fällt, wäre es rein kostenrechnerisch vorteilhafter, wenn der Engpass mit den zuvor verdrängten 800 Einheiten von Produkt A und den zuvor verdrängten 880 Einheiten von Produkt C beansprucht würde. Die Cycle GmbH sollte die Produktion von 2.300 Leistungseinheiten des Produkts N also nur dann aufnehmen, wenn die Preisuntergrenze von 704,26 € pro produzierter Einheit nicht unterschritten wird. Anderenfalls sollte das ursprüngliche Produktionsprogramm realisiert werden. Die Preisuntergrenze des Nachwuchsproduktes stellt somit jenen kritischen Preis dar, bei dessen Unterschreitung die Produktion des ursprünglichen Produktionsprogramms die vorteilhaftere Alternative repräsentiert. Demnach erwirtschaften beide Alternativen denselben Gesamtdeckungsbeitrag, wenn der Verkaufspreis von Produkt N bis auf die Preisuntergrenze sinkt:

Keine Aufnahme des Nachwuchsproduktes und Beanspruchung des Engpasses durch die Produkte C und A (siehe oben, Aufgabe 3.1):

$$DB_A = 2.500\,LE \cdot 210,00\,€ = 525.000\,€$$
$$DB_B = 3.800\,LE \cdot 220,00\,€ = 836.000\,€$$
$$DB_C = 880\,LE \cdot 160,00\,€ = 140.800\,€$$
$$DB = 1.501.800\,€$$

Aufnahme des Nachwuchsproduktes zur Preisuntergrenze und Beanspruchung des Engpasses durch das Nachwuchsprodukt:

$$DB_A = 1.700\,LE \cdot 210,00\,€ = 357.000\,€$$
$$DB_B = 3.800\,LE \cdot 220,00\,€ = 836.000\,€$$
$$DB_N = 2.300\,LE \cdot 134,26\,€ = 308.798\,€ \quad (2\,€\,Rundungsdifferenz)$$
$$DB = 1.501.798\,€ \quad (2\,€\,Rundungsdifferenz)$$

Lösungshinweise zu Aufgabe 3.3

Im Rahmen einer Programmoptimierung soll das optimale Produktionsprogramm bestimmt werden – also welche Produkte mit welchen Mengen zwecks Optimierung des Betriebsergebnisses zu produzieren sind. Die Preisuntergrenze bezeichnet dabei den kritischen Absatzpreis, bei dessen Unterschreitung der Verkauf von Absatzgütern das Betriebsergebnis verringert und somit nicht mehr erfolgen darf. Die Erarbeitung der Entscheidungsvorlagen zu dem festzulegenden Produktionsprogramm und zur festzulegenden Preisuntergrenze ist also allein an dem Ziel ausgerichtet, das Betriebsergebnis zu optimieren. Alle anderen Ziele (bspw. Rendite- oder Liquiditätsziele) bleiben hierbei unbeachtet. Die Erarbeitung von Entscheidungsvorlagen für das Management stellt somit allein auf kostenrechnerische Aspekte ab; alle anderen entscheidungsrelevanten Aspekte jenseits der kostenrechnerischen Erwägungen (wie bspw. die Materialverfügbarkeit für die jeweiligen Herstellmengen am Beschaffungsmarkt) werden bewusst ausgeblendet. Insofern ist hier die Erarbeitung von Entscheidungsvorlagen als Ausprägung eines rein kostenorientierten Controllings zu interpretieren. Diese Optimierungsüberlegungen sind durch eine Vielzahl von Annahmen und Komplexitätsreduktionen geprägt:

- Bei den kurzfristig wirksamen Programm- und Preisentscheidungen handelt es sich um reine Anpassungsentscheidungen auf der Basis eines gegebenen und als unveränderlich anzunehmenden Potenzialfaktorbestandes. Allein die variablen Kosten stellen die Entscheidungsgrundlage für solche kurzfristig wirksamen Entscheidungen dar. Mit der Fokussierung auf die variablen Kosten wird das Problem der kalkulationsungenauen Fixkostenproportionalisierung der Vollkostenrechnungssysteme ausgeschaltet. Allerdings ist zu bedenken, dass Kosten manchmal nur sehr unscharf in fixe und variable Bestandteile aufgeteilt werden können. Zudem können Fixkosten zumindest bei mehrperiodischer Betrachtung einen variablen Charakter entfalten (wie bspw. die kalkulatorischen Abschreibungen auf technische Anlagen).
- Im Rahmen der Programm- und Preisentscheidungen wird angenommen, dass in den Entscheidungssituationen von linearen Erlös- und Kostenfunktionen sowie von konstanten Stückerlösen und von konstanten variablen Stückkosten auszugehen ist, was der betrieblichen Realität kaum entsprechen kann. Daneben bereitet es in der Anwendungspraxis häufig Probleme, den gesamten Umfang der variablen Kosten vollständig und präzise zu bestimmen. Variable Gemeinkosten müssen meist willkürlich geschlüsselt werden, damit sie den einzelnen Produkten zugeordnet werden können. So ist bspw. eine präzise und verursachungsgerechte Übertragung der variablen Fertigungskosten einer von mehreren Produkten beanspruchten technischen Anlage auf die einzelnen Produkte selten möglich.
- Zwischen den um einen Engpass oder um mehrere Engpässe konkurrierenden Produkten liegen per Annahme keine Verbundbeziehungen vor. Die Optimierungsüberlegungen sind allesamt aus einer rein kostenrechnerischen Perspektive anzustellen.

Aufgrund dieser Annahmen und Komplexitätsreduktionen stehen die Optimierungs-überlegungen einerseits in der Gefahr, dass sie unter einem gewissen Maß an Reali-tätsverlust leiden und demzufolge ihren anwendungspraktischen Wert verlieren kön-nen. Dies beträfe bspw. die aus der kostenrechnerisch begründeten Optimierung mög-licherweise resultierende Nichtaufnahme des Nachwuchsproduktes VITALITY in das Produktionsprogramm, weil die erforderliche Preisuntergrenze unterschritten wird. Andererseits wird eine Berechenbarkeit und Bewältigung der Optimierungsheraus-forderungen erst durch das Setzen von realitätsvereinfachenden Annahmen möglich. Insofern sind kurzfristige Produktionsprogramm- und Preisentscheidungen, die zur Optimierung des Betriebsergebnisses beitragen sollen, immer um weitere entschei-dungsrelevante Aspekte anzureichern, wie bspw. um eine produktlebenszyklusbezo-gene Betrachtung, oder um die Betrachtung der produktbezogenen Verbundbezie-hungen.

Vertiefende Literatur zu Aufgabe 3

Behrens, Reinhard/Feuerlohn, Bernd (2018): Angewandtes Unternehmenscontrol-ling – Operative Systeme der Planung, Kontrolle und Entscheidung, Berlin et al.: De Gruyter Oldenbourg [Teil F, Abschnitte 1.2, 2.2 und 3.2].

Ewert, Ralf/Wagenhofer, Alfred (2014): Interne Unternehmensrechnung, 8., aktuali-sierte Auflage, Berlin Heidelberg: Springer Gabler.

Freidank, Carl-Christian (2012): Kostenrechnung. Grundlagen des innerbetrieblichen Rechnungswesens und Konzepte des Kostenmanagements, 9., aktualisierte Auf-lage, München: Oldenbourg.

Kalenberg, Frank (2013): Kostenrechnung: Grundlagen und Anwendungen – mit Übungen und Lösungen, 3. Auflage, München: Oldenbourg.

Preißler, Peter R./Preißler, Peter J. (2015): Entscheidungsorientierte Kosten- und Leis-tungsrechnung, 4. Auflage, Berlin et al.: De GruyterOldenbourg.

4 Fallstudie 3: Abweichungsanalyse, Planung und Koordination bei der Elektro- und Anlagentechnik AG

4.1 Ausgangssituation und Bearbeitungsvorschläge

Ausgangssituation

Schon nach kurzer Bewerbungstour war es Herrn Christian Schäffer, Absolvent des Studienganges Betriebswirtschaftslehre, gelungen, ein Auswahlverfahren erfolgreich zu gestalten: Bei der renommierten Elektro- & Anlagentechnik (EAT) AG konnte er die Position des persönlichen Assistenten des Leiters der Abteilung Controlling erringen. Die EAT AG ist ein Zulieferunternehmen mit Sitz in Regensburg, das Elektromotoren der Effizienzklassen IE 2 und IE 3 für die Haushaltsgeräteindustrie und für industrielle Verwendungen (Fahr- und Förderantriebe, Hub- und Positionierantriebe, Werkzeugantriebe, sowie Antriebe für Pumpen und Ventilatoren) herstellt. Die einzelnen Bauteile des Elektromotors (Gehäuse, Welle und Rotor) werden bei der EAT AG unabhängig voneinander hergestellt. Lediglich der Stator als lohnkostenintensives Bauteil wird im Rahmen eines Single-Sourcing von dem Hauslieferanten Industrial Drives GmbH aus Pilsen (CZ), einem Werk für Spulenwicklungstechnik, bezogen. Aufgrund der Vielfalt der verschiedenen Motorbauarten und der unterschiedlichen Produktionsmengen erfolgt die Endmontage bei der EAT AG in den Formen einer manuellen, einer halbautomatischen, und einer vollautomatischen Montage. Aus den ersten Gesprächen mit seinem Abteilungsleiter Herrn Dr. Hofmann wird Herrn Schäffer deutlich, dass die Betreuung der Fertigungshauptkostenstelle III (vollautomatische Endmontage) der EAT AG besondere Anforderungen an das Controlling stellt.

Zunächst einmal war durch den Vorgänger von Herrn Schäffer die Abweichungsanalyse für das zweite Planungs- und Abrechnungshalbjahr 2016 nicht mehr erstellt worden, so dass sämtliche Informationen zu den Abweichungen in dieser Kostenstelle fehlen. Die Einzelkostenplanung für die fremdbezogenen Statorspulen wurde für das zweite Planungshalbjahr 2016 auf Basis einer Planmenge in Höhe von 70.000 LE (Leistungseinheiten) und zu einem Planpreis in Höhe von 120 €/LE durchgeführt. Die Gemeinkostenplanung wurde für die gleiche Planungsperiode als kapazitäts- und ergänzend als engpassbezogene Planung durchgeführt. Hierbei wurde ein absolut-fixer Kostensockel in Höhe von 1.050.000 € berücksichtigt. Für den Planbeschäftigungsgrad in Höhe von 100 % wurden eine Planbeschäftigung in Höhe von 4.000 Beschäftigungsstunden und Kostenstellen-Plankosten in Höhe von 2.250.000 € berechnet; im Rahmen der engpassbezogenen Planung wurden 3.500 Stunden und Kostenstellen-Plankosten in Höhe von 2.100.000 € angesetzt.

https://doi.org/10.1515/9783110631043-006

Weiterhin war schon vor geraumer Zeit durch die Geschäftsführung der EAT AG für das Geschäftsjahr 2018 die Markteinführung eines neuen Super-Premium-Elektromotors der Effizienzklasse IE 4 beschlossen worden, dessen vollautomatische Endmontage in der benannten Fertigungshauptkostenstelle III erfolgen soll. Da die zusätzlichen Kapazitätsanforderungen in der Endmontage nur vorübergehend durch die vorhandenen Produktionskapazitäten aufgefangen werden können, bedürfte es zur Bereitstellung der erforderlichen Kapazitäten einer zusätzlichen vollautomatischen Montagelinie, die auch zur Endmontage der IE 3 – Elektromotoren eingesetzt werden soll. Im Rahmen seiner Beschaffungsmarktanalyse konnte Dr. Hofmann bereits zwei geeignete und auch vergleichbare Montagelinien identifizieren. Für welche der beiden vollautomatischen Montagelinien man sich auch immer entscheiden würde, beide Anlagen könnten bei einem renommierten Maschinenbauunternehmen in Manchester (GB) bezogen werden, mit dem man laut Angabe von Herrn Dr. Hofmann in der Vergangenheit recht gute Erfahrungen gemacht hatte.

Nicht zuletzt sei auch noch der Bezug der Statoren für die Super-Premium-Elektromotoren mit dem tschechischen Lieferanten Industrial Drives GmbH abzustimmen. Auf der Basis der Erfahrungen mit der ehemaligen Markteinführung des IE 3 – Elektromotors sollte bei den Elektromotoren der Effizienzklasse IE 4 von folgender Preisabsatzfunktion ausgegangen werden (x_A = Absatzmenge):

$$E_A(x_A) = (850 - 0{,}002 \cdot x_A) \cdot x_A \qquad \text{[Erlös der EAT AG]}$$

Die Herstellung eines Elektromotors der Effizienzklasse IE 4 verursacht bei der EAT AG variable Produktionsstückkosten in Höhe von 130 €/LE. Daneben sind jährliche produktbezogene Fixkosten in Höhe von insgesamt 12.000.000 € zu decken. Bei der Industrial Drives GmbH fallen auf Basis einer verfügbaren Maximalkapazität in Höhe von 200.000 LE produktbezogene Fixkosten pro Geschäftsjahr in Höhe von 8.000.000 € an; zudem entstehen durch die Herstellung eines Stators für die Elektromotoren der Effizienzklasse IE 4 variable Produktionsstückkosten in Höhe von 120 €/LE.

Aus diesen Gesprächen mit Abteilungsleiter Dr. Hofmann nimmt Herr Schäffer als konkrete Arbeitsaufträge die Erstellung einer Abweichungsanalyse für die Fertigungshauptkostenstelle III, die Investitionsplanung und die Lieferantenauswahl für die in dieser Kostenstelle benötigte vollautomatische Montagelinie, sowie die Planung des Bezuges und der Montage des Stators für den neuen Super-Premium-Elektromotor mit in sein Büro…

Bearbeitungsvorschläge – Überblick

Bearbeitungsvorschläge – Aufgabenstellungen

Aufgabe 1: Zunächst möchte Herr Schäffer die Versäumnisse der Vergangenheit aufarbeiten und die Abweichungsanalysen für das zweite Halbjahr 2016 nachholen. Aus der Kostenartenrechnung kann Schäffer entnehmen, dass in der Fertigungshauptkostenstelle III (vollautomatische Endmontage) in der relevanten Abrechnungsperiode eine tatsächliche Verbrauchsmenge bei den fremdbezogenen Statorspulen mit 90.000 LE festzustellen war, die aufgrund einer Preiserhöhung der Industrial Drives GmbH zu einem Einstandspreis in Höhe von 135 €/LE bezogen wurde. Außerdem waren entsprechend den Daten der Kostenstellenrechnung in dieser Hauptkostenstelle in der betreffenden Abrechnungsperiode ein tatsächlicher Beschäftigungsgrad mit 80 % der zur Disposition stehenden Kapazität sowie Ist-Gemeinkosten (im Rahmen der Plankostenrechnung) in Höhe von 2.300.000 € festzustellen.

1.1 Analyse der Einzelkostenabweichungen: Ermitteln Sie im Rahmen eines Ist-Plan-Vergleiches die Gesamtabweichung und die Teilabweichungen nach der kumulativen, nach der alternativen, sowie nach der differenziert-kumulativen Methodik!

1.2 Analyse der Budgetabweichung: Ermitteln Sie für den kapazitäts- und den engpassbezogenen Planungsansatz jeweils den Plankostenverrechnungssatz (Voll- und Teilkostensatz), die Budgetabweichung, sowie die Teilabweichungen auf Basis der Sollkosten!

1.3 Stellen Sie die Einzelkostenabweichungen (aus der Teilaufgabe 1.1) grafisch dar und erläutern Sie Ermittlung, Zusammenhang und Aussagekraft Ihrer Analyseergebnisse! Zeigen Sie ausgehend vom kapazitätsbezogenen Planungsansatz (aus der Teilaufgabe 1.2) grafisch und mathematisch, dass bei diesem Ansatz die durch die Fixkostenproportionalisierung bedingte Beschäftigungsabweichung (BA) dem Leerkostenanteil entspricht!

Aufgabe 2: Die im Rahmen der Beschaffungsmarktanalyse von Herrn Dr. Hofmann ausgewählten Modellvarianten vollautomatischer Montagelinien sind entsprechend den detaillierteren Untersuchungen von Herrn Schäffer mit unterschiedlichen Anschaffungskosten und Restwerten, sowie mit ungleichen Kostenstrukturen ausgestattet:

Daten	Montagelinie Modell VARIANT	Montagelinie Modell FLEX
Nutzungsdauer [Jahre]	12	12
Anlagenkapazität pro Jahr [LE]	150.000	150.000
Anschaffungskosten [€]	1.500.000	1.600.000
Restwert nach Nutzungsdauer [€]	300.000	160.000
Variable Kosten bei Kapazitätsauslastung [€]	3.000.000	2.250.000
Fixe Kosten pro Jahr (ohne Kapitalkosten) [€]	100.000	200.000

Entsprechend den Recherchen von Herrn Schäffer käme neben dem von Herrn Dr. Hofmann favorisierten britischen Unternehmen auch ein sich neu am Markt für Industrieanlagen etablierendes Maschinenbauunternehmen aus München in Betracht, bei dem die Montagelinien zu jeweils gleichen Anschaffungskosten und mit erwartungsgemäß annähernd gleicher Produktqualität beschafft werden könnten.

2.1 Nehmen Sie eine Auswahl der zu beschaffenden vollautomatischen Montagelinie mithilfe einer Kostenvergleichsrechnung vor! Verwenden Sie hierzu einen Kalkulationszinssatz in Höhe von 5 % p.a. und gehen Sie von einer maximalen Kapazitätsauslastung aus. Bei welcher Leistungsmenge und bei welchen Gesamtkosten wäre ein Wechsel der Vorteilhaftigkeit feststellbar?

2.2 Erarbeiten Sie für Herrn Schäffer zwecks Auswahl des Lieferanten für die zu beschaffende vollautomatische Montagelinie eine Nutzwertanalyse! Die Gewichtungen von sechs relevanten Teilzielen und die Punktwertzuordnungen können – bitte der Fallbeschreibung entsprechend und sachlogisch konsistent – nach eigenem Ermessen erfolgen.

2.3 Erläutern Sie Ihre Nutzwertanalyse (aus der Teilaufgabe 2.2) mit den in der Analyse enthaltenen Selektionen und Bewertungen. Unterziehen Sie Ihre Entscheidungsvorlage (aus der Teilaufgabe 2.2) einer kritischen Würdigung!

Aufgabe 3: Abschließend möchte Herr Schäffer den Bezug und die Montage des Stators für den neuen Super-Premium-Elektromotor der Effizienzklasse IE 4 für die Fertigungshauptkostenstelle III (vollautomatische Endmontage) mit einem ersten kapazitätsbezogenen Planungsentwurf für das Geschäftsjahr 2018 versehen. Hierzu will er ausgehend von der vorgegebenen Preisabsatzfunktion die jährliche Transfermenge optimieren und in Produktionslose aufspalten, da die neue vollautomatische Montagelinie auch zur Endmontage der IE 3 – Elektromotoren eingesetzt werden soll. Jeder Serienwechsel ist mit Umrüst- und Einrichtungskosten in Höhe von 3.750 € zu kalkulieren. Es ist davon auszugehen, dass die EAT AG pro Elektromotor der Effizienzklasse IE 4 genau einen Stator von dem tschechischen Lieferanten Industrial Drives GmbH beziehen wird.

3.1 Führen Sie eine Transfermengenoptimierung auf der Basis eines grenzkostenorientierten und auf der Basis eines vollkostenorientierten Verrechnungspreises durch!

3.2 Optimieren Sie für die jährliche Transfermenge gemäß grenzkostenorientiertem Verrechnungspreis die Losgröße des IE 4 – Elektromotors; ermitteln Sie auch die für die optimale Losgröße entstehenden jährlichen Zins- und Lagerkosten. Gehen Sie hierbei von einem zusammengefassten Kalkulationssatz für die Zins- und Lagerkosten in Höhe von 2 % aus.

3.3 Zeigen Sie grafisch ausgehend vom grenzkostenorientierten Verrechnungspreis (aus der Teilaufgabe 3.1), wie sich aus der Perspektive der EAT AG eine Erhöhung des Verrechnungspreises auf die Transfermenge auswirkt. Unterziehen Sie Ihre Planungsvorlage für die Losgrößenoptimierung (aus der Teilaufgabe 3.2) einer kritischen Würdigung!

4.2 Lösungshinweise mit weiterführenden Literaturangaben

Lösungshinweise zu Aufgabe 1.1

Gesamtabweichung bei den Einzelkosten (2/2016):

K_I (Istkostenrechnung)	90.000 LE · 135 €/LE = 12.150.000 €
− K_P (Plankostenrechnung)	70.000 LE · 120 €/LE = 8.400.000 €
= Gesamtabweichung	**+3.750.000 €**

Teilabweichungen (2/2016):

Kumulative Methodik	**Gesamtabweichung**	**+3.750.000 €**
Abspaltung	Kostenabweichung	2.400.000 €
der Mengenabweichung [20.000 LE]	Preisabweichung	1.350.000 €
Abspaltung	Preisabweichung	1.050.000 €
der Preisabweichung [15 €/LE]	Kostenabweichung	2.700.000 €

Alternative Methodik	**Gesamtabweichung**	**+3.750.000 €**
Teilabweichungen	Kostenabweichung	2.400.000 €
	Preisabweichung	1.050.000 €

Differenziert-kumulative Methodik	Gesamtabweichung	+3.750.000 €
Abweichungen erster Ordnung	Kostenabweichung	2.400.000 €
	Preisabweichung	1.050.000 €
Abweichung zweiter Ordnung	Kombinierte Preis-Mengen-Abweichung	300.000 €

Lösungshinweise zu Aufgabe 1.2

Budgetabweichung für Fertigungshauptkostenstelle III (2/2016):

Daten	kapazitätsbezogene Planung	engpassbezogene Planung
Planbeschäftigung B_P	4.000 Std.	3.500 Std.
Plankosten K_P	2.250.000 €	2.100.000 €
Plankostenverrechnungssatz PKVS (Vollkostensatz)	562,50 €/Std.	600,00 €/Std.
Istbeschäftigung B_I (80 %)	3.200 Std.	3.200 Std.
Istkosten gesamt (für 2/2016) K_I	2.300.000 €	2.300.000 €
Verrechnete Plankosten K_{verr}	1.800.000 €	1.920.000 €
Budgetabweichung bzw. Gesamtabweichung GA	**+500.000 €**	**+380.000 €**

Teilabweichungen für Fertigungshauptkostenstelle III (2/2016):

Daten	kapazitätsbezogene Planung	engpassbezogene Planung
Planbeschäftigung B_P	4.000 Std.	3.500 Std.
Fixe Plankosten K_{Pf}	1.050.000 €	1.050.000 €
Variable Plankosten K_{Pv}	1.200.000 €	1.050.000 €
Plankostenverrechnungssatz $PKVS_{var}$ (Teilkostensatz)	300,00 €/Std.	300,00 €/Std.
Istbeschäftigung B_I (80 %)	3.200 Std.	3.200 Std.
Istkosten gesamt (für 2/2016) K_I	2.300.000 €	2.300.000 €
Sollkosten K_S	2.010.000 €	2.010.000 €
Verbrauchsabweichung VA	**+290.000 €**	**+290.000 €**
Verrechnete Plankosten K_{verr}	1.800.000 €	1.920.000 €
Beschäftigungsabweichung BA	**+210.000 €**	**+90.000 €**
Budgetabweichung bzw. Gesamtabweichung GA	+500.000 €	+380.000 €

Lösungshinweise zu Aufgabe 1.3
Grafisch kann das wie folgt dargestellt werden:

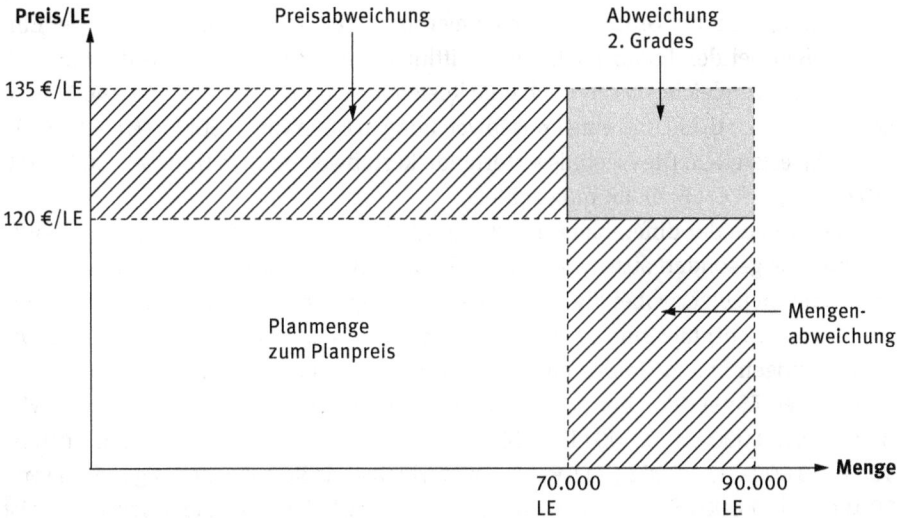

Ermittlung, Zusammenhang und Aussagekraft der Analyseergebnisse:

Im Rahmen der kumulativen Methodik wird die Gesamtabweichung als Summe der Teilabweichungen interpretiert. Dabei wird die Abweichung höherer Ordnung in Höhe von 300.000 € [20.000 LE · 15 €/LE] der Einflussgröße zugeordnet, die bei der Untersuchung zuerst betrachtet wird:

-   Wird zuerst die Mengenabweichung (20.000 LE) abgespalten, so gelangt man zu einer Kostenabweichung in Höhe von 2.400.000 € [20.000 LE · 120 €/LE]. Daraus resultiert eine Preisabweichung in Höhe von 1.350.000 € [90.000 LE · 15 €/LE].
-   Wird zuerst die Preisabweichung (15 €/LE) abgespalten, so gelangt man zu einer Preisabweichung in Höhe von 1.050.000 € [70.000 LE · 15 €/LE]. Daraus resultiert eine Kostenabweichung in Höhe von 2.700.000 € [20.000 LE · 135 €/LE].

In beiden Fällen ergibt sich als Summe der Teilabweichungen wieder die Gesamtabweichung in Höhe von 3.750.000 €. Im Interesse einer möglichst aussagekräftigen Abweichungsanalyse sollten zunächst die Einflussgrößen in die Analyse aufgenommen werden, die nicht unmittelbar im Verantwortungsbereich des Kostenstellenleiters zu verorten sind. Alternativ könnte man auch die Abweichung höherer Ordnung gleichmäßig auf die Abweichungen erster Ordnung verteilen, womit zwar das Problem der Reihenfolgeentscheidung ausgeräumt wäre, aber eine Ergebnisverzerrung bezüglich der Teilabweichungen bliebe.

Im Rahmen der alternativen Methodik wird die ergebnisverzerrende Abweichung höheren Grades ausgeklammert, so dass die Summe der Teilabweichungen nicht mehr die Gesamtabweichung widerspiegeln kann. Es wird jeweils nur eine Einflussgröße betrachtet, alle anderen werden ausgehend von Plangrößen konstant gesetzt. Da die Abweichung höheren Grades ausgeklammert ist, spielt auch die Reihenfolge der Einflussgrößen bei der Teilabweichungsermittlung keine Rolle mehr. Auf der Basis eines Ist-Plan-Vergleiches lassen sich eine Kostenabweichung in Höhe von 2.400.000 € [20.000 LE·120 €/LE] und eine Preisabweichung in Höhe von 1.050.000 € [70.000 LE· 15 €/LE] feststellen. Die ergebnisverzerrende Restabweichung in Höhe von 300.000 € [20.000 LE · 15 €/LE] bleibt unbeachtet.

Im Rahmen der differenziert-kumulativen Methodik wird die Abweichung höherer Ordnung gesondert ausgewiesen. Die Gesamtabweichung wird hier mit Teilabweichungen untersetzt, wobei die Anzahl der Einflussgrößen der Anzahl der Ordnungsstufen entspricht; hier sind es zwei Einflussgrößen, somit zwei Ordnungsstufen. Die Abweichungen ersten Grades entsprechen dabei immer den Teilabweichungen der alternativen Methodik. Hier gelangt man somit zu einer Kostenabweichung in Höhe von 2.400.000 € [20.000 LE · 120 €/LE] und zu einer Preisabweichung in Höhe von 1.050.000 € [70.000 LE · 15 €/LE]. Die verbleibende Restabweichung in Höhe von 300.000 € [20.000 LE·15 €/LE] wird als Abweichung höheren Grades erfasst; diese ist bedingt durch das Zusammenwirken der beiden Einflussfaktoren (Preisdifferenz und Mengendifferenz). Die wesentlichen Vorteile der differenziert-kumulativen Methodik sind darin zu sehen, dass

- einerseits die Summe der Teilabweichungen die Gesamtabweichung widerspiegelt,
- andererseits eine Reihenfolgeentscheidung über die abweichungsrelevanten Einflussfaktoren aber nicht erforderlich ist und demzufolge die Analyseergebnisse auch nicht beeinträchtigen kann. Die Abweichung höheren Grades wird den einzelnen Teilabweichungen und einzelnen Einflussfaktoren also nicht ergebnisverzerrend zugeschrieben.

Der Zusammenhang zwischen Leerkosten und Beschäftigungsabweichung kann grafisch wie folgt dargestellt werden:

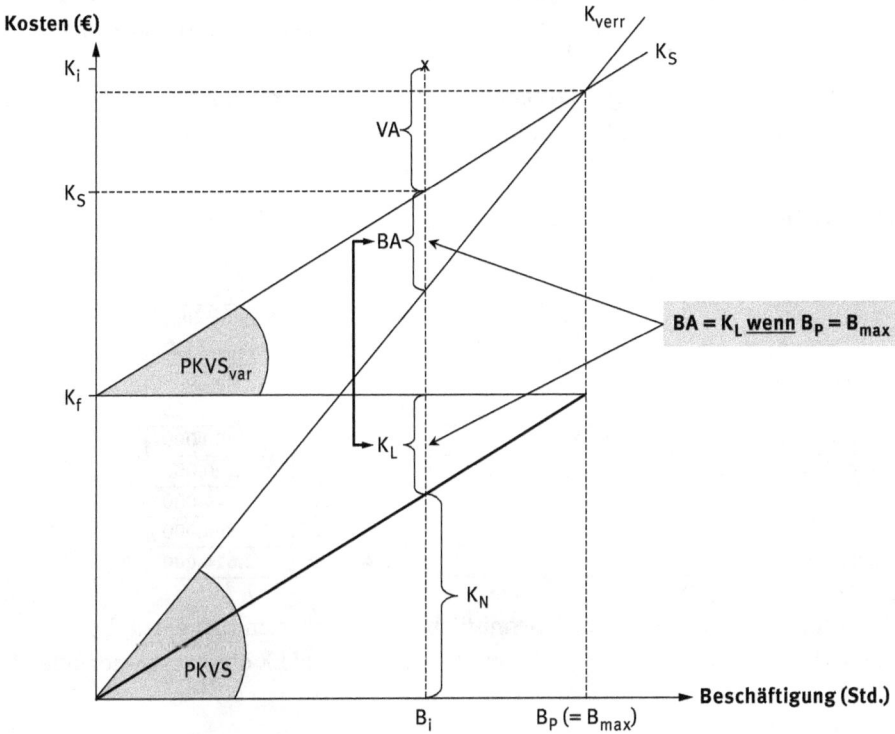

Kosten (€); K_i; K_{verr}; K_S; VA; K_S; BA; PKVS$_{var}$; K_f; K_L; $BA = K_L$ **wenn** $B_P = B_{max}$; K_N; PKVS; Beschäftigung (Std.); B_i; $B_P (= B_{max})$

$$K_F = K_N + K_L \qquad K_N = K_F \cdot b \qquad K_L = K_F - [K_F \cdot b]$$

Tatsächlicher Beschäftigungsgrad: 80 % der zur Disposition stehenden Kapazität in Höhe von 4.000 Stunden.

$$K_L = 1.050.000\,€ - [1.050.000\,€ \cdot 0{,}8] = +210.000\,€ = BA$$

Vertiefende Literatur zu Aufgabe 1

Behrens, Reinhard/Feuerlohn, Bernd (2018): Angewandtes Unternehmenscontrolling – Operative Systeme der Planung, Kontrolle und Entscheidung, Berlin et al.: De Gruyter Oldenbourg [Teil C, Abschnitte 3.1 und 3.2].

Coenenberg, Adolf G./Fischer, Thomas M./Günther, Thomas (2016): Kostenrechnung und Kostenanalyse, 9., überarbeitete Auflage, Stuttgart: Schäffer-Poeschel.

Eberlein, Jana (2010): Betriebliches Rechnungswesen und Controlling, 2., erweiterte Auflage, München: Oldenbourg.

Haberstock, Lothar/Breithecker, Volker (2008): Kostenrechnung II. (Grenz-) Plankostenrechnung mit Fragen, Aufgaben und Lösungen, 10., neu bearbeitete Auflage, Berlin: ESV.

Joos, Thomas (2014): Controlling, Kostenrechnung und Kostenmanagement. Grundlagen – Anwendungen – Instrumente, 5., überarbeitete Auflage, Wiesbaden: Springer Gabler.

Stelling, Johannes N. (2009): Kostenmanagement und Controlling, 3., unveränderte Auflage, München: Oldenbourg.

Lösungshinweise zu Aufgabe 2.1

Kostenvergleichsrechnung:

Daten	Montagelinie Modell VARIANT	Montagelinie Modell FLEX
Variable Kosten (Kapazitätsauslastung) [€]	3.000.000	2.250.000
Variable Stückkosten [€/LE]	20	15
Fixe Kosten pro Jahr (ohne Kapitalkosten) [€]	100.000	200.000
Kalkulatorische Abschreibungen pro Jahr [€]	100.000	120.000
Kalkulatorische Zinsen pro Jahr [€]	45.000	44.000
Gesamte Fixkosten pro Jahr [€]	245.000	364.000
Gesamtkosten [€]	**3.245.000**	**2.614.000**

Aufgrund ihrer niedrigeren durchschnittlichen Gesamtkosten (mit einem Kostenvorteil in Höhe von 631.000 €) ist die Montagelinie Modell FLEX die zu präferierende Alternative.

Wechsel der Vorteilhaftigkeit:

Ausgehend von proportionalen variablen Kosten sowie absolut-fixen Kosten können für die beiden Investitionsalternativen die linearen Kostenfunktionen (in Abhängigkeit der Leistungsmenge x als Maßstab für die Beschäftigung) wie folgt aufgestellt werden:

$K_{A(x)}$: Kostenfunktion der Montagelinie Modell VARIANT

$K_{B(x)}$: Kostenfunktion der Montagelinie Modell FLEX

$$K_{A(x)} = 20 \cdot x + 245.000 \qquad K_{B(x)} = 15 \cdot x + 364.000$$

Der Wechsel der Vorteilhaftigkeit bzgl. der zu präferierenden Investitionsalternative ist bei der Leistungsmenge feststellbar, bei der für beide Investitionsalternativen die gleichen durchschnittlichen Gesamtkosten (hier in Höhe von 721.000 €) resultieren:

$$K_{A(x)} = K_{B(x)} ; \qquad d.\,h. \quad x = 23.800 \, LE$$

Bei der Kapazitätsauslastung in Höhe von 23.800 LE ist der Wechsel der Vorteilhaftigkeit gegeben, da unterhalb dieser Leistungsmenge die Montagelinie Modell VARIANT mit geringeren Gesamtkosten verbunden wäre.

Lösungshinweise zu Aufgabe 2.2

Im Rahmen einer exemplarischen Nutzwertanalyse sind die sechs Teilziele und die Gewichtungen der Teilziele auf den jeweiligen Lieferanten (nicht auf das Investitionsobjekt) zu beziehen:

Teilziele und Gewichtungen		Oberziel: Lieferantenauswahl			
		Handlungsalternative 1: Lieferant aus Manchester		Handlungsalternative 2: Lieferant aus München	
Teilziel	Gewichtung (K)	Punktwert (B)	Teilnutzen (B · K)	Punktwert (B)	Teilnutzen (B · K)
Servicegrad (Einrichtung und Umrüstung)	30 %	3	0,90	7	2,10
Instandhaltungskosten (Ersatzteile)	30 %	4	1,20	6	1,80
Wartungskosten (periodisch)	20 %	4	0,80	6	1,20
Lieferzuverlässigkeit	10 %	8	0,80	3	0,30
Montagezeit bei der EAT AG	05 %	8	0,40	3	0,15
Produktprogramm	05 %	7	0,35	3	0,15
Gesamt:	**100 %**	**Nutzen gesamt:**	**4,45**	**Nutzen gesamt:**	**5,70**

Die Rangordnung der Vorzugswürdigkeit würde in dieser exemplarischen Nutzwertanalyse wie folgt festgelegt werden:

- Rangplatz 1: Handlungsalternative 2 – Lieferant aus München
- Rangplatz 2: Handlungsalternative 1 – Lieferant aus Manchester

Lösungshinweise zu Aufgabe 2.3

Erläuterung der Selektionen und Bewertungen in der Nutzwertanalyse:

Zur Präzisierung des Oberziels (Auswahl des Lieferanten für die vollautomatischen Montagelinien) erfolgt zunächst eine Festlegung relevanter Teilziele. Da die Montagelinien bei den beiden in Betracht kommenden Maschinenbauunternehmen zu jeweils gleichen Anschaffungskosten beschafft werden können und beide Lieferanten mit annähernd gleicher Produktqualität aufwarten, bleiben diese Teilziele hier unbeachtet. Demzufolge werden die Teilziele an den mit den Investitionsobjekten zu verbindenden Nebenleistungen (Service, Liefer- und Montagezeit, Wartungs- und Instandhaltungskosten, Produktprogramm des Lieferanten) ausgerichtet.

Aus der Sicht des beschaffenden Unternehmens wird zur Sicherstellung eines möglichst störungsfreien Produktionsprozesses der Service des liefernden Unternehmens in Bezug auf die Einrichtung und Umrüstung der Anlage und in Bezug auf die zügige Instandsetzung zu möglichst geringen Kosten von relativ hoher Bedeutung sein. Die hierzu auch erforderlichen periodischen Wartungen durch das liefernde Unternehmen sollten ebenfalls zu möglichst geringen Kosten durchgeführt werden können. Bei diesen drei Teilzielen wird im Rahmen der Punktbewertungen davon ausgegangen, dass das neu in den Markt für Industrieanlagen eingetretene Maschinenbauunternehmen aus München im Interesse der Erringung weiterer Marktanteile mit umfangreicheren Serviceleistungen aufwarten und schon aufgrund der räumlichen Nähe die Wartungs- und Instandhaltungsdienstleistungen zu geringeren Kosten als das Konkurrenzunternehmen aus Großbritannien anbieten kann. Zudem lässt die räumliche Nähe des Münchener Unternehmens auch eine höhere Flexibilität in Bezug auf die ad hoc benötigten Serviceleistungen vermuten.

Die Lieferzuverlässigkeit besitzt aus Sicht der EAT AG eine untergeordnete Bedeutung, da ein sich eventuell einstellender Lieferverzug zumindest vorübergehend durch die vorhandenen Produktionskapazitäten aufgefangen werden könnte. In der Annahme, dass zudem die Montagezeiten der beiden Maschinenbauunternehmen nicht erheblich differieren werden, wird dieses Teilziel mit einem im Vergleich zur Lieferzuverlässigkeit noch geringeren Bedeutungsgewicht versehen. Die bisherigen guten Erfahrungen mit dem renommierten Maschinenbauunternehmen in Manchester führen im Rahmen der Punktbewertungen bei diesen beiden Teilzielen zu einer Bevorzugung des Unternehmens aus Großbritannien.

Das über das zur Disposition stehende Investitionsobjekt generell angebotene Produktprogramm könnte insofern von (allerdings untergeordneter) Bedeutung sein, als dass bei späteren Investitionsvorhaben bezüglich anderer Objekte bereits Erfahrungswerte über die Qualität und Kosten der Nebenleistungen vorlägen. Mit den Punktbewertungen soll den beim britischen Unternehmen zu vermutenden hohen produktionsseitigen Erfahrungsschatz, der sich auch in der Breite des Produktprogramms widerspiegeln könnte, zum Ausdruck bringen.

Kritische Würdigung der Nutzwertanalyse:

Die Nutzwertanalyse soll hier den Zielen dienen, aus einer vorgegebenen Menge möglicher Lieferanten eine optimale Alternative herauszufiltern, sowie die Grundlagen für die Ermittlung der Vorzugswürdigkeit eines Lieferanten transparent zu gestalten.

– Der Vorteil der Nutzwertanalyse gegenüber anderen Entscheidungsverfahren liegt im Wesentlichen darin, dass im Rahmen dieses Verfahrens nicht nur quantifizierbare Größen, sondern auch nicht-quantifizierbare Größen berücksichtigt werden können. Dieser Sachverhalt ist hier insofern relevant, als dass nicht alle Handlungskonsequenzen der in einer Entscheidungssituation vorhandenen zielrelevanten Handlungsalternativen z. B. in quantitativen monetären Größen (oder in einer anderen Quantifizierungsdimension) darstellbar sind (bspw. der Servicegrad).

– Dabei ist jedoch zu bedenken, dass die Teilzielauswahl und die Teilzielgewichtungen fast ausschließlich erfahrungsgestützte, häufig situativ bedingte, und weitestgehend subjektive Prozesse darstellen.

- Auch die Punktbewertungen der beiden Lieferanten sind durch Subjektivität geprägt und ohne absolute Aussagekraft.
- Zudem fließen verschiedene Bewertungskriterien in die Nutzwertanalyse gar nicht oder in nur rudimentärem Maße ein, wie bspw. geopolitische Stabilitätsrisiken und die Auswirkungen solcher Risiken auf die generelle Verfügbarkeit der potenziellen Lieferanten.

Vor dem Hintergrund des Ermessensspielraumes bei der Auswahl der Bewertungskriterien und in Anbetracht der Bewertungsspielräume bei der Gewichtung der Kriterien und der Punktbewertungen der beiden Lieferanten besteht die potenzielle Gefahr, dass die Ermittlung der Entscheidungsvorlage von vornherein auf der Basis einer stark ergebnisgeleiteten Bewertung erfolgt.

Vertiefende Literatur zu Aufgabe 2

Behrens, Reinhard/Feuerlohn, Bernd (2018): Angewandtes Unternehmenscontrolling – Operative Systeme der Planung, Kontrolle und Entscheidung, Berlin et al.: De Gruyter Oldenbourg [Teil B, Abschnitt 3.1].
Fischer, Thomas M./Möller, Klaus/Schultze, Wolfgang (2015): Controlling – Grundlagen, Instrumente und Entwicklungsperspektiven, 2. Auflage, Stuttgart: Schäffer-Poeschel.
Jung, Hans (2014): Controlling, 4., aktualisierte Auflage, München: Oldenbourg.
Lorson, Peter/Quick, Reiner/Wurl, Hans-Jürgen (2013): Grundlagen des Controllings, Weinheim: Wiley-VCH.
Weber, Jürgen/Schäffer, Utz (2016): Einführung in das Controlling, 15., überarbeitete und aktualisierte Auflage, Stuttgart: Schäffer-Poeschel.

Lösungshinweise zu Aufgabe 3.1

Transfermengenoptimierung bei grenzkostenorientiertem Verrechnungspreis:

$v = 120\,€/LE$ (entspricht den variablen Stückkosten der Industrial Drives GmbH)

$E_A(x_A) = (850 - 0{,}002 \cdot x_A) \cdot x_A$ [Erlösfunktion der EAT AG, gegeben]

$K_A(x_A) = 12.000.000 + 130 \cdot x_A$ [Kosten der EAT AG]

$K_Z(x_Z) = 8.000.000 + 120 \cdot x_Z$ [Kosten der Industrial Drives GmbH]

$x_Z = x_A$ [Transfermenge]

Gewinnfunktion der EAT AG:

$$G_A(x_A) = [(850 - 0{,}002 \cdot x_A) \cdot x_A] - [20.000.000 + 130 \cdot x_A] - [120 \cdot x_A]$$
$$G_A(x_A) = [(850 - 0{,}002 \cdot x_A) \cdot x_A] - [20.000.000 + 250 \cdot x_A]$$

Gewinnmaximum und die zugehörige optimale Transfermenge:

$$G'_A(x_A) = 850 - 0,004 \cdot x_A - 250$$

$$G'_A(x_A) = -0,004 \cdot x_A + 600 = 0 \qquad x_A = 150.000 \, LE$$

Bei Verwendung eines grenzkostenorientierten Verrechnungspreises beträgt die gewinnmaximierende optimale Transfermenge aus der Perspektive der EAT AG 150.000 Leistungseinheiten.

Transfermengenoptimierung bei vollkostenorientiertem Verrechnungspreis:

$$E_A(x_A) = (850 - 0,002 \cdot x_A) \cdot x_A \qquad \text{[Erlösfunktion der EAT AG, gegeben]}$$

$$K_A(x_A) = 12.000.000 + 130 \cdot x_A \qquad \text{[Kosten der EAT AG]}$$

$$K_Z(x_Z) = 8.000.000 + 120 \cdot x_Z \qquad \text{[Kosten der Industrial Drives GmbH]}$$

$$x_Z = x_A \qquad \text{[Transfermenge]}$$

v entspricht den vollen Stückkosten der Industrial Drives GmbH

$$K_Z(x_Z) = 8.000.000 + 120 \cdot x_Z \qquad \text{[Vollkosten der Industrial Drives GmbH]}$$

$$K_Z(x_{Z(MAX)}) = 8.000.000 + 120 \cdot 200.000 = 32.000.000$$

$$k_Z = v = 160 \, €/LE \qquad \text{(Stückvollkosten und Verrechnungspreis)}$$

Gewinnfunktion der EAT AG:

$$G_A(x_A) = [(850 - 0,002 \cdot x_A) \cdot x_A] - [20.000.000 + 130 \cdot x_A] - [160 \cdot x_A]$$

$$G_A(x_A) = [(850 - 0,002 \cdot x_A) \cdot x_A] - [20.000.000 + 290 \cdot x_A]$$

Gewinnmaximum und die zugehörige optimale Transfermenge:

$$G'_A(x_A) = 850 - 0,004 \cdot x_A - 290$$

$$G'_A(x_A) = -0,004 \cdot x_A + 560 = 0 \qquad x_A = 140.000 \, LE$$

Bei Verwendung eines vollkostenorientierten Verrechnungspreises beträgt die gewinnmaximierende optimale Transfermenge aus der Perspektive der EAT AG 140.000 Leistungseinheiten.

Lösungshinweise zu Aufgabe 3.2

Die optimale Losgröße gibt die Mengenbündelung an, bei der die Summe aus auflagefixen und auflageproportionalen Kosten minimal ist:

Daten	Elektromotor IE 4
Jahresbedarf gemäß grenzkostenorientierter Transfermengenoptimierung	150.000 LE
Variable Produktionsstückkosten [k_v]	(130 € + 120 €) = 250 €
Umrüst- und Einrichtungskosten [u]	3.750 €
Zins- und Lagerkostensatz [j]	2 %
Optimale Losgröße [x_{opt}]	**15.000 LE**
Jährliche Zins- und Lagerkosten für x_{opt}	**37.500 €**

Lösungshinweise zu Aufgabe 3.3

Die Wirkungen der Verrechnungspreiserhöhungen können wie folgt dargestellt werden:

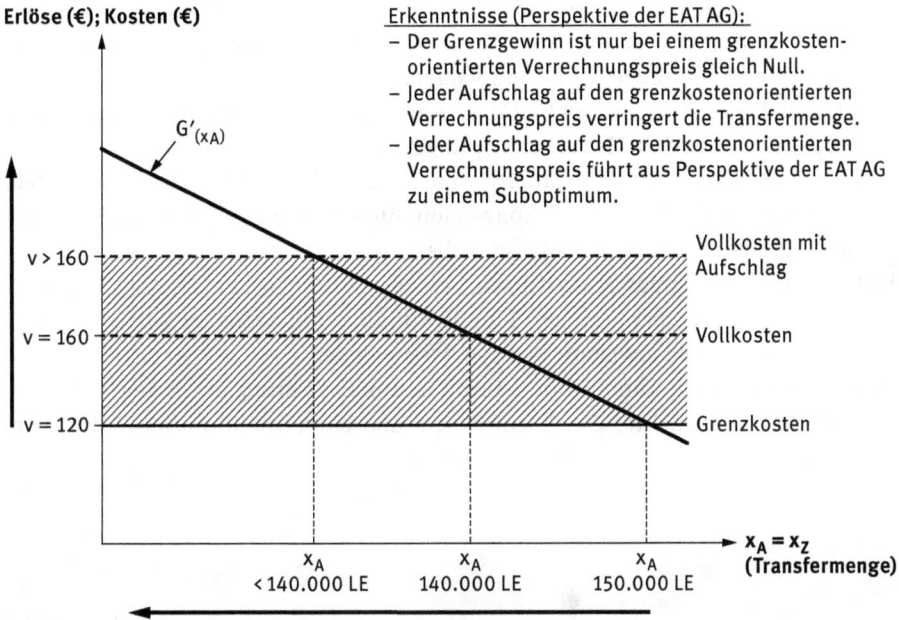

Erlöse (€); Kosten (€)

Erkenntnisse (Perspektive der EAT AG):
- Der Grenzgewinn ist nur bei einem grenzkostenorientierten Verrechnungspreis gleich Null.
- Jeder Aufschlag auf den grenzkostenorientierten Verrechnungspreis verringert die Transfermenge.
- Jeder Aufschlag auf den grenzkostenorientierten Verrechnungspreis führt aus Perspektive der EAT AG zu einem Suboptimum.

$G'_{(x_A)}$

$v > 160$ — Vollkosten mit Aufschlag

$v = 160$ — Vollkosten

$v = 120$ — Grenzkosten

$x_A = x_Z$ (Transfermenge)

x_A < 140.000 LE x_A 140.000 LE x_A 150.000 LE

Kritische Würdigung der Losgrößenoptimierung:

Im Fokus der Erarbeitung des Planungsentwurfes steht die Fundierung einer Anpassungsentscheidung. Diese Fundierung ist eine rein kostenrechnerische, d. h., alle anderen entscheidungsrelevanten Aspekte jenseits der kostenrechnerischen Erwägungen werden bewusst ausgeblendet. Insofern ist hier die Erarbeitung des Planungsentwurfes als Ausprägung eines rein kostenorientierten Controllings zu verstehen.

- Die Festlegung der Losgröße ist allein an dem Ziel ausgerichtet, das Betriebsergebnis zu optimieren. Alle anderen Ziele (bspw. Rendite- oder Liquiditätsziele) bleiben unbeachtet.
- Den Überlegungen zur Losgrößenoptimierung liegen zudem vielfältige Annahmen und Prämissen zugrunde. So werden bspw. Kapazitätsbeschränkungen aller Art, begrenzte Produktionsgeschwindigkeiten, Bedarfsschwankungen, oder auch inkonstante Zins- und Lagerkosten im Rahmen der Optimierung nicht berücksichtigt.

Einerseits bergen die Annahmen und Prämissen eines solchen kostenbasierten Planungsentwurfes zwar die Gefahr in sich, dass die Optimierungsüberlegungen ihren betriebspraktischen Anwendungswert verlieren können. Andererseits ermöglichen sie aber auch erst die Berechenbarkeit und die Bewältigung der Optimierungsherausforderung.

Vertiefende Literatur zu Aufgabe 3

Behrens, Reinhard/Feuerlohn, Bernd (2018): Angewandtes Unternehmenscontrolling – Operative Systeme der Planung, Kontrolle und Entscheidung, Berlin et al.: De Gruyter Oldenbourg [Teil D, Abschnitt 3.2; Teil F, Abschnitt 2.4].

Brühl, Rolf (2016): Controlling. Grundlagen des Erfolgscontrollings, 4., überarbeitete und erweiterte Auflage, München: Vahlen.

Ewert, Ralf/Wagenhofer, Alfred (2014): Interne Unternehmensrechnung, 8., aktualisierte Auflage, Berlin Heidelberg: Springer Gabler.

Küpper, Hans-Ulrich/Friedl, Gunther/Hofmann, Christian / Hofmann, Yvette/Pedell, Burkhard (2013): Controlling. Konzeption, Aufgaben, Instrumente, 6., überarbeitete Auflage, Stuttgart: Schäffer-Poeschel.

Wala, Thomas/Haslehner, Franz/Hirsch, Manuela (2016): Kostenrechnung, Budgetierung und Kostenmanagement. Eine Einführung mit zahlreichen Beispielen, 2., überarbeitete und erweiterte Auflage, Wien: Linde.

Wöhe, Günter/Döring, Ulrich/Brösel, Gerrit (2016): Einführung in die Allgemeine Betriebswirtschaftslehre, 26., überarbeitete und aktualisierte Auflage, München: Vahlen.

5 Fallstudie 4: Kalkulation, Abweichungsanalyse und Entscheidung bei der Projektmanagement GmbH

5.1 Ausgangssituation und Bearbeitungsvorschläge

Ausgangssituation

Die Projektmanagement GmbH (ProMaG) ist ein Messebauunternehmen mit Sitz in Hamburg. In organisatorischer Perspektive ist die ProMaG in die sechs Abteilungen Projektmanagement (PM), Einkauf (E), Lager (L), Vorfertigung (VF), Montage (M) und Verwaltung (V) gegliedert. Seit drei Jahren ist Herr Drosse als persönlicher Assistent der Geschäftsführerin Dr. Exler tätig und in dieser Position vor allem für die Vorbereitung der Jahresabschlüsse und für die Vorschaurechnungen kommender Geschäftsperioden zuständig.

Aufgrund der sich positiv entwickelnden Auftragslage rechnet Herr Drosse für das Geschäftsjahr 2019 mit einem signifikanten Umsatzanstieg, befürchtet allerdings in Anbetracht der schon seit Jahren zunehmenden aufwandsgleichen Kosten einen Rückgang der Umsatzrentabilität. Bei der Erörterung der Vorschaurechnung für 2019 mit Geschäftsführerin Dr. Exler kristallisiert sich erneut das schon mehrfach thematisierte Problem heraus, dass der ProMaG eine aussagekräftige Kosten- und Leistungsrechnung immer noch fehlt. Geschäftsführerin Exler möchte nunmehr ein Kosten- und Leistungsrechnungssystem einführen. Dieses soll insbesondere eine angemessene Kostentransparenz schaffen, die Beiträge der einzelnen Kundenaufträge offenlegen, und zudem eine Angebotspreiskalkulation ermöglichen. Daher beauftragt sie Herrn Drosse mit der Entwicklung eines geeigneten Konzeptes.

Zunächst verschafft sich Drosse einen Überblick über die wichtigsten Kostenarten und meint, dass eine Trennung der Personalkosten der angestellten Mitarbeiter von den sonstigen Kosten der ProMaG einen ersten Einblick in die Kostensituation verschaffen könnte. In einem weiteren Schritt identifiziert Herr Drosse die einzelnen Abteilungen der ProMaG als räumlich abgrenzbare Kostenverursachungsbereiche und bildet entsprechende Hauptkostenstellen. Diesen ordnet Herr Drosse – ausgehend von den Daten der Abrechnungsperiode 2017 – die auf der Basis von Planpreisen ermittelten Kosteneinsätze für 2019 wie folgt zu:

KoSt.	PM	E	L	VF	M	V
Personalkosten [T€]	960	70	68	752	990	370
Sonstige Kosten [T€]	600	50	400	880	880	110
Primäre Kosten [T€]	**1.560**	**120**	**468**	**1.632**	**1.870**	**480**

https://doi.org/10.1515/9783110631043-007

Im Rahmen der Detailanalysen in den einzelnen Kostenstellen für die Abrechnungsperiode 2017 stellt Herr Drosse fest, dass die Personalkosten in allen Kostenverursachungsbereichen Fixkostenpositionen darstellen.

Die sonstigen Kosten sind lediglich in der Verwaltung (V) in vollem Umfang fixe Kosten, während im Projektmanagement (PM) 40 % der sonstigen Kosten variabel zu deren Bezugsgröße sind; im Einkauf (E) sind dies ebenfalls 40 %, im Lager (L) 30 %, in der Vorfertigung (VF) 60 %, und in der Montage (M) sogar 80 % der sonstigen Kosten.

In dem Bemühen, im Rahmen einer Auftragskalkulation möglichst alle Kosten zu berücksichtigen, entwickelt Herr Drosse das nachfolgende Kalkulationsschema, das ab dem Jahr 2019 als Grundlage für die Ermittlung von Angebotspreisen herangezogen werden soll:

Positionen	Kalkulations-Bezugsgröße	Plan-Bezugsmenge bzw. Plan-Bezugswert
Materialeinzelkosten		
+ Gemeinkostenzuschläge für:		
• Projektmanagement [PM]	Planungszeit	4.800 Mitarbeitertage
• Einkauf [E]	Materialeinzelkosten	2.000.000 €
• Lager [L]	Anzahl Handlings	80.000 Handlings
• Vorfertigung [VF]	Fertigungszeit	48.000 Stunden
• Montage [M]	Montagezeit	5.500 Mitarbeitertage
= Herstellkosten	–	–
+ Verwaltungskostenzuschlag	Herstellkosten d.U.	6.000.000 €
= Selbstkosten		

Bearbeitungsvorschläge – Überblick

Aufgabe 1:   *Kalkulation*
Aufgabe 1.1:   Vollkostenrechnung
Aufgabe 1.2:   Teilkostenrechnung
Aufgabe 1.3:   Kritische Reflexion

Aufgabe 2:   *Abweichungsanalyse*
Aufgabe 2.1:   Budgetabweichung
Aufgabe 2.2:   Verbrauchs- und Beschäftigungsabweichung
Aufgabe 2.3:   Kritische Reflexion

Aufgabe 3:   *Make-or-Buy – Entscheidung*
Aufgabe 3.1:   Deckungsbeitragsrechnung
Aufgabe 3.2:   Engpassbezogener Kostenvorteil
Aufgabe 3.3:   Kritische Reflexion

Bearbeitungsvorschläge – Aufgabenstellungen

Aufgabe 1: Als bei der ProMaG eine Anfrage eines potenziellen neuen Großkunden bzgl. der zu erwartenden Kosten für repräsentative Messestände auf zwei regional ausgerichteten Messen in Osnabrück und Hannover im Herbst 2019 eingeht, setzt Herr Drosse sein neues Kalkulationsschema ein. Im Rahmen der Kalkulation geht Drosse aus von einem voraussichtlichen Zeitbedarf in Höhe von 45 Mitarbeitertagen im Projektmanagement, 150 Stunden für die Vorfertigung und 60 Mitarbeitertagen für die Montage, sowie von Materialeinzelkosten in Höhe von 60 T€, und von 1.000 Handlings im Lager.

1.1 Bestimmen Sie die Plankostensätze auf Vollkostenbasis und ermitteln Sie hiervon ausgehend die im Rahmen einer Angebotspreiskalkulation zu berücksichtigenden Selbstkosten des Kundenauftrages!

1.2 Bestimmen Sie die Plankostensätze auf Teilkostenbasis und ermitteln Sie hiervon ausgehend die im Rahmen einer Angebotspreiskalkulation zu berücksichtigenden variablen Selbstkosten des Kundenauftrages!

1.3 Unterziehen Sie beide Kalkulationsansätze (aus den Teilaufgaben 1.1 und 1.2) einer kritischen Würdigung! Welche Informationen kann Herr Drosse aus seiner Kalkulation auf Voll- und Teilkostenbasis in Bezug auf die gewünschte Angebotspreiskalkulation gewinnen?

Aufgabe 2: Zum Ende der Abrechnungsperiode 2019 stellt Herr Drosse fest, dass in der Kostenstelle Montage (M) entgegen der Budgetvorgabe in Höhe von 1.870.000 € Gesamtkosten eingesetzt wurden in Höhe von 2.200.000 €. Die für diese Kostenstelle relevanten Einsatzgüterpreise entsprachen dabei den Planansätzen. Auf Nachfrage bei dem Leiter der Montageabteilung hinsichtlich der Budgetüberschreitung um 330.000 € macht dieser die im Vergleich zum Planansatz geleistete Mehrbeschäftigung in Höhe von 300 Mitarbeitertagen als maßgeblichen Grund geltend – und moniert bei der Gelegenheit massive sachlogische Mängel bzgl. der Abweichungsanalyse von Herrn Drosse.

2.1 Ermitteln Sie die Budgetabweichung auf Basis einer (starren) Plankostenrechnung!

2.2 Ermitteln Sie die Verbrauchsabweichung und die Beschäftigungsabweichung auf Basis einer flexiblen Plankostenrechnung!

2.3 Interpretieren Sie die beiden Teilabweichungen (aus der Teilaufgabe 2.2)! Welche Monita könnte der Leiter der Montageabteilung bzgl. der Ermittlung der Budgetüberschreitung geltend gemacht haben?

Aufgabe 3: Für das planungsseitig längst abgeschlossene Geschäftsjahr 2018 geht von einem Stammkunden überraschend ein zusätzlicher Auftrag für zwei Messestände in Berlin und Leipzig ein. Nach den Berechnungen von Herrn Drosse ist von folgenden Daten für diesen Zusatzauftrag auszugehen:

Z: Zusatzauftrag Berlin/Leipzig	Betrag [€]
Auftragserlöse (2 Messen)	300.000,00
Variable Kosten/Auftrag	73.680,00
Auftragsmenge	2 Messen
Kapazitätsbeanspruchung/Messe	30 Mitarbeitertage

Die vorliegende Kapazitätsrechnung für die Abrechnungsperiode 2018 zeigt jedoch, dass mit den angenommenen Kundenaufträgen die verfügbaren Kapazitäten (Mitarbeitertage) bereits vollständig ausgeschöpft sind. Der angebotene Zusatzauftrag könnte nur dann durch die ProMaG übernommen werden, wenn der folgende Auftrag mit vier Messeständen im süddeutschen Raum aus dem Programm genommen würde:

S: Auftrag Süddeutschland	Betrag [€]
Auftragserlöse (4 Messen)	544.640,00
Variable Kosten/Auftrag	60.000,00
Auftragsmenge	4 Messen
Kapazitätsbeanspruchung/Messe	15 Mitarbeitertage

Dieser Auftrag könnte jedoch gemäß den Recherchen und Vorabsprachen von Herrn Drosse an ein verbundenes Partnerunternehmen mit Sitz in Karlsruhe zu (Bezugs-) Kosten in Höhe von insgesamt 240.000 € weitergegeben werden.

3.1 Zeigen Sie die Konkurrenzsituation zwischen den Aufträgen und prüfen Sie die Vorteilhaftigkeit aller Alternativen anhand der erzielbaren Stückdeckungsbeiträge (Deckungsbeitrag je Messestand)! Gehen Sie dabei von einer Gleichverteilung der variablen Kosten je Messestand aus.

3.2 Entwickeln Sie eine Entscheidungsvorlage bzgl. der Übernahme bzw. Ablehnung des Zusatzauftrages anhand des engpassbezogenen Kostenvorteils!

3.3 Unterziehen Sie Ihre Entscheidungsvorlage (aus der Teilaufgabe 3.2) einer kritischen Würdigung! In welcher Weise änderte sich die Entscheidungsvorlage bzgl. des Zusatzauftrages, wenn diese auf der Basis von Opportunitätskosten entwickelt worden wäre?

5.2 Lösungshinweise mit weiterführenden Literaturangaben

Lösungshinweise zu Aufgabe 1.1
Plankostensätze auf Vollkostenbasis:

KoSt.	PM	E	L	VF	M	V
Primäre Kosten [T€]	1.560	120	468	1.632	1.870	480
Plan-Bezugsgröße	4.800 Tage	2 M€	80.000 Handlings	48.000 Stunden	5.500 Tage	6 M€
Vollkostensatz	325,00 €/Tag	6,00 %	5,85 € je Handling	34,00 € je Stunde	340,00 €/Tag	8,00 %

Selbstkosten auf Vollkostenbasis:

KoSt.	PM	E	L	VF	M	V
Vollkostensatz	325,00 €/Tag	6,00 %	5,85 € je Handling	34,00 € je Stunde	340,00 €/Tag	8,00 %

Positionen		Betrag [€]
Materialeinzelkosten (Auftrag)		60.000,00
+ Gemeinkostenzuschläge für:		
• Projektmanagement [PM]	[45 · 325,00]	14.625,00
• Einkauf [E]	[60.000 · 0,06]	3.600,00
• Lager [L]	[1.000 · 5,85]	5.850,00
• Vorfertigung [VF]	[150 · 34,00]	5.100,00
• Montage [M]	[60 · 340,00]	20.400,00
= Herstellkosten (Auftrag)		109.575,00
+ Verwaltungskostenzuschlag	[109.575,00 · 0,08]	8.766,00
= Selbstkosten (Auftrag)		118.341,00

Lösungshinweise zu Aufgabe 1.2
Plankostensätze auf Teilkostenbasis:

KoSt.	PM	E	L	VF	M	V
Sonstige Kosten [T€]	600	50	400	880	880	110
Variabler Anteil	40 %	40 %	30 %	60 %	80 %	0 %
Sonst. var. Kosten [T€]	240	20	120	528	704	–
Plan-Bezugsgröße	4.800 Tage	2 M€	80.000 Handlings	48.000 Stunden	5.500 Tage	–
Teilkostensatz	50,00 €/Tag	1,00 %	1,50 € je Handling	11,00 € je Stunde	128,00 €/Tag	–

Selbstkosten auf Teilkostenbasis:

KoSt.	PM	E	L	VF	M	V
Teilkostensatz	50,00 €/Tag	1,00 %	1,50 € je Handling	11,00 € je Stunde	128,00 €/Tag	–

Positionen		Betrag [€]
Materialeinzelkosten (Auftrag)		60.000,00
+ Gemeinkostenzuschläge für:		
• Projektmanagement [PM]	[45 · 50,00]	2.250,00
• Einkauf [E]	[60.000 · 0,01]	600,00
• Lager [L]	[1.000 · 1,50]	1.500,00
• Vorfertigung [VF]	[150 · 11,00]	1.650,00
• Montage [M]	[60 · 128,00]	7.680,00
= Variable Selbstkosten (Auftrag)		73.680,00

Lösungshinweise zu Aufgabe 1.3

Aspekte einer kritischen Würdigung der beiden Kalkulationsansätze:

– Im Rahmen der Kalkulation auf Vollkostenbasis kommt es bei der Berechnung der Zuschläge zu Fixkostenschlüsselungen, die nicht entscheidungsgerecht sind (Problem der Fixkostenproportionalisierung). So suggeriert der als Vollkostensatz konzipierte Plankostensatz im Projektmanagement, dass ein zusätzlicher Mitarbeitertag im Projektmanagement zu zusätzlichen Kosten in Höhe von 325 € führt, oder dass 325 €/Mitarbeitertag nicht entstünden, wenn der Auftrag abgelehnt würde. Dies ist jedoch unzutreffend, da der in den primären Kosten enthaltene Fixkostenanteil ohnehin anfällt.

– Die Höhe des Planvollkostensatzes und damit auch der vollen Selbstkosten hängt im Wesentlichen von der für die Zuschlagsatzermittlung angesetzten Planbezugsgröße mit der angenommenen Planbezugsmenge bzw. dem angenommenen Planbezugswert ab. Insofern erlangt die Repräsentativität der für die Planung grundlegenden Ausgangsperiode besonderes Gewicht. Die Bezugsgrößen können jedoch grundsätzlich nicht sicher bekannt sein; Veränderungen der Bezugsgrößen führen somit zu anderen Kalkulationsergebnissen.

– Da eine Trennung zwischen fixen und variablen Gemeinkosten nicht immer eindeutig möglich erscheint, ist die Kostenspaltung in den Kostenstellen mithilfe der Reagibilitätsgrade nicht unbedingt präzise. Demzufolge können auch die als Teilkostensätze konzipierten Plankostensätze die Kalkulation verzerren. Daneben ist die Ermittlung der variablen Selbstkostenanteile auf Basis von jeweils nur einem Kostenbestimmungsfaktor je Kostenstelle infrage zu stellen.

Erkenntnisse in Bezug auf die Angebotspreiskalkulation:

– Die Kalkulation der Selbstkosten stellt darauf ab, zumindest eben diese Selbstkosten mit dem gewählten Angebotspreis ersetzen zu lassen. Damit der Auftrag einen Gewinnbeitrag leisten kann, sollte grundsätzlich auch bei der Kalkulation der Selbstkosten auf Vollkostenbasis ein Angebotspreis oberhalb der kalkulierten Selbstkosten angestrebt werden.

– Neben den o. g. Mängeln der Kalkulation der Selbstkosten auf Voll- und Teilkostenbasis ist zudem zu bedenken, dass Kalkulationen auf Teilkostenbasis lediglich absolute Preisuntergrenzen aufzeigen können, die im Rahmen der Preisverhandlungen mit den Kunden nicht unterschritten werden sollten (kritischer Absatzpreis). Wird ein Angebotspreis oberhalb dieser absoluten Preisuntergrenze vereinbart, so kann mit dem Auftrag ein Beitrag zur Deckung der fixen Kosten erwirtschaftet werden.

– In diesem Kontext ist allerdings zu berücksichtigen, dass die hier berechneten absoluten Preisuntergrenzen allein auf den Ersatz der variablen Kosten abstellen und somit nur bei der Ausgangssituation der Unterbeschäftigung Gültigkeit erlangen können. Sofern engpasswirksame Kapazitätsbeschränkungen zum Tragen kommen, sind die entstehenden Opportunitätskosten in die Kalkulationsüberlegungen mit einzubeziehen (relative Preisuntergrenzen).

Vertiefende Literatur zu Aufgabe 1

Behrens, Reinhard/Feuerlohn, Bernd (2018): Angewandtes Unternehmenscontrolling – Operative Systeme der Planung, Kontrolle und Entscheidung, Berlin et al.: De Gruyter Oldenbourg [Teil A, Abschnitt 3.2, 3.3 und 3.4; Teil F, Abschnitt 3.2].

Coenenberg, Adolf G./Fischer, Thomas M./Günther, Thomas (2016): Kostenrechnung und Kostenanalyse, 9., überarbeitete Auflage, Stuttgart: Schäffer-Poeschel.

Eisele, Wolfgang/Knobloch, Alois Paul (2011): Technik des betrieblichen Rechnungswesens: Buchführung und Bilanzierung, Kosten- und Leistungsrechnung, Sonderbilanzen, 8., vollständig überarbeitete und erweiterte Auflage, München: Vahlen.

Ewert, Ralf/Wagenhofer, Alfred (2014): Interne Unternehmensrechnung, 8., aktualisierte Auflage, Berlin Heidelberg: Springer Gabler.

Freidank, Carl-Christian (2012): Kostenrechnung. Grundlagen des innerbetrieblichen Rechnungswesens und Konzepte des Kostenmanagements, 9., aktualisierte Auflage, München: Oldenbourg.

Haberstock, Lothar/Breithecker, Volker (2008): Kostenrechnung II. (Grenz-) Plankostenrechnung mit Fragen, Aufgaben und Lösungen, 10., neu bearbeitete Auflage, Berlin: ESV.

Joos, Thomas (2014): Controlling, Kostenrechnung und Kostenmanagement. Grundlagen – Anwendungen – Instrumente, 5., überarbeitete Auflage, Wiesbaden: Springer Gabler.

Kalenberg, Frank (2013): Kostenrechnung: Grundlagen und Anwendungen – mit Übungen und Lösungen, 3. Auflage, München: Oldenbourg.

Preißler, Peter R./Preißler, Peter J. (2015): Entscheidungsorientierte Kosten- und Leistungsrechnung, 4. Auflage, Berlin et al.: De Gruyter Oldenbourg.

Lösungshinweise zu Aufgabe 2.1

Budgetabweichung für die Hauptkostenstelle (2019):

Daten	Hauptkostenstelle Montage
Planbeschäftigung B_P	5.500 Mitarbeitertage
Plankosten K_P	1.870.000 €
Plankostenverrechnungssatz PKVS (Vollkostensatz)	340 €/Mitarbeitertag (siehe Teilaufgabe 1.1)
Istbeschäftigung B_I	5.800 Mitarbeitertage (5.500 + 300)
Istkosten gesamt (für 2019) K_I	2.200.000 €
Verrechnete Plankosten K_{verr}	1.972.000 €
Budgetabweichung bzw. Gesamtabweichung GA	**+228.000 €**

Lösungshinweise zu Aufgabe 2.2

Beschäftigungs- und Verbrauchsabweichung für die Hauptkostenstelle (2019):

Daten	Hauptkostenstelle Montage
Fixe Plankosten K_{Pf}	1.166.000 € (990.000 + 880.000 · 0,2)
Plankostenverrechnungssatz PKVS$_{var}$ (Teilkostensatz)	128 €/Mitarbeitertag (siehe Teilaufgabe 1.2)
Istbeschäftigung B_I	5.800 Mitarbeitertage (5.500 + 300)
Istkosten gesamt (für 2019) K_I	2.200.000 €
Sollkosten K_S	1.908.400 € (1.166.000 + 5.800 · 128,00)
Verrechnete Plankosten K_{verr}	1.972.000 €
Beschäftigungsabweichung BA	**−63.600 €**
Verbrauchsabweichung VA	**+291.600 €**
Beschäftigungsabweichung + Verbrauchsabweichung = Budgetabweichung (GA)	+228.000 €

Lösungshinweise zu Aufgabe 2.3

Interpretation der beiden Teilabweichungen:
- Die hier nicht preisbedingt beeinflusste Verbrauchsabweichung in Höhe von 291.600 € kennzeichnet die Kostenabweichung, die im Verantwortungsbereich des Kostenstellenleiters zu verorten ist. Sie bezeichnet einen tatsächlichen beschäftigungsunabhängigen Mehrverbrauch bei den Einsatzfaktoren, der durch einen ineffizienten Ressourceneinsatz hervorgerufen wurde. Eine zusätzliche Abweichungsanalyse sollte hier eingesetzt werden und zeigen, welche wesentlichen Ursachen der Verbrauchsabweichung zugrunde liegen (z. B. Schwund, erhöhter Ausschuss etc.), um in der Kostenstelle korrigierend eingreifen zu können.
- Die Beschäftigungsabweichung in Höhe von −63.600 € gibt an, welche Kostendifferenz zwischen der Kostenstellenrechnung und der Kostenträgerrechnung entsteht, wenn mit dem als Vollkostensatz konzipierten Plankalkulationssatz (hier in Höhe von 340,00 €/Mitarbeitertag) weiter gerechnet wird. Insofern ist sie als

Kalkulationsfehler aufgrund der mit dem Vollkostensatz herbeigeführten Fixkostenproportionalisierung zu interpretieren. In dem hier vorliegenden Fall wird mit dem Vollkostensatz ein zu hoher Fixkostenbetrag in den verrechneten Plankosten einbezogen, da die Istbeschäftigung größer ausfällt als die Planbeschäftigung: $[(-300 \text{Tage}) \cdot (340 \, € - 128 \, €) = -63.600 \, €/\text{Abrechnungsperiode}]$.

– Da sich die Gesamtabweichung (Budgetabweichung) immer als Summe der Verbrauchs- und der Beschäftigungsabweichung ergibt, wird mit der ermittelten Budgetabweichung ein Teil der Verbrauchsabweichung „verdeckt".

Mängel bzgl. der Abweichungsanalyse:

Die von Herrn Drosse ermittelte Budgetüberschreitung um 330.000 € enthält zwar keine preisbedingte Abweichung, ist aber trotzdem aus mehreren Gründen wenig aussagekräftig. Einige Gründe seien hier aufgeführt:

– Aus der Budgetüberschreitung ist die im Vergleich zum Planansatz geleistete Mehrbeschäftigung in Höhe von 300 Mitarbeitertagen und der damit erforderliche und der Kostenstelle zustehende zusätzliche Budgetverbrauch nicht herausgerechnet. Die Budgetüberschreitung kann somit nicht den beschäftigungsunabhängigen Mehr- bzw. Minderverbrauch bei den Einsatzfaktoren offenlegen (der hier 291.600 € beträgt).

– Budgeterstellung und Budgetkontrolle erfordern eine Auflösung der Gemeinkosten in fixe und variable Bestandteile. Nur auf diese Weise wird es möglich, eine Aufspaltung der gesamten Budgetabweichung in aussagekräftigere Teilabweichungen herbeizuführen. Eine Auflösung der Gemeinkosten wird aber nur dann möglich sein, wenn die Beschäftigung als zentrale Kosteneinflussgröße durch angemessene Bezugsgrößen präzisiert und quantifiziert werden kann. Diese Bezugsgrößen müssen zudem zu den Kostenarten in einer möglichst proportionalen Beziehung stehen – diese Voraussetzungen könnten in der analysierten Kostenstelle Montage nicht gegeben sein.

– Zudem erfordert eine Auflösung der Gemeinkosten, dass die Beschäftigung in der Vergangenheit in einem größeren Maße geschwankt hat, da sich ansonsten die Abhängigkeit der Kosten bei abweichenden Beschäftigungsgraden nicht ermitteln lässt. Dabei ist zu bedenken, dass in den Kostengrößen auch störungsbedingte Abweichungen enthalten sein können, was die Präzision der Kostenauflösung beeinflusst.

– Eine Auflösung der Gemeinkosten kann aufgrund ihrer Vergangenheitsorientierung lediglich Aussagekraft hinsichtlich der Kostenzusammensetzung in der Vergangenheit entfalten. Die zukünftige Kostenzusammensetzung kann sich schon durch relativ unerhebliche Einflüsse (z. B. durch die Beschaffung einer neuen technischen Anlage) maßgeblich verändern. Außerdem kann die Höhe des variablen Kosteneinsatzes in einer Kostenstelle auch von mehreren Bezugsgrößen abhängen, wie hier bspw. neben der Anzahl der Mitarbeitertage auch von der

durch die Kostenstelle erbrachten Transportleistung (z. B. als Produkt aus Transportweg und Transportgewicht).
– Im Rahmen von Kostenvorgabe und -kontrolle wird ein Reagibilitätsgrad in Höhe von 1 bei den variablen Gemeinkosten in den Kostenstellen unterstellt. Variable Kosten verhalten sich aber nicht unbedingt proportional zur jeweils gewählten Bezugsgröße.

Vertiefende Literatur zu Aufgabe 2

Behrens, Reinhard/Feuerlohn, Bernd (2018): Angewandtes Unternehmenscontrolling – Operative Systeme der Planung, Kontrolle und Entscheidung, Berlin et al.: De Gruyter Oldenbourg [Teil C, Abschnitte 3.2 und 3.3].
Coenenberg, Adolf G./Fischer, Thomas M./Günther, Thomas (2016): Kostenrechnung und Kostenanalyse, 9., überarbeitete Auflage, Stuttgart: Schäffer-Poeschel.
Haberstock, Lothar/Breithecker, Volker (2008): Kostenrechnung II. (Grenz-) Plankostenrechnung mit Fragen, Aufgaben und Lösungen, 10., neu bearbeitete Auflage, Berlin: ESV.
Joos, Thomas (2014): Controlling, Kostenrechnung und Kostenmanagement. Grundlagen – Anwendungen – Instrumente, 5., überarbeitete Auflage, Wiesbaden: Springer Gabler.
Rieg, Robert (2015): Planung und Budgetierung. Was wirklich funktioniert, 2. Auflage, Wiesbaden: Springer Gabler.
Stelling, Johannes N. (2009): Kostenmanagement und Controlling, 3., unveränderte Auflage, München: Oldenbourg.

Lösungshinweise zu Aufgabe 3.1
Konkurrenzsituation:

Z: Zusatzauftrag Berlin/Leipzig	Kapazitätsbelastung
Auftragsmenge	2 Messen
Kapazitätsbeanspruchung/Messe	30 Mitarbeitertage
Kapazitätsbeanspruchung/Auftrag	60 Mitarbeitertage

S: Auftrag Süddeutschland	Kapazitätsbelastung
Auftragsmenge	4 Messen
Kapazitätsbeanspruchung/Messe	15 Mitarbeitertage
Kapazitätsbeanspruchung/Auftrag	60 Mitarbeitertage

Die beiden Aufträge S und Z konkurrieren also um die Nutzung des gleichen Kapazitätsvolumens in Höhe von 60 Mitarbeitertagen.

Prüfung der Vorteilhaftigkeit aller Alternativen:
Ermittlung der Stückdeckungsbeiträge (pro Messe) des Auftrages S bei Eigenfertigung
und bei Fremdbezug, sowie Ermittlung des Stückdeckungsbeitrages des Auftrages Z:

S: Auftrag Süddeutschland	Fremdbezug [€]	Eigenfertigung [€]
Stückerlös	136.160,00	136.160,00
Variable Stückkosten	60.000,00	15.000,00
Stückdeckungsbeiträge	76.160,00	121.160,00

Z: Zusatzauftrag Berlin/Leipzig	Eigenfertigung [€]
Stückerlös	150.000,00
Variable Stückkosten	36.840,00
Stückdeckungsbeitrag	113.160,00

Auftrag S erwirtschaftet sowohl bei Eigenfertigung als auch bei Fremdbezug positive
Stückdeckungsbeiträge. Sollte Auftrag Z die Kapazitäten von Auftrag S beanspruchen,
würde er ebenfalls einen positiven Deckungsbeitrag erwirtschaften. Aus kostenrechnerischer Perspektive sind somit zunächst alle Alternativen in Betracht zu ziehen.

Lösungshinweise zu Aufgabe 3.2
Engpassbezogener Kostenvorteil:

S: Auftrag Süddeutschland	
Bezugspreis für S (pro ME)	60.000,00 €
Variable Stückkosten für S (pro ME)	15.000,00 €
Mehrkosten bei Fremdbezug von S (pro ME)	45.000,00 €
Engpassbelastung durch S	15 Mitarbeitertage
Engpassbezogene Mehrkosten von S	3.000,00 €/Mitarbeitertag

Z: Zusatzauftrag Berlin/Leipzig	
Engpassbelastung durch Z (pro ME)	30 Mitarbeitertage
Stückdeckungsbeitrag von Z	113.160,00 €
Relativer Stückdeckungsbeitrag von Z	3.772,00 €/Mitarbeitertag

Der engpassbezogene Kostenvorteil durch die Übernahme des Zusatzauftrages (gemessen am relativen Stückdeckungsbeitrag) ist größer als der Vorteil durch Nutzung
der Kapazität für die Eigenfertigung von S. Bei dem gegebenen Engpass wird das optimale Betriebsergebnis erwirtschaftet, wenn der Zusatzauftrag angenommen und die
Kapazität für den Zusatzauftrag eingesetzt wird. Auftrag S sollte demzufolge fremdbezogen, also an das verbundene Partnerunternehmen in Karlsruhe vergeben werden.

Lösungshinweise zu Aufgabe 3.3

Entscheidung auf Basis der Opportunitätskosten:

Ausgehend von den Opportunitätskosten gelangt man zu derselben Entscheidung wie auf Basis der engpassbezogenen Mehrkosten bzw. des engpassbezogenen Kostenvorteils.

Sofern der Auftrag S durch die ProMaG selbst abgewickelt wird, ist die Übernahme des Zusatzauftrages nicht möglich. Der verdrängte Deckungsbeitrag (von Auftrag Z) durch Auftrag S stellt den entgangenen Nutzen bzw. die sogenannten Opportunitätskosten dar. Neben den variablen Stückkosten, die bei der Abwicklung von Auftrag S entstehen, müssen die entstehenden Opportunitätskosten berücksichtigt werden. Es gilt:

$$(k_v + k_o) > p_L \quad \rightarrow \quad \text{Fremdfertigung} ; \quad (k_v + k_o) < p_L \quad \rightarrow \quad \text{Eigenfertigung}$$

Wird Auftrag Z vollständig verdrängt, können die 2 Messen keinen Stückdeckungsbeitrag in Höhe von 113.160 €/Messe erwirtschaften.

Damit ergeben sich die Opportunitätskosten und die Opportunitätsstückkosten wie folgt:

$$K_{o;S} = q_z \cdot db_Z = 2\,\text{ME} \cdot 113.160\,€ = 226.320,00\,€$$

$$k_{o;S} = K_{o;S} : eq_S = 226.320\,€ : 4\text{ME} = 56.580,00\,€/\text{ME}$$

Die mit Beibehaltung des Auftrages S entstehenden variablen Stückkosten und Opportunitätsstückkosten sind in der Summe größer als der Bezugspreis von Auftrag S (pro ME):

$$(15.000\,€ + 56.580\,€) > 60.000\,€ \quad \rightarrow \quad \text{Fremdfertigung}$$

Das optimale Betriebsergebnis wird demzufolge erzielt, wenn der Zusatzauftrag angenommen und Auftrag S an das Partnerunternehmen vergeben wird.

Aspekte einer kritischen Würdigung der Entscheidungsvorlage:

Die hier zu bearbeitende Optimierungsproblematik ist (zunächst) nur darin zu sehen, dass die Nachfrage aufgrund von betrieblichen Engpässen nicht vollständig bedient werden kann. An dieser Stelle soll die operative Steuerung das Produktionsprogramm an die Gegebenheiten der Geschäftsperiode so anpassen, dass das Betriebsergebnis optimiert wird. Als kurzfristig wirksame Entscheidung zielt die Make-or-Buy-Entscheidung also auf die Optimierung des Betriebsergebnisses und basiert damit allein auf kostenrechnerischen Überlegungen. Andere durchaus entscheidungsrelevante Faktoren, wie bspw.

– der Status der auftragserteilenden Kunden,
– die Qualität der fremdbezogenen oder eigengefertigten Aufträge,
– das technische Know-how,
– das Image des Unternehmens,
– die Beschaffbarkeit und die Versorgungssicherheit, oder auch
– Risiken jeglicher Art (bspw. Transportrisiken)

bleiben somit zunächst außen vor – auch wenn sie vor Allem in strategischer Perspektive von Bedeutung sein werden.

Die kurzfristigen Optimierungsüberlegungen sind zudem geprägt durch eine Vielzahl kritischer Annahmen. Einige seien hier aufgeführt:

- Zwischen den verschiedenen Aufträgen der ProMaG liegen per Annahme keine Verbundbeziehungen vor – die Aufträge können also unabhängig voneinander beurteilt werden.
- Ähnlich unrealistisch sind die gesetzten Annahmen konstanter Stückerlöse und konstanter variabler Stückkosten.
- Zudem ist die Wahrscheinlichkeit recht groß, dass von mehr als nur von einer engpasswirksamen Kapazitätsbeschränkung (hier: Mitarbeitertage) auszugehen ist.

Solche Komplexitätsreduktionen stehen natürlich in der Gefahr, dass sie unter einem gewissen Maß an Realitätsverlust leiden. Allerdings räumen die gesetzten Annahmen erst eine Berechenbarkeit der in der Ausgangssituation dargestellten Optimierungsherausforderung ein, da sie grundlegende Entscheidungsmechanismen für kurzfristige Produktionsprogrammentscheidungen offenlegen können. Ein Überdenken der so getroffenen Make-or-Buy-Entscheidung vor dem Hintergrund weiterer entscheidungsrelevanter Faktoren bleibt ja unbenommen.

Vertiefende Literatur zu Aufgabe 3

Behrens, Reinhard/Feuerlohn, Bernd (2018): Angewandtes Unternehmenscontrolling – Operative Systeme der Planung, Kontrolle und Entscheidung, Berlin et al.: De Gruyter Oldenbourg [Teil F, Abschnitt 2.3].

Ewert, Ralf/Wagenhofer, Alfred (2014): Interne Unternehmensrechnung, 8., aktualisierte Auflage, Berlin Heidelberg: Springer Gabler.

Freidank, Carl-Christian (2012): Kostenrechnung. Grundlagen des innerbetrieblichen Rechnungswesens und Konzepte des Kostenmanagements, 9., aktualisierte Auflage, München: Oldenbourg.

Kalenberg, Frank (2013): Kostenrechnung: Grundlagen und Anwendungen – mit Übungen und Lösungen, 3. Auflage, München: Oldenbourg.

Preißler, Peter R./Preißler, Peter J. (2015): Entscheidungsorientierte Kosten- und Leistungsrechnung, 4. Auflage, Berlin et al.: De Gruyter Oldenbourg.

6 Fallstudie 5: Erfolgsrechnung, Abweichungsanalyse und Budgetierung bei der Agrochemical AG

6.1 Ausgangssituation und Bearbeitungsvorschläge

Ausgangssituation

Die AGROCHEMICAL AG (AC-AG) hat sich in den vergangenen 15 Jahren als Hersteller von Produkten für die Landwirtschaft im westeuropäischen Absatzmarkt etablieren können. Im Rahmen eines vor 3 Jahren durchgeführten Restrukturierungsprozesses hatte sich die AGROCHEMICAL AG als divisional organisiertes Unternehmen mit einer Center-Organisation neu aufgestellt. Lediglich die Bereiche Controlling und Forschung & Entwicklung sind neben der Verwaltung als zentrale Organisationseinheiten am Hauptsitz in Regensburg verblieben. Ihre Produktangebote hatte die AGROCHEMICAL AG wie folgt in Profit-Centern gebündelt:

Standort/Profit-Center	Produkte	Branchenwachstum
Regensburg (Hauptsitz)	Saatgut/Saatschutz	überdurchschnittlich
Stuttgart	Düngemittel/Wachstumsregler	überdurchschnittlich
Würzburg	Pflanzenschutzmittel	unterdurchschnittlich

Im Rahmen der bei der AGROCHEMICAL AG nach wie vor praktizierten Top-Down-Planung sind die Center beschaffungsseitig an zentral ausgewählte Hauslieferanten gebunden. Derzeit wird durch das Zentralcontrolling die Budgetierung der Center für die Planungsperiode 2019 vorbereitet. Hierzu werden als Ausgangsdaten die vorliegenden Standardberichte der Center herangezogen. Dem Standardbericht des Centers Würzburg (Pflanzenschutzmittel) sind für die abgelaufene Abrechnungsperiode 2017 folgende Berichtsdaten zu entnehmen (Angaben in €):

https://doi.org/10.1515/9783110631043-008

Profitcenter Würzburg: Berichterstatter: Berichtsnummer/-status:	Pflanzenschutzmittel Centerleitung Würzburg 12/2017 / vertraulich		Abrechnungsjahr 2017
Centerergebnis 2017			**−500.000**
Umsatzerlöse			17.000.000
…davon Umsatzerlöse der Produktarten	–	Insektizide	3.000.000
	–	Herbizide	8.000.000
	–	Fungizide	6.000.000
Gesamtkosten			17.500.000
…davon Bezugskosten für insektizide Grundwirkstoffe			3.900.000
…davon Bezugskosten für herbizide Grundwirkstoffe			3.880.000
…davon Bezugskosten für systemische und protektive Fungizide			1.550.000
…davon Kosten für allgemeine Produktwerbung (Gleichverteilung über die Produktarten)			1.890.000
…davon Kosten für die gemeinsame Werbung (nur Insektizide und Herbizide)			1.010.000
…davon Personalkosten und soziale Aufwendungen			3.250.000
…davon Abschreibungen (Anlagevermögen und Umlaufvermögen)			790.000
…davon Steuern, Versicherungen, Beiträge			550.000
…davon sonstige Kosten			680.000

In der durch die Leitung des Zentralcontrollings anberaumten Teamsitzung sollen zunächst die für die Vorbereitung der Budgetierung noch erforderlichen Daten und Informationen gesammelt werden. Aufgrund seines negativen Centerergebnisses in einem unterdurchschnittlich wachsenden Zielmarkt wird auf die Berichterstattung des Centers Würzburg (Pflanzenschutzmittel) besonderes Augenmerk gelegt. Hier wird in der Teamsitzung einhellig festgestellt, dass zur Beurteilung der wirtschaftlichen Entwicklung des Centers Würzburg aussagekräftige Teilkostenrechnungen nachzureichen sind. Daneben sollen Abweichungsanalysen bzgl. der variablen Kosteneinsätze durch das Center Würzburg durchgeführt und dokumentiert werden, zumindest in Bezug auf die signifikanten Abweichungen. So sei die Planung der variablen Kosten für den Bezug der insektiziden Grundwirkstoffe für die Abrechnungsperiode 2017 auf Basis einer Planmenge in Höhe von 55.000 l (zugleich Leistungseinheiten, LE) und zu einem Planpreis in Höhe von 52 €/LE durchgeführt worden. Der tatsächliche Kosteneinsatz mit 3,9 M€ sei weit von dem Budgetansatz entfernt, was ohne weitere Informationsübermittlung durch die Centerleitung nicht nachvollziehbar sei. Die Leitung des Zentralcontrollings habe dies dem Produktmanager für die Produktart Insektizide bereits mitgeteilt.

In diesem Zusammenhang wird – wie auch schon mehrfach in früheren Teamsitzungen – die derzeitig bei der AGROCHEMICAL AG praktizierte retrograde Budgetierung in grundsätzlicher Perspektive problematisiert. Alle Mitarbeiter des Zentralcontrollings stimmen darin überein, dass in Anbetracht der für alle Center mehrfach gewährten pauschalen Budgetnachschüsse eine generelle Neugestaltung des Budgetierungsprozesses erwogen werden sollte. In diesem Kontext könne auch gleich der aktuelle Detaillierungsgrad der Standardberichte angepasst werden, um den erfahrungsgemäß umfangreichen informationsbezogenen Defiziten entgegenzuwirken. Es sollten generell detailliertere Anforderungen an die Gestaltung der Berichtsinhalte von Standardberichten formuliert werden. So könnten bspw. die Centerleitungen verpflichtet werden, die Berichtsinhalte der Standardberichte zu ergänzen um

– die Angabe der Mengengerüste (Absatz-, Herstell-, Bezugsmengen),
– die Angabe der Einstandspreise bei Material und Personal,
– die Angabe der konkreten Zusammensetzung der Personalkosten,
– die Angabe der Höhe und der verwendeten Ermittlungsmethoden der einzelnen Abschreibungsbeträge.

Da man sich in der Teamsitzung nicht abschließend auf eine neue Normierung der Berichtsinhalte einigen kann, wird auch erwogen, die konkrete inhaltliche Ausgestaltung der Standardberichte den in der Berichtserstellung ja erfahrenen Centerleitungen zu überlassen.

Bearbeitungsvorschläge – Überblick

Aufgabe 1:   *Erfolgsrechnungen*
Aufgabe 1.1:   Direct Costing
Aufgabe 1.2:   Fixkostendeckungsrechnung
Aufgabe 1.3:   Kritische Reflexion

Aufgabe 2:   *Abweichungsanalysen*
Aufgabe 2.1:   Gesamtabweichung/kumulative Methodik
Aufgabe 2.2:   Alternative/differenziert-kumulative Methodik
Aufgabe 2.3:   Kritische Reflexion

Aufgabe 3:   *Budgetierung*
Aufgabe 3.1:   Budgetierungsprozess
Aufgabe 3.2:   Verhaltenswirkungen
Aufgabe 3.3:   Kritische Reflexion

Bearbeitungsvorschläge – Aufgabenstellungen

Aufgabe 1: Stellen Sie für das Profit-Center Würzburg (Pflanzenschutzmittel) Erfolgsrechnungen auf Teilkostenbasis auf. Vereinfachend sollen hierzu die in dem Standardbericht aufgeführten Bezugskosten als variable Kosten interpretiert werden, die vollumfänglich zur Erzielung von Umsatzerlösen beigetragen haben. Alle anderen Kosten sind als Fixkosten einzustufen.

1.1 Entwickeln Sie auf Basis der Berichtsdaten für die Abrechnungsperiode 2017 eine einstufige und kostenträgerbezogene Deckungsbeitragsrechnung!

1.2 Spalten Sie den Fixkostenblock in drei Fixkostenschichten auf und ermitteln Sie auf Basis der Berichtsdaten für die Abrechnungsperiode 2017 die Deckungsbeiträge der Kostenträger stufenweise!

1.3 Unterziehen Sie die (in den Teilaufgaben 1.1 und 1.2) verwendeten Rechnungssysteme einer kritischen Würdigung, insbesondere hinsichtlich ihrer Anwendungsbedingungen!

Aufgabe 2: Der Kostenartenrechnung des Profit-Centers Würzburg ist zu entnehmen, dass in der Abrechnungsperiode 2017 bei den insektiziden Grundwirkstoffen eine tatsächliche Verbrauchsmenge in Höhe von 60.000 Litern (zugleich Leistungseinheiten LE) vorlag. Diese Menge musste aufgrund einer kurzfristigen Preiserhöhung des Hauslieferanten zu einem Einstandspreis in Höhe von durchgängig 65 €/LE bezogen werden, da eine alternative Bezugsquelle nicht verfügbar war.

2.1 Ermitteln Sie im Rahmen eines Ist-Plan-Vergleiches die Gesamtabweichung und die Teilabweichungen nach der kumulativen Methodik! Beschreiben Sie Ihre Vorgehensweisen.

2.2 Ermitteln Sie im Rahmen eines Ist-Plan-Vergleiches die Teilabweichungen nach der alternativen und der differenziert-kumulativen Methodik! Beschreiben Sie Ihre Vorgehensweisen.

2.3 Stellen Sie die Ergebnisse (aus den Teilaufgaben 2.1 und 2.2) grafisch dar und unterziehen Sie die verwendeten Methoden zur Ermittlung der Teilabweichungen einer vergleichenden Beurteilung!

Aufgabe 3: Im Rahmen der Teamsitzung des Zentralcontrollings wird eine generelle Neugestaltung des Budgetierungsprozesses und der Berichtsinhalte der Standardberichte erwogen.

3.1 Entwickeln Sie in Bezug auf den vorgegebenen Fall fünf konsistent begründete Vorschläge für eine Neugestaltung des Budgetierungsprozesses mit dem Ziel einer stärkeren Entfaltung von Verhaltenswirkungen durch Budget und Budgetierungsprozess!

3.2 Beurteilen Sie die mit einer Ausweitung der Berichtsinhalte der Standardberichte zu erwartenden Verhaltensmodulationen auf Seiten des Zentralcontrollings als internem Informationsnachfrager bzw. Berichtsempfänger!

3.3 Ergänzen Sie Ihre Beurteilungen (in der Teilaufgabe 3.2) um die Ihres Erachtens zu erwartenden manipulativen und versteckten verhaltenssteuernden Wirkungen auf Seiten des Zentralcontrollings als internem Informationsnachfrager bzw. Berichtsempfänger!

6.2 Lösungshinweise mit weiterführenden Literaturangaben

Lösungshinweise zu Aufgabe 1.1

Direct Costing:

Direct Costing (€)	Insektizide	Herbizide	Fungizide	Summen
Umsatzerlöse	3.000.000	8.000.000	6.000.000	17.000.000
– variable Kosten d.U.	3.900.000	3.880.000	1.550.000	9.330.000
= DB	−900.000	+4.120.000	+4.450.000	+7.670.000
– Centerfixkosten				8.170.000
= Erfolg				−500.000

Lösungshinweise zu Aufgabe 1.2

Fixkostendeckungsrechnung:

Fixkostendeckungsrechnung (€)	Insektizide	Herbizide	Fungizide	Summe
Umsatzerlöse	3.000.000	8.000.000	6.000.000	17.000.000
– variable Kosten d.U.	3.900.000	3.880.000	1.550.000	9.330.000
= DB I	−900.000	+4.120.000	+4.450.000	+7.670.000
– Produktfixkosten (Werbung allgemein)	630.000	630.000	630.000	1.890.000
= DB II	−1.530.000	+3.490.000	+3.820.000	+5.780.000
– Produktgruppenfixkosten (Werbung)	1.010.000		–	1.010.000
= DB III	+950.000		+3.820.000	+4.770.000
– Centerfixkosten				5.270.000
= Erfolg				−500.000

Lösungshinweise zu Aufgabe 1.3

Die Erfolgsrechnungen auf Teilkostenbasis berücksichtigen (zumindest im ersten Verrechnungsschritt) ausschließlich die variablen Kosten und umgehen somit das den Vollkostenrechnungen immanente Problem der kalkulationsungenauen Proportionalisierung der Fixkosten. Mit den Erfolgsrechnungen in Form der Fixkostendeckungsrechnungen werden tiefere Einblicke in die Erfolgsstrukturen des Leistungsspektrums ermöglicht. Es lassen sich detaillierte Deckungsbeiträge stufenweise ermitteln, die eine Beurteilung der Profitabilität von Produktarten bzw. Leistungsarten und Produkt- bzw. Leistungsgruppen einräumen.

Allerdings bleibt in den Erfolgsrechnungen auf Teilkostenbasis – zumindest in der Form eines Direct Costing – die Abbaufähigkeit fixer Kosten (Kostenremanenz) weitestgehend unberücksichtigt. Für den Einsatz der Erfolgsrechnungen auf Teilkostenbasis sind zudem verschiedene Aspekte zu beachten:

– In den Erfolgsrechnungen auf Teilkostenbasis werden nach dem Verursachungsprinzip nur die variablen Kosten auf die Kostenträger verrechnet. Aus diesem

Grunde ist im Rahmen der Kostenartenrechnung eine Auflösung der Gesamtkosten nach dem Beschäftigungsbezug in fixe und in variable Kostenbestandteile durchzuführen.

– Erfolgsrechnungen auf Teilkostenbasis unterstellen eine eindeutige Trennbarkeit zwischen fixen und variablen Kosten, die in der Anwendungspraxis nicht immer mit hinreichender Trennschärfe gegeben ist.

– Ausgangspunkt der Erfolgsrechnungen auf Teilkostenbasis ist der Umsatzerlös eines Kostenträgers. Diesem Umsatzerlös sind (nur) die variablen Kosten eines Kostenträgers gegenüberzustellen, die zur Erzielung des Umsatzerlöses eingesetzt werden mussten. Demzufolge sind die variablen Kosten des Umsatzes in Bezug auf den jeweiligen Kostenträger zu bestimmen.

– Der Einsatz einer Erfolgsrechnung in der Form einer Fixkostendeckungsrechnung erfordert zudem eine Analyse des Fixkostenblockes nach dem Kriterium der Zurechenbarkeit auf Kostenträger und Kostenträgergruppen.

– Sobald durch die Analyse des Fixkostenblockes nach dem Kriterium der Zurechenbarkeit auf Kostenträger und Kostenträgergruppen eine differenziertere Betrachtung der Fixkosten angestrebt wird, tauchen in den Fixkostendeckungsrechnungen regelmäßig Probleme hinsichtlich der eindeutigen Zurechenbarkeit der Fixkosten auf die Kalkulationsobjekte auf.

Vertiefende Literatur zu Aufgabe 1

Behrens, Reinhard/Feuerlohn, Bernd (2018): Angewandtes Unternehmenscontrolling – Operative Systeme der Planung, Kontrolle und Entscheidung, Berlin et al.: De Gruyter Oldenbourg [Teil A, Abschnitt 3.4; Teil F, Abschnitt 2.1].

Coenenberg, Adolf G./Fischer, Thomas M./Günther, Thomas (2016): Kostenrechnung und Kostenanalyse, 9., überarbeitete Auflage, Stuttgart: Schäffer-Poeschel.

Eberlein, Jana (2010): Betriebliches Rechnungswesen und Controlling, 2., erweiterte Auflage, München: Oldenbourg.

Eisele, Wolfgang/Knobloch, Alois Paul (2018): Technik des betrieblichen Rechnungswesens: Buchführung und Bilanzierung, Kosten- und Leistungsrechnung, Sonderbilanzen, 9., vollständig überarbeitete und erweiterte Auflage, München: Vahlen.

Freidank, Carl-Christian (2012): Kostenrechnung. Grundlagen des innerbetrieblichen Rechnungswesens und Konzepte des Kostenmanagements, 9., aktualisierte Auflage, München: Oldenbourg.

Friedl, Birgit (2010): Kostenrechnung – Grundlagen, Teilrechnungen und Systeme der Kostenrechnung, 2., überarbeitete und erweiterte Auflage, München: Oldenbourg.

Joos, Thomas (2014): Controlling, Kostenrechnung und Kostenmanagement. Grundlagen – Anwendungen – Instrumente, 5., überarbeitete Auflage, Wiesbaden: Springer Gabler.

Kalenberg, Frank (2013): Kostenrechnung: Grundlagen und Anwendungen – mit Übungen und Lösungen, 3. Auflage, München: Oldenbourg.

Schweitzer, Marcell/Küpper, Hans-Ulrich/Friedl, Gunther / Hofmann, Christian/Pedell, Burghard (2015): Systeme der Kosten- und Erlösrechnung, 11., überarbeitete und erweiterte Auflage, München: Vahlen.

Steger, Johann (2010): Kosten- und Leistungsrechnung: Einführung in das betriebliche Rechnungswesen, Grundlagen der Vollkosten-, Teilkosten-, Plankosten- und Prozesskostenrechnung, 5. Auflage, München: Oldenbourg.

Lösungshinweise zu Aufgabe 2.1

Gesamtabweichung (Bezugskosten für insektizide Grundwirkstoffe 2017):

K_I (Istkostenrechnung, siehe Bericht)	$60.000\,\text{LE} \cdot 65\,\text{€/LE} = 3.900.000\,\text{€}$
$- K_P$ (Plankostenrechnung)	$55.000\,\text{LE} \cdot 52\,\text{€/LE} = 2.860.000\,\text{€}$
= Gesamtabweichung	**+1.040.000 €**

Im Rahmen der Ermittlung der **Gesamtabweichung** werden die Istkosten der Istkostenrechnung (basierend auf Istmenge und Istpreis) verglichen mit den Plankosten der Plankostenrechnung (basierend auf Planmenge und Planpreis). In einer solchen Abweichung sind demzufolge neben Mengenabweichung und Preisabweichung auch kombinierte Abweichungen (nämlich hier die Kombination aus Mengenabweichung und Preisabweichung) enthalten.

Teilabweichungen (Bezugskosten für insektizide Grundwirkstoffe 2017):

Kumulative Methodik	Gesamtabweichung	+1.040.000 €
Abspaltung	Kostenabweichung	260.000 €
der Mengenabweichung [+5.000 LE]	Preisabweichung	780.000 €
Abspaltung	Preisabweichung	715.000 €
der Preisabweichung [+13 €/LE]	Kostenabweichung	325.000 €

Im Rahmen der kumulativen Methodik wird die Gesamtabweichung als Summe der Teilabweichungen interpretiert. Dabei wird die Abweichung höherer Ordnung in Höhe von 65.000 € [5.000 LE · 13 €/LE] der Einflussgröße zugeordnet, die bei der Untersuchung zuerst betrachtet werden soll:

- Wird zuerst die Mengenabweichung (5.000 LE) abgespalten, so gelangt man zu einer Kostenabweichung in Höhe von 260.000 € [5.000 LE · 52 €/LE]. Daraus resultiert eine zu betrachtende Preisabweichung in Höhe von 780.000 € [60.000 LE · 13 €/LE].
- Wird zuerst die Preisabweichung (13 €/LE) abgespalten, so gelangt man zu einer Preisabweichung in Höhe von 715.000 € [55.000 LE · 13 €/LE]. Daraus resultiert eine zu betrachtende Kostenabweichung in Höhe von 325.000 € [5.000 LE · 65 €/LE].

In beiden Fällen ergibt sich als Summe der Teilabweichungen wieder die Gesamtabweichung in Höhe von 1.040.000 €.

Lösungshinweise zu Aufgabe 2.2

Teilabweichungen (Bezugskosten für insektizide Grundwirkstoffe 2017):

Alternative Methodik	Gesamtabweichung	+1.040.000 €
Teilabweichungen	Kostenabweichung	260.000 €
	Preisabweichung	715.000 €
		975.000 €

Im Rahmen der alternativen Methodik wird die Abweichung höheren Grades ausgeklammert, so dass die Summe der Teilabweichungen (hier 975.000 €) nicht mehr die Gesamtabweichung widerspiegeln kann. Es wird jeweils nur eine Einflussgröße betrachtet, alle anderen werden ausgehend von den Plangrößen konstant gesetzt. Auf der Basis eines Ist-Plan-Vergleiches lassen sich eine Kostenabweichung in Höhe von 260.000 € [5.000 LE · 52 €/LE] und eine Preisabweichung in Höhe von 715.000 € [55.000 LE · 13 €/LE] feststellen. Die Restabweichung in Höhe von 65.000 € [5.000 LE · 13 €/LE] bleibt unbeachtet.

Differenziert-kumulative Methodik	Gesamtabweichung	+1.040.000 €
Abweichungen erster Ordnung	Kostenabweichung	260.000 €
	Preisabweichung	715.000 €
Abweichung zweiter Ordnung	Kombinierte Preis-Mengen-Abweichung	65.000 €

Im Rahmen der differenziert-kumulativen Methodik werden die Abweichungen höherer Ordnung gesondert ausgewiesen. Die Gesamtabweichung wird hier mit Teilabweichungen untersetzt, wobei die Anzahl der Einflussgrößen der Anzahl der Ordnungsstufen entspricht; hier sind es zwei Einflussgrößen, somit zwei Ordnungsstufen. Die Abweichungen ersten Grades entsprechen dabei immer den Teilabweichungen der alternativen Methodik. Hier gelangt man somit zu einer Kostenabweichung in Höhe von 260.000 € [5.000 LE · 52 €/LE] und zu einer Preisabweichung in Höhe von 715.000 € [55.000 LE · 13 €/LE]. Die verbleibende Restabweichung in Höhe von 65.000 € [5.000 LE · 13 €/LE] wird als Abweichung höheren Grades erfasst; diese ist bedingt durch das Zusammenwirken der beiden Einflussfaktoren (Preisdifferenz und Mengendifferenz).

Lösungshinweise zu Aufgabe 2.3

Die Ergebnisse werden grafisch wie folgt dargestellt:

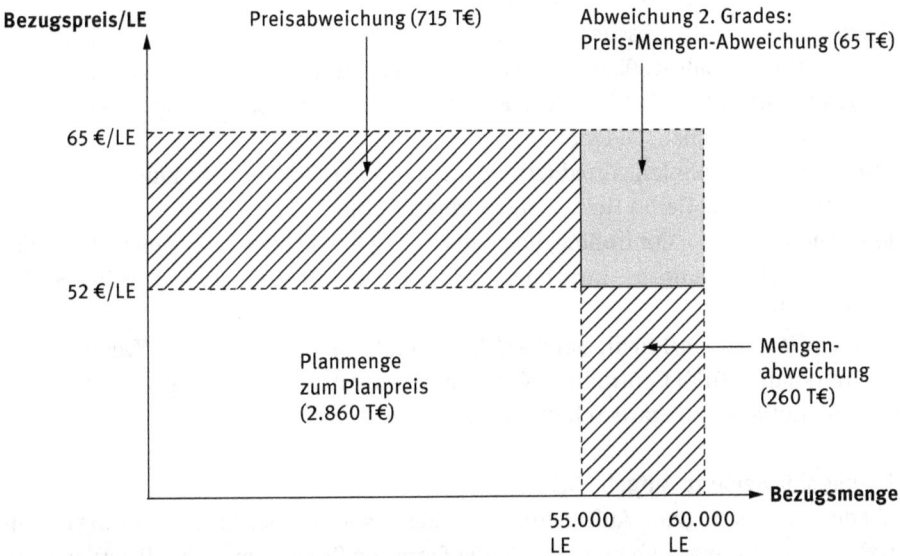

Bezugspreis/LE

Preisabweichung (715 T€)

Abweichung 2. Grades:
Preis-Mengen-Abweichung (65 T€)

65 €/LE

52 €/LE

Planmenge
zum Planpreis
(2.860 T€)

Mengen-
abweichung
(260 T€)

Bezugsmenge

55.000
LE

60.000
LE

Vergleichende Beurteilung:

Bei allen Analysemethoden zeigt sich, dass die Gesamtabweichung im Wesentlichen durch die Preisabweichung bedingt ist.

– Im Interesse einer möglichst aussagekräftigen Abweichungsanalyse sollten bei der kumulativen Methodik zunächst die Einflussgrößen in die Analyse aufgenommen werden, die nicht unmittelbar im Verantwortungsbereich der Centerleitung zu verorten sind. Alternativ könnte man auch die Abweichung höherer Ordnung gleichmäßig auf die Abweichungen erster Ordnung verteilen, womit zwar das Problem der Reihenfolgeentscheidung ausgeräumt wäre, aber eine Ergebnisverzerrung bezüglich der Teilabweichungen bliebe.

– Im Rahmen der alternativen Methodik wird die ergebnisverzerrende Abweichung höheren Grades ausgeklammert. Deshalb spielt im Vergleich zur kumulativen Methodik die Reihenfolge der Einflussgrößen bei der Teilabweichungsermittlung keine Rolle mehr. Allerdings bleibt damit die Restabweichung völlig unbeachtet.

– Die wesentlichen Vorteile der differenziert-kumulativen Methodik sind darin zu sehen, dass einerseits die Summe der Teilabweichungen die Gesamtabweichung widerspiegelt, andererseits eine Reihenfolgeentscheidung über die abweichungsrelevanten Einflussfaktoren nicht erforderlich ist. Sie kann demzufolge die Analyseergebnisse auch nicht beeinträchtigen. Die Abweichung höheren Grades wird den einzelnen Teilabweichungen und einzelnen Einflussfaktoren also nicht ergebnisverzerrend zugeschrieben.

Vertiefende Literatur zu Aufgabe 2

Behrens, Reinhard/Feuerlohn, Bernd (2018): Angewandtes Unternehmenscontrolling – Operative Systeme der Planung, Kontrolle und Entscheidung, Berlin et al.: De Gruyter Oldenbourg [Teil C, Abschnitte 3.1 und 3.2].

Coenenberg, Adolf G./Fischer, Thomas M./Günther, Thomas (2016): Kostenrechnung und Kostenanalyse, 9., überarbeitete Auflage, Stuttgart: Schäffer-Poeschel.

Eberlein, Jana (2010): Betriebliches Rechnungswesen und Controlling, 2., erweiterte Auflage, München: Oldenbourg.

Ewert, Ralf/Wagenhofer, Alfred (2014): Interne Unternehmensrechnung, 8., aktualisierte Auflage, Berlin Heidelberg: Springer Gabler.

Joos, Thomas (2014): Controlling, Kostenrechnung und Kostenmanagement. Grundlagen – Anwendungen – Instrumente, 5., überarbeitete Auflage, Wiesbaden: Springer Gabler.

Küpper, Hans-Ulrich/Friedl, Gunther/Hofmann, Christian / Hofmann, Yvette/Pedell, Burkhard (2013): Controlling. Konzeption, Aufgaben, Instrumente, 6., überarbeitete Auflage, Stuttgart: Schäffer-Poeschel.

Lösungshinweise zu Aufgabe 3.1

Mit der Entwicklung und Aufsetzung von Budgets soll das Ziel einer Steuerung dezentraler Entscheidungseinheiten, hier in der Form von Profit-Centern, realisiert werden. Damit in den dezentralen Entscheidungseinheiten eine entsprechende Verhaltenswirkung entfaltet werden kann, sollten folgende Aspekte bei der Neugestaltung des Budgetierungsprozesses beachtet werden:

– Retrograde Budgetierung: Bei der Agrochemical AG wird die Budgetierung der Center im Rahmen einer Top-Down-Planung organisiert. Würden die Budgets im Rahmen einer Gegenstromplanung (iterative Planung) entwickelt werden, so wäre der Budgetierungsprozess zwar zeitaufwendiger, aber durch die Beteiligung der Centerleitungen an der Budgetentwicklung wären eine höhere Realitätsgerechtigkeit der Budgets und auch eine höhere Akzeptanz durch die Centerleitungen zu erwarten – dies könnte die gewünschte Verhaltenswirkung nachhaltig unterstützen.

– Spartenbudgetierung: Bei den zu budgetierenden Entscheidungseinheiten handelt es sich um Profit-Center, die im Rahmen vorgegebener Restriktionen die Mitteleinsätze zur Gewinnerzielung selbst bestimmen können sollten. Der Umfang der Budgetverantwortung ist unbedingt an den Umfang der Entscheidungsverantwortung anzupassen, damit eine Verhaltenswirkung entstehen kann. Demzufolge sollte die Bindung der Center an ausgewählte Hauslieferanten der Agrochemical AG zumindest zur Disposition gestellt werden.

– Budgetabweichungen: Die Soll-Ist-Vergleiche sollten aussagekräftig sein und nicht – wie hier zumindest im ersten Zugriff – auf einen einfachen Vergleich der Istkosten mit den Sollkosten abstellen, denn damit verzerrten bspw. Preisabweichungen die durch die Centerleitung zu verantwortende Abweichung. Auch hier ist die Beachtung der Kongruenz von Entscheidungskompetenz und Budgetverantwortung grundlegend für die gewünschte Verhaltenswirkung. Deshalb sollte nicht der Produktmanager für die Produktart Insektizide, sondern die budget-verantwortliche Centerleitung als erste Ansprechpartnerin mit den Ergebnissen einer Abweichungsanalyse konfrontiert werden – zumal nur die budgetverant-wortliche Centerleitung in angemessenem Maße korrigierend eingreifen kann. Daneben sollten die durch die Centerleitung zu verantwortenden Abweichun-gen (außerhalb eines zu vereinbarenden Toleranzrahmens) nicht mit drohenden Sanktionen, sondern mit Lernprozessen verbunden werden, um zukünftigen Ab-weichungen entgegenwirken zu können.

- Verbindlichkeit: Während der Budgetperiode sollte das bewilligte Budget mög-lichst nicht verändert werden, damit es seine Verbindlichkeit und somit seine ver-haltenssteuernde Wirkung nicht einbüßt. Budgetnachschüsse sollten demzufolge nicht – wie hier – pauschal gewährt, sondern nur in begründeten Ausnahmefäl-len in Betracht gezogen werden.

- Leistungsorientierung: Die Budgetzuweisungen (somit auch die Budgetnach-schüsse) sollten generell nicht – wie hier – nach dem Gießkannenprinzip (Gleichverteilung von Nachschüssen über alle Center) erfolgen, sondern streng leistungsorientiert begründet sein; andernfalls verliert das Budget seine verhal-tenssteuernde Wirkung. Um diese nachhaltig zu stärken, sollten mit den bud-getverantwortlichen Centerleitungen zudem individuelle Zielerreichungsgrade, bspw. bzgl. des Centerergebnisses, vereinbart werden, um diese mit monetären und nicht-monetären Leistungsanreizen verknüpfen zu können.

Lösungshinweise zu Aufgabe 3.2

Die Verhaltensmodulationen auf Seiten des Zentralcontrollings (interner Informati-onsnachfrager und Berichtsempfänger) können sich in drei Ausprägungen offenbaren:

- Aktivierung: Zunächst können die neu gestalteten Standardberichte beim Infor-mationsnachfrager aufgrund der umfangreicheren Informationen eine Aktivie-rung bewirken, d. h. dass eine Erhöhung der Wahrnehmungs- und Handlungs-bereitschaft des Informationsnachfragers hervorgerufen wird. Aufgrund der ihm vorgelegten, nun recht umfangreichen und differenzierten Informationen ist der Berichtsempfänger eher in der Lage, eine Entscheidungsvorlage zu generieren. Gleichzeitig kann die Aktivierung eine konzentriertere Verarbeitung der zugeführ-ten Informationen herbeiführen.

- Aufmerksamkeit: Weiterhin können die neuen Standardberichte eine Variation der Aufmerksamkeit bewirken. Dies kann sich in einer Aufmerksamkeitsein-schränkung, aber auch in einer Erhöhung der Aufmerksamkeit widerspiegeln. Zunächst rufen die Berichte durch den Übermittlungsprozess fast schon automa-tisch eine Aufmerksamkeit beim Informationsnachfrager hervor. Die vorgesehene Ausweitung der Berichtsinhalte der Standardberichte führt jedoch tendenziell zu einer Informationsüberflutung und zu einer Verteilung der Aufmerksamkeit des Berichtsempfängers auf unterschiedliche Sachverhalte – und wird damit seine Möglichkeiten zur Erarbeitung einer Entscheidungsvorlage negativ beeinflussen.

–   Wahrnehmung: Mit der vorgesehenen Ausweitung der Berichtsinhalte der Standardberichte kann sich der Berichtsempfänger situativ die Informationen mit all ihren Details betrachten und verarbeiten (hoher Auflösungsgrad). Diese Variation des Auflösungsgrades der Wahrnehmung kann jedoch auch mit einem niedrigeren Auflösungsgrad einhergehen, wenn nämlich die zusätzlichen Informationen in den Standardberichten für den Berichtsempfänger nicht interessant genug erscheinen, und er demzufolge eher übergeordnete Aspekte als relevant einstuft – und somit Details in den Berichten gar nicht bewusst zur Kenntnis nimmt.

Lösungshinweise zu Aufgabe 3.3

Ergänzende Beurteilungen:

Die manipulativen Wirkungen sind verhaltenssteuernde Wirkungen, die durch den Berichterstatter beim Informationsnachfrager gezielt und beabsichtigt hervorgerufen werden. Sofern – wie in der Teamsitzung erwogen – die konkrete Gestaltung der Standardberichte den Centerleitungen überlassen bleibt, entstehen im Rahmen der Berichtsgestaltung die Gefahren der inhaltlichen und/oder visuellen Manipulation. Die inhaltliche Manipulation könnte mit der Lenkung des Berichtsempfängers in eine bestimmte Interpretationsrichtung durch manipulative Formulierungen und Sprachmuster im Bericht erfolgen. Eine visuelle Manipulation könnte bspw. durch die besondere Farbgebung ausgewählter Berichtsbestandteile herbeigeführt werden.

Die neuen, recht umfangreichen und differenzierten Standardberichte können auch versteckte Wirkungen beim Zentralcontrolling als internem Berichtsempfänger entfalten. Diese versteckten Wirkungen zeichnen sich dadurch aus, dass sie durch die Berichterstatter (die Centerleitungen) nicht intendiert sind und intuitives Verhalten beim Zentralcontrolling als Informationsempfänger hervorrufen:

–   Der versteckte verhaltenssteuernde Effekt der Informationsüberlastung auf Seiten des Zentralcontrollings nennt sich Information Overload. Dieser Effekt korrespondiert mit der Verhaltensmodulation in der Ausprägung der Variation der Aufmerksamkeit. Da der Informationsempfänger naturgemäß über eine begrenzte kognitive Verarbeitungskapazität verfügt, kann er in Anbetracht der signifikant höheren Informationsmenge der neuen Standardberichte keine zielführende Informationsselektion und -auswertung mehr entwickeln. Die informatorische Ausweitung der Standardberichte birgt also die Gefahr, dass keine angemessenen Entscheidungsvorlagen mehr generiert werden können.

–   Das Phänomen der Betriebsblindheit spiegelt sich durch eine tendenziell eingeschränkte Informationsaufnahme des Berichtsempfängers wider, und ist in der häufig nicht vorhandenen Bereitschaft begründet, sich mit neuen und unvertrauten Berichtsbestandteilen auseinanderzusetzen.

–   Die Mitarbeiter im Zentralcontrolling sind nicht frei von persönlichen Meinungen, Erfahrungen und Einstellungen. Dieser Umstand kann bei dem Berichtsempfänger eine Informationssuche forcieren, die auf eine Bestätigung der eigenen Annahmen fokussiert ist. Auf Seiten des Zentralcontrollings kann dieser Confirmation Bias – Effekt schon im Vorfeld der Informationsnachfrage – nämlich mit der intendierten Normierung der Berichtsinhalte – dazu führen, dass nur das abgefragt wird, was eigene Meinungen und Einstellungen bestätigen wird. Außerdem kann die im Rahmen der Vorbereitung der Centerbudgetierung notwendige Nutzung der Berichtsinformationen zwei Wahrnehmungsfehler unterstützen: Berichtsinformationen, die den eigenen Standpunkt tendenziell unterstützen, werden als nützlicher eingestuft, als sie es in der Realität wirklich sind (Assimilationsfehler). Zudem können die Berichtsinformationen, die der eigenen Meinung zuwiderlaufen, als noch unwesentlicher wahrgenommen werden, als sie es wirklich sind (Kontrastierungsfehler).

– Auch ein übermäßiges Vertrauen in die eigenen Kenntnisse und Fähigkeiten kann bei den Mitarbeitern im Zentralcontrolling zu versteckten Wirkungen führen. Dieser Overconfidence-Effekt kann sich in dem Phänomen widerspiegeln, dass der Berichtsempfänger versucht, bei der Bearbeitung des neuen, nun recht umfangreich und differenziert gestalteten Standardberichtes ohne die Hilfe fachkompetenter Dritter auszukommen. Die Selbstüberheblichkeit hinsichtlich der Wahrnehmung eigener Fähigkeiten könnte fehlerhafte Entscheidungsvorlagen begründen, weil bspw. die Interpretation komplexer Sachverhalte nicht auf alle gelieferten, sondern nur auf die durch den Berichtsempfänger erfassten Informationen abstellt.

Vertiefende Literatur zu Aufgabe 3

Behrens, Reinhard/Feuerlohn, Bernd (2018): Angewandtes Unternehmenscontrolling – Operative Systeme der Planung, Kontrolle und Entscheidung, Berlin et al.: De Gruyter Oldenbourg [Teil C, Abschnitt 1; Teil E, Abschnitt 3].

Prell-Leopoldseder, Sonja (2011): Einführung in die Budgetierung und integrierte Planungsrechnung, Wien: Linde.

Rieg, Robert (2009): Unternehmensplanung und Budgetierung, 3., völlig neu bearbeitete Auflage, München: C. H. Beck.

Rieg, Robert (2015): Planung und Budgetierung. Was wirklich funktioniert, 2. Auflage, Wiesbaden: Springer Gabler.

Söhnchen, Wolfgang (2010): Operatives Controlling – Grundlagen und Instrumente, Norderstedt: BoD GmbH.

Taschner, Andreas (2013): Managementreporting – Erfolgsfaktor internes Berichtswesen, Wiesbaden: Springer Gabler.

Taschner, Andreas (2015): Management Reporting und Behavioral Accounting. Verhaltenswirkungen des Berichtswesens im Unternehmen, Wiesbaden: Springer Gabler.

Weber, Jürgen/Schäffer, Utz (2016): Einführung in das Controlling, 15., überarbeitete und aktualisierte Auflage, Stuttgart: Schäffer-Poeschel.

7 Fallstudie 6: Planung, Koordination und Entscheidung bei der Powertrain AG

7.1 Ausgangssituation und Bearbeitungsvorschläge

Ausgangssituation

Vor wenigen Monaten hatte Herr Marcus Kaiser, Absolvent des Masterstudienganges Betriebswirtschaftslehre, den Berufseinstieg bei der POWERTRAIN AG als Assistent der Leiterin des Zentralcontrollings geschafft. Am Hauptsitz des Unternehmens in Friedrichshafen befinden sich neben den leitenden Ressorts und der allgemeinen Verwaltung auch die Abteilung Forschung und Entwicklung, sowie das Zentralcontrolling. Die POWERTRAIN AG ist als Zulieferer der Automobilindustrie auf dem Gebiet der Antriebstechnik tätig, und hat sich auf die Entwicklung, die Produktion und den Vertrieb von Getrieben, Achsgetrieben, Antriebsmodulen und Antriebskomponenten spezialisiert. Die POWERTRAIN AG ist mit drei strategischen Geschäftseinheiten am Markt positioniert:

- Die Geschäftseinheit Getriebe (GE) am Standort in Friedrichshafen produziert und vertreibt Automatikgetriebe, manuelle und Doppelkupplungsgetriebe.
- Die Geschäftseinheit Achsgetriebe (AC) am Standort in Passau verantwortet Achsgetriebe, Allradsysteme, E-Achsantriebe, Differenziale und Kegelradsätze.
- Die Geschäftseinheit Antriebsmodule (AM) am Standort in Ulm ist für aktive Anfahrsysteme, Kupplungssysteme, sowie elektrische Antriebe verantwortlich.

Der Abteilung Forschung und Entwicklung war es in den letzten beiden Jahren gelungen, einen neuen elektrischen Zentralantrieb zur Serienreife zu bringen. Dieser soll das bestehende Portfolio der radnahen Antriebe ergänzen. In Kombination mit Direkttriebachsen sowie konventionellen Niederflurachsen wird der zentrale Motor sowohl Low-Entry-Busse als auch Niederflurbusse aller Größen abdecken. Zudem ist dem Elektromotor in Nutzfahrzeugen mit begrenzten täglichen Fahrleistungen im innerstädtischen Betrieb ein großes Einsatzpotenzial einzuräumen. Kern des Antriebs ist ein mittig auf der Achse positioniertes Antriebssystem, dessen elektrische Maschine als Asynchronmaschine (ASM) ausgelegt ist. Der Elektromotor, ein zweistufiges Ein-Gang-Getriebe samt Differenzial, und die Leistungselektronik bilden eine hochintegrierte, kompakte Einheit. Das Konzept sieht eine Anwendung des Antriebs sowohl für die Vorder- als auch für die Hinterachse vor. Anders als die Synchronmaschine benötigt die ASM keine Magnetmaterialien und kommt daher ohne Seltene Erden aus, wie bspw. Neodym und Dysprosium. Zudem trägt die ASM zur Reduzierung der elektrischen Schleppverluste bei, und erlaubt eine weite Spreizung zwischen Dauer- und Spitzenleistung. Die ASM bietet sich daher insbesondere bei kurzzeitig hohen Leistungsanforderungen an.

https://doi.org/10.1515/9783110631043-009

Auf der Basis der Erfahrungen mit der Markteinführung eines ähnlichen Vorgängermodells darf bei dem neuen elektrischen Zentralantrieb von folgender Preisabsatzfunktion ausgegangen werden (x_A = Absatzmenge):

$$E(x_A) = (5.000 - 0,05 \cdot x_A) \cdot x_A \qquad \text{[Erlös der Geschäftseinheit AC]}$$

Die Herstellung einer Leistungseinheit (LE) des Zentralantriebes verursacht bei der Geschäftseinheit AC variable Produktionsstückkosten in Höhe von 2.500 €/LE. Daneben sind jährliche produktbezogene Fixkosten in Höhe von 2.000.000 € zu decken. Bei jedem Zentralantrieb verbaut die Geschäftseinheit AC genau einen ASM-Motor.

Die erste große berufliche Herausforderung für Herrn Kaiser besteht in der ihm übertragenen Vorbereitung der Serienfertigung in der Geschäftseinheit AC am Standort in Passau. Als herausragendes Planungsproblem offenbart sich dabei die Frage nach der Eigenfertigung oder des Fremdbezug des ASM-Motors. Vor diesem Hintergrund beschäftigt sich Herr Kaiser mit den nachfolgend aufgeführten Problemstellungen (siehe hierzu nachfolgende Aufgaben).

Bearbeitungsvorschläge – Überblick

Aufgabe 1:	*Operative Planungsinstrumente*
Aufgabe 1.1:	Kostenvergleichsrechnung
Aufgabe 1.2:	Losgrößengestaltung
Aufgabe 1.3:	Kritische Reflexion
Aufgabe 2:	*Koordination dezentraler Einheiten*
Aufgabe 2.1:	Transfermengengestaltung
Aufgabe 2.2:	Erfolgsrechnungen
Aufgabe 2.3:	Kritische Reflexion
Aufgabe 3:	*Operative Entscheidung*
Aufgabe 3.1:	Nutzwertanalyse
Aufgabe 3.2:	Preisobergrenze
Aufgabe 3.3:	Kritische Reflexion

Bearbeitungsvorschläge – Aufgabenstellungen

Aufgabe 1: Im Rahmen der Serienfertigung des Zentralantriebes in der Geschäftseinheit AC am Standort in Passau bedürfte es zur Bereitstellung der erforderlichen Produktionskapazitäten einer zusätzlichen halbautomatischen Montagelinie, die auch für die Montage der radnahen Antriebe verwendbar sein soll. Entsprechend den von Herrn Kaiser vorgenommenen Analysen des Beschaffungsmarktes kämen die beiden folgenden Modellvarianten in Betracht. Diese sind zwar mit gleichen Nutzungsdauern und Kapazitäten ausgestattet, aber durch ungleiche Kostenstrukturen gekennzeichnet:

Daten	Montagelinie Modell A	Montagelinie Modell B
Nutzungsdauer [Jahre]	12	12
Anlagenkapazität pro Jahr [LE]	25.000	25.000
Anschaffungskosten [€]	900.000	1.200.000
Restwert nach Nutzungsdauer [€]	240.000	120.000
Variable Kosten bei Kapazitätsauslastung [€]	3.000.000	2.500.000
Fixe Kosten pro Jahr (ohne Kapitalkosten) [€]	422.200	633.600

1.1 Bereiten Sie eine Auswahlentscheidung bzgl. der zu beschaffenden halbautomatischen Montagelinie mithilfe einer Kostenvergleichsrechnung vor (pro Periode und pro Leistungseinheit)! Verwenden Sie hierzu einen Kalkulationszinssatz in Höhe von 4 % p.a. und gehen Sie von einer maximalen Kapazitätsauslastung aus. Bei welcher Kapazitätsauslastung wäre ein Wechsel der Vorteilhaftigkeit feststellbar?

1.2 Optimieren Sie für einen geplanten Jahresbedarf des neuen Zentralantriebes in Höhe von 8.000 Leistungseinheiten (LE) die Losgröße! Gehen Sie dabei von variablen Produktionskosten in Höhe von 2.500 €/LE, sowie von einem zusammengefassten Kalkulationssatz für die Zins- und Lagerkosten in Höhe von 4 % aus. Jeder Serienwechsel ist mit Umrüst- und Einrichtungskosten in Höhe von 4.000 € zu kalkulieren. Bestimmen Sie auch die optimale Anzahl der Serienwechsel und die zugehörigen Zins- und Lagerkosten des neuen Zentralantriebes pro Geschäftsjahr!

1.3 Unterziehen Sie Ihre Entscheidungsvorlagen (aus den Teilaufgaben 1.1 und 1.2) einer ausführlichen kritischen Würdigung, insbesondere in Bezug auf die den Analysen zugrunde liegenden Annahmen!

Aufgabe 2: Sofern die POWERTRAIN AG den ASM-Motor selbst herstellte, käme aufgrund der erforderlichen Produktionstechnik lediglich die Geschäftseinheit Antriebsmodule (AM) am Standort in Ulm in Betracht. Hier fielen auf Basis einer verfügbaren Maximalkapazität in Höhe von 10.000 LE pro Geschäftsjahr produktbezogene Fixkosten in Höhe von 1.000.000 € jährlich an. Daneben entstünden durch die Herstellung des ASM-Motors variable Produktionsstückkosten in Höhe von 1.600 €/LE.

2.1 Führen Sie aus der Perspektive der Geschäftseinheit Achsgetriebe (AC) eine Transfermengenoptimierung auf der Basis eines vollkostenorientierten Verrechnungspreises durch!

2.2 Stellen Sie bei Anwendung des vollkostenorientierten Verrechnungspreises produktbezogene Erfolgsrechnungen der beiden beteiligten Geschäftseinheiten sowie eine die beiden Geschäftseinheiten übergreifende Erfolgsrechnung auf! Ermitteln Sie auch die Nutz- und Leerkosten der Geschäftseinheit AM, wenn die Maximalkapazität allein für die Geschäftseinheit AC eingesetzt werden kann.

2.3 Unterziehen Sie Ihre Ergebnisse (aus den Teilaufgaben 2.1 und 2.2) einer kritischen Reflexion, insbesondere vor dem Hintergrund der Erfolgsermittlungsfunktion der Verrechnungspreise. Zeigen Sie in diesem Zusammenhang auch den potenziellen Beitrag von Globalbeträgen auf!

Aufgabe 3: Sofern die POWERTRAIN AG den ASM-Motor mit 10.000 LE von einem Zulieferer fremdbeziehen wollte, kämen entsprechend den von Herrn Kaiser vorgenommenen Analysen des Beschaffungsmarktes lediglich ein französischer Lieferant in Straßburg und ein chinesischer Lieferant mit Sitz in der Hafenstadt Macao in Betracht. Bei annähernd gleicher Produktqualität zeigt der französische Lieferant bzgl. der Zuverlässigkeit marginale Vorteile. Hinsichtlich der weiteren in Betracht zu ziehenden Kriterien offenbaren sich jedoch deutlichere Differenzen.

3.1 Erarbeiten Sie zur Auswahl des Lieferanten für den zu beschaffenden ASM-Motor eine Nutzwertanalyse auf der Basis von fünf relevanten Teilzielen! Die Auswahl und die Gewichtungen der Teilziele, sowie die Punktwertzuordnungen können – der Fallbeschreibung entsprechend und sachlogisch konsistent – nach eigenem Ermessen erfolgen! Begründen Sie kurz Ihre Teilzielauswahl und -gewichtungen.

3.2 Ermitteln Sie zur Vorbereitung der Preisverhandlungen mit dem ausgewählten Lieferanten eine kurzfristige Preisobergrenze für den Bezug von 10.000 LE des zu beschaffenden ASM-Motors. Die POWERTRAIN AG geht von variablen Stückkosten in Höhe von 4.100 € pro Leistungseinheit des elektrischen Zentralantriebes aus; hierin sind variable Stückkosten in Höhe von 1.600 € für den ASM-Motor enthalten.

3.3 Unterziehen Sie Ihre Entscheidungsvorlage (aus der Teilaufgabe 3.1) einer ausführlichen kritischen Würdigung, insbesondere in Bezug auf die der Nutzwertanalyse zugrunde liegenden Annahmen, Selektionen und Bewertungen!

7.2 Lösungshinweise mit weiterführenden Literaturangaben

Lösungshinweise zu Aufgabe 1.1

Kostenvergleichsrechnung:

Daten	Montagelinie Modell A	Montagelinie Modell B
Nutzungsdauer [Jahre]	12	12
Kapazitätsauslastung [LE/Jahr]	25.000	25.000
Variable Kosten (bei Kapazitätsauslastung) [€]	3.000.000	2.500.000
Variable Stückkosten [€/LE]	120	100
Fixe Kosten pro Jahr (ohne Kapitalkosten) [€]	422.200	633.600
Kalkulatorische Abschreibungen pro Jahr [€]	55.000	90.000
Kalkulatorische Zinsen pro Jahr [€]	22.800	26.400
Gesamte Fixkosten pro Jahr [€]	500.000	750.000
Fixe Stückkosten [€/LE]	20	30
Gesamtkosten pro Jahr [€]	**3.500.000**	**3.250.000**
Gesamtkosten pro LE [€]	**140**	**130**

Aufgrund ihrer niedrigeren durchschnittlichen Gesamtkosten (mit einem Kostenvorteil in Höhe von 250.000 € pro Jahr) und zugleich geringerer Stückkosten (mit einem Kostenvorteil in Höhe von 10 €/LE) ist die Montagelinie Modell B die zu präferierende Alternative.

Wechsel der Vorteilhaftigkeit:

Ausgehend von proportionalen variablen Kosten sowie absolut-fixen Kosten können für die beiden Investitionsalternativen die linearen Kostenfunktionen (in Abhängigkeit der Leistungsmenge x als Maßstab für die Beschäftigung) wie folgt aufgestellt werden:

$K_{A(x)}$: Kostenfunktion der Montagelinie Modell A

$K_{B(x)}$: Kostenfunktion der Montagelinie Modell B

$K_{A(x)} = 120 \cdot x + 500.000$

$K_{B(x)} = 100 \cdot x + 750.000$

Der Wechsel der Vorteilhaftigkeit bzgl. der zu präferierenden Investitionsalternative ist bei der Leistungsmenge feststellbar, bei der für beide Investitionsalternativen die gleichen durchschnittlichen Gesamtkosten (hier in Höhe von 2.000.000 €) resultieren:

$$K_{A(x)} = K_{B(x)} ; \quad \text{d. h.} \quad x = 12.500 \, \text{LE}$$

Bei der Kapazitätsauslastung in Höhe von 12.500 LE liegt der Wechsel der Vorteilhaftigkeit vor, da unterhalb dieser Kapazitätsauslastung die Montagelinie Modell A mit geringeren Gesamtkosten verbunden wäre.

Lösungshinweise zu Aufgabe 1.2

Losgrößenoptimierung:

Daten	Produkt: Elektrischer Zentralantrieb
Bedarf	8.000 LE/Jahr
Umrüst- und Einrichtungskosten [u]	4.000 €/Wechsel
Variable Produktionsstückkosten [k_v]	2.500 €/LE
Zins- und Lagerkostensatz [j]	4,0 %
Optimale Losgröße [x_{opt}]	800 LE
Optimale Anzahl der Serienwechsel [n]	10 Wechsel
Zins- und Lagerkosten bei x_{opt}	40.000 €/Jahr

Lösungshinweise zu Aufgabe 1.3

Die Kostenvergleichsrechnung soll den Zielen dienen, aus einer vorgegebenen Menge möglicher Investitionsalternativen eine optimale Alternative herauszufiltern, sowie die Grundlagen für die Ermittlung der Vorzugswürdigkeit einer Investitionsalternative transparent zu gestalten.

– Der Vorteil der Kostenvergleichsrechnung gegenüber anderen Auswahlverfahren liegt im Wesentlichen darin, dass im Rahmen dieses Verfahrens die in einer Entscheidungssituation vorhandenen zielrelevanten Handlungsalternativen mittels monetärer Größen relativ einfach quantifiziert werden können. Es handelt sich jedoch um eine nur einperiodische Betrachtung, so dass der Grad der Repräsentativität der ausgewählten Abrechnungsperiode und der damit herangezogenen Daten besondere Bedeutung für die Aussagekraft gewinnen.

– Zudem ist zu berücksichtigen, dass verschiedene Bewertungskriterien in die Kostenvergleichsrechnung gar nicht oder in nur rudimentärem Maße einfließen. Dies gilt insbesondere für den Zeitwert des Geldes, denn für eine verlässliche Datenbasis wäre eigentlich eine mehrperiodische und zahlungsstrombezogene Betrachtung der Handlungsalternativen erforderlich.

Im Fokus der Losgrößengestaltung steht die Fundierung einer Anpassungsentscheidung.

– Die Festlegung der Losgröße ist allein an dem Ziel ausgerichtet, das Betriebsergebnis zu optimieren. Alle anderen Ziele (bspw. Rendite- oder Liquiditätsziele) bleiben unbeachtet. Die Anpassungsentscheidung ist rein kostenrechnerisch begründet, alle anderen entscheidungsrelevanten Aspekte jenseits kostenrechnerischer Erwägungen werden bewusst ausgeblendet.

– Den Überlegungen zur Losgrößenoptimierung liegen zudem vielfältige Annahmen und Prämissen zugrunde. So werden bspw. Kapazitätsbeschränkungen aller Art, begrenzte Produktionsgeschwindigkeiten, Bedarfsschwankungen, oder auch inkonstante Zins- und Lagerkosten im Rahmen der Optimierung nicht berücksichtigt. Einerseits bergen diese Annahmen und Prämissen zwar die Gefahr in sich, dass die Optimierungsüberlegungen ihren betriebspraktischen Anwendungswert verlieren können. Andererseits ermöglichen sie aber auch erst die Berechenbarkeit und damit eine Bewältigung der Optimierungsherausforderung.

Vertiefende Literatur zu Aufgabe 1

Behrens, Reinhard/Feuerlohn, Bernd (2018): Angewandtes Unternehmenscontrolling – Operative Systeme der Planung, Kontrolle und Entscheidung, Berlin et al.: De Gruyter Oldenbourg [Teil B, Abschnitt 3.1; Teil F, Abschnitt 2.4].

Fischer, Thomas M./Möller, Klaus/Schultze, Wolfgang (2015): Controlling – Grundlagen, Instrumente und Entwicklungsperspektiven, 2. Auflage, Stuttgart: Schäffer-Poeschel.

Weber, Jürgen/Schäffer, Utz (2016): Einführung in das Controlling, 15., überarbeitete und aktualisierte Auflage, Stuttgart: Schäffer-Poeschel.

Wöhe, Günter/Döring, Ulrich/Brösel, Gerrit (2016): Einführung in die Allgemeine Betriebswirtschaftslehre, 26., überarbeitete und aktualisierte Auflage, München: Vahlen.

Lösungshinweise zu Aufgabe 2.1

Transfermengenoptimierung bei vollkostenorientiertem Verrechnungspreis:

$$\text{Geschäftseinheit Antriebsmodule (AM)} = \text{Zulieferdivision Z}$$

$$\text{Geschäftseinheit Achsgetriebe (AC)} = \text{Abnehmerdivision A}$$

Ausgangssituation:

$E_A(x_A) = (5.000 - 0{,}05 \cdot x_A) \cdot x_A$ [Erlösfunktion der Abnehmerdivision]

$K_A(x_A) = 2.000.000 + 2.500 \cdot x_A$ [Kostenfunktion der Abnehmerdivision]

$K_Z(x_Z) = 1.000.000 + 1.600 \cdot x_Z$ [Kostenfunktion der Zulieferdivision]

$x_A = x_Z$ [Transfermenge]

Ermittlung des Verrechnungspreises v:

$v = $ volle Stückkosten der Zulieferdivision

$K_Z(x_Z) = 1.000.000 + 1.600 \cdot x_Z$ [Vollkosten der Zulieferdivision]

$K_Z(x_{Z(MAX)}) = 1.000.000 + 1.600 \cdot 10.000 = 17.000.000$

$k_Z = v = 1.700\,€/\text{LE}$ [Stückkosten der Zulieferdivision / Verrechnungspreis]

Gewinnfunktion der Abnehmerdivision:

$$G_A(x_A) = [(1.500 - 0{,}05 \cdot x_A) \cdot x_A] - [2.000.000 + 4.200 \cdot x_A]$$

Gewinnmaximum und die zugehörige optimale Transfermenge:

$$G_A'(x_A) = -0{,}1 \cdot x_A + 800 = 0$$

$$x_A = 8.000\,\text{LE}$$

Bei Verwendung eines vollkostenorientierten Verrechnungspreises beträgt die gewinnmaximierende optimale Transfermenge aus der Perspektive der Abnehmerdivision 8.000 Leistungseinheiten.

Lösungshinweise zu Aufgabe 2.2

Erfolgsrechnungen bei vollkostenorientiertem Verrechnungspreis:

Ausgangssituation:

$$E_A(x_A) = (5.000 - 0,05 \cdot x_A) \cdot x_A \quad \text{[Erlösfunktion der Abnehmerdivision]}$$

$$K_A(x_A) = 2.000.000 + 2.500 \cdot x_A \quad \text{[Kostenfunktion der Abnehmerdivision]}$$

$$K_Z(x_Z) = 1.000.000 + 1.600 \cdot x_Z \quad \text{[Kostenfunktion der Zulieferdivision]}$$

$$v = 1.700 \, €/LE \quad \text{[Verrechnungspreis]}$$

$$x_Z = x_A = 8.000 \, LE \quad \text{[Transfermenge]}$$

Erfolgsrechnungen:

Daten (in €)	Zulieferdivision	Abnehmerdivision	Summen
Erlöse (extern)	–	36.800.000	36.800.000
Transfererlöse	13.600.000	–	13.600.000
fixe Kosten	1.000.000	2.000.000	3.000.000
Transferkosten	–	13.600.000	13.600.000
variable Kosten	12.800.000	20.000.000	32.800.000
Gesamtkosten	13.800.000	35.600.000	49.400.000
Erfolgsausweise	**–200.000**	**+1.200.000**	**+1.000.000**

Nutz- und Leerkosten der Zulieferdivision:

$$x_Z = 8.000 \, LE \quad \text{[Transfermenge]} \qquad b = (8.000 : 10.000) \cdot 100 \% = 80 \%$$

$$K_F = K_N + K_L$$

$$K_N = K_F \cdot b \qquad K_N = 1.000.000 € \cdot 0,8 \qquad K_N = 800.000 €$$

$$K_L = K_F - [K_F \cdot b] \quad K_L = 1.000.000 € - 800.000 € \quad K_L = 200.000 €$$

Da die Abnehmerdivision mit der aus ihrer Perspektive festgelegten optimalen Transfermenge von der Maximalkapazität der Zulieferdivision abweicht, weist diese einen Verlust in Höhe der Leerkosten ($K_L = 200.000 €$) aus. Mit dem vollkostenorientierten Verrechnungspreis werden lediglich die in den Fixkosten enthaltenen Nutzkosten im Verrechnungspreis berücksichtigt. Eine vollständige Deckung der gesamten Fixkosten der Zulieferdivision ließe sich nur dann erreichen, wenn die Abnehmerdivision mit der festzulegenden Transfermenge die Maximalkapazität (10.000 LE; b = 100 %) der Zulieferdivision ausschöpfte.

Lösungshinweise zu Aufgabe 2.3

Hinsichtlich der Wirkung der Verrechnungspreise auf die Erfolgsermittlungsfunktion ist zunächst zu bedenken, dass die Zulieferdivision bezüglich der Transfer- und Produktionsmengenbestimmung keine Entscheidungsautonomie besitzt, da die Transfermengen hier allein durch die Abnehmerdivision festgelegt werden.

- Mit der Verwendung des vollkostenorientierten Verrechnungspreises werden der Zulieferdivision neben den variablen Kosten auch Fixkostenanteile erstattet, nämlich in Höhe der Nutzkosten. Der Zulieferdivision wird damit immer ein Verlust aus dem Transfergeschäft in Höhe der Leerkosten zugewiesen.
- Zwar weist die Zulieferdivision bei maximaler Kapazitätsauslastung keinen Verlust mehr aus, sie kann aus dem Transfergeschäft aber auch keinen Gewinn erzielen. Der Abnehmerdivision wiederum wird ein Gewinn zugeschrieben, der nur zu einem Teil durch eigene Leistung hervorgebracht wird. Demzufolge sind hier beide Erfolgsausweise verzerrt, so dass die Zulieferdivision genauso wenig wie die Abnehmerdivision auf Basis der Teilerfolge beurteilt werden kann.

Wenn zur Entschädigung für die Kapazitätsbereitstellung ein (hinsichtlich des Mengenoptimums neutraler) Globalbetrag vereinbart würde, änderten sich die Erfolgsrechnungen wie folgt (hier exemplarisch bei einem Globalbetrag in Höhe von 500.000 €):

Daten (in €)	Zulieferdivision	Abnehmerdivision	Summen
Erfolg ohne Globalbetrag	−200.000	+1.200.000	+1.000.000
Globalbetrag	+500.000	−500.000	±0
Erfolgsausweise mit Globalbetrag	+300.000	+700.000	+1.000.000

Auch wenn der Globalbetrag die Verzerrungen in den Erfolgsrechnungen zumindest teilweise reduziert, so bleibt doch das grundlegende Problem der Findung des Globalbetrages bestehen. Sofern der Globalbetrag auf Aushandlungen zwischen den beteiligten Unternehmenseinheiten basieren soll, bedürfte es zumindest einer ungefähr gleichen Verhandlungsposition – mit der verbleibenden Gefahr, dass es nicht zu einer Vereinbarung eines beiderseits akzeptierten Globalbetrages kommt. Bei zentraler Vorgabe des Globalbetrages wiederum besteht die Gefahr einer unzureichenden Akzeptanz dieses Ausgleichsbetrages. Damit steht generell nicht zu erwarten, dass der Globalbetrag die Erfolgsermittlungsfunktion angemessen unterstützen kann.

Vertiefende Literatur zu Aufgabe 2

Behrens, Reinhard/Feuerlohn, Bernd (2018): Angewandtes Unternehmenscontrolling – Operative Systeme der Planung, Kontrolle und Entscheidung, Berlin et al.: De Gruyter Oldenbourg [Teil D, Abschnitte 2.1, 2.2 und 3.2].

Brühl, Rolf (2016): Controlling. Grundlagen des Erfolgscontrollings, 4., überarbeitete und erweiterte Auflage, München: Vahlen.

Ewert, Ralf/Wagenhofer, Alfred (2014): Interne Unternehmensrechnung, 8., aktualisierte Auflage, Berlin Heidelberg: Springer Gabler.

Küpper, Hans-Ulrich/Friedl, Gunther/Hofmann, Christian / Hofmann, Yvette/Pedell, Burkhard (2013): Controlling. Konzeption, Aufgaben, Instrumente, 6., überarbeitete Auflage, Stuttgart: Schäffer-Poeschel.

Wala, Thomas/Haslehner, Franz/Hirsch, Manuela (2016): Kostenrechnung, Budgetierung und Kostenmanagement. Eine Einführung mit zahlreichen Beispielen, 2.,überarbeitete und erweiterte Auflage, Wien: Linde.

Lösungshinweise zu Aufgabe 3.1

Exemplarische Nutzwertanalyse:

Die Teilziele und die Gewichtungen der Teilziele sind auf den jeweiligen Lieferanten zu beziehen. Zur weiteren Analyse der Beschaffungsalternativen werden folgende Auswahlkriterien (Teilziele) herangezogen (vgl. zu den Höhenpräferenzen Kapitel 1.1.2):

- der Materialeinstandspreis (je niedriger, desto besser),
- die Transportkosten (je niedriger, desto besser),
- die Lieferzuverlässigkeit (je höher, desto besser),
- die Kapitalbindungskosten für den zu bevorratenden Materialbestand (je niedriger, desto besser), sowie
- das Wechselkursänderungsrisiko (je niedriger, desto besser).

Teilziele und Gewichtungen		Oberziel: Lieferantenauswahl			
		Handlungsalternative 1: Lieferant Straßburg (FRA)		Handlungsalternative 2: Lieferant Macao (VRC)	
Teilziel	Gewichtung (K)	Punktwert (B)	Teilnutzen (B · K)	Punktwert (B)	Teilnutzen (B · K)
Zuverlässigkeit	30 %	8	2,4	6	1,8
Einstandspreis	20 %	3	0,6	8	1,6
Transportkosten	20 %	7	1,4	2	0,4
Kapitalkosten	20 %	7	1,4	2	0,4
Wechselkursänderungsrisiko	10 %	9	0,9	2	0,2
Gesamt:	100 %	Nutzen gesamt:	6,70	Nutzen gesamt:	4,70

Die Rangordnung der Vorzugswürdigkeit würde in dieser exemplarischen Nutzwertanalyse wie folgt festgelegt werden:

- Rangplatz 1: Handlungsalternative 1 – Lieferant aus Straßburg (FRA)
- Rangplatz 2: Handlungsalternative 2 – Lieferant aus Macao (VRC).

Auswahl und Gewichtungen der Teilziele:

Durch den Fremdbezug darf im Interesse eines ungestörten Produktionsablaufes die qualitative und quantitative Materialbereitstellung in keiner Weise beeinträchtigt werden, weshalb das Teilziel der Lieferzuverlässigkeit mit dem relativ höchsten Bedeutungsgewicht in Höhe von 30 % gewichtet wird.

Da mit dem Fremdbezug des ASM-Motors Kosteneinsparungspotenziale gegenüber der Eigenfertigung ausgeschöpft werden sollten, werden die entsprechenden Teilziele bzgl. des Materialeinstandspreises und der Transportkosten mit jeweils 20 % gewichtet. Diese beiden Teilziele können das Gesamtziel der Ausschöpfung von Kosteneinsparungspotenzialen durch Minimierung der unmittelbaren Beschaffungskosten (Anschaffungskosten zzgl. Anschaffungsnebenkosten) direkt widerspiegeln.

Ein gleichermaßen hohes Bedeutungsgewicht ist auch den Kapitalkosten zuzuschreiben, weil sie als zentraler Bestandteil der Lagerhaltungskosten die kostenseitigen internen Folgewirkungen eines Fremdbezuges widerspiegeln können. Da die Anschaffungs- und Lagerhaltungskosten als dominante Bestandteile der Beschaffungskosten durch eine Kursänderung der beteiligten Währungen nur vergleichsweise moderat beeinflusst werden, ist das Währungsänderungsrisiko mit einem nur 10 %-igen Bedeutungsgewicht versehen.

Lösungshinweise zu Aufgabe 3.2

Preisobergrenze – Die Faktoreinsatzmenge (ASM-Motor) pro Leistungseinheit des elektrischen Zentralantriebes umfasst eine Leistungseinheit:

Daten	Produkt: Elektrischer Zentralantrieb
Leistungs- und Absatzmenge (x_A)	10.000 LE
Umsatzerlös [$E(x_A) = (5.000 - 0,05 \cdot x_A) \cdot x_A$]	45.000.000 €
Umsatzerlös pro LE [e]	4.500 €/LE
Variable Stückkosten [k_v]	4.100 €/LE
Bereinigte variable Stückkosten [$\hat{k}_v$]	2.500 €/LE
POG [4.500 € – 2.500 €]	**2.000 €/LE**

Lösungshinweise zu Aufgabe 3.3

Die Nutzwertanalyse soll hier den Zielen dienen, aus einer vorgegebenen Menge möglicher Lieferanten eine optimale Alternative herauszufiltern, sowie die Grundlagen für die Ermittlung der Vorzugswürdigkeit eines Lieferanten transparent zu gestalten.

– Der Vorteil der Nutzwertanalyse gegenüber anderen Entscheidungsverfahren liegt im Wesentlichen darin, dass im Rahmen dieses Verfahrens nicht nur quantifizierbare Größen, sondern auch nicht-quantifizierbare Größen berücksichtigt werden können. Dieser Sachverhalt ist hier insofern relevant, als dass nicht alle Handlungskonsequenzen der in einer Entscheidungssituation vorhandenen zielrelevanten Handlungsalternativen z. B. in quantitativen monetären Größen (oder in

einer anderen Quantifizierungsdimension) darstellbar sind (wie bspw. die Lieferzuverlässigkeit oder die Produktqualität).
– Dabei ist jedoch zu bedenken, dass die Teilzielauswahl und die Teilzielgewichtungen fast ausschließlich erfahrungsgestützte, häufig situativ bedingte, und
   weitestgehend subjektive Prozesse darstellen. Auch die Punktbewertungen der
   beiden Lieferanten sind durch Subjektivität geprägt und ohne absolute Aussagekraft.

Zudem fließen verschiedene Bewertungskriterien in die (exemplarische) Nutzwertanalyse gar nicht oder in nur rudimentärem Maße ein, wie bspw.
– geopolitische Stabilitätsrisiken und die Auswirkungen solcher Risiken auf die generelle Verfügbarkeit der potenziellen Lieferanten.
– die Zusammenhänge zwischen Bestellmengen und Beschaffungskosten (bspw.
   aufgrund von Mindermengenzuschlägen oder Mengenrabatt), sowie die Zusammenhänge zwischen Bestellmengen und Kosten der Lagerhaltung und -bewirt-
   schaftung (teilweise in Abhängigkeit der genutzten Lagerraumkapazität).

Vor dem Hintergrund des Ermessensspielraumes bei der Auswahl der Bewertungskriterien und in Anbetracht der Bewertungsspielräume bei der Gewichtung der Kriterien
und der Punktbewertungen der Lieferanten besteht die potenzielle Gefahr, dass die
Ermittlung der Entscheidungsvorlage von vornherein auf der Basis einer stark ergebnisgeleiteten Bewertung erfolgt. Insofern kann die Nutzwertanalyse als Instrument
zur Erzeugung von Verhaltenswirkungen eingesetzt werden.

Vertiefende Literatur zu Aufgabe 3

Behrens, Reinhard/Feuerlohn, Bernd (2018): Angewandtes Unternehmenscontrol-
   ling – Operative Systeme der Planung, Kontrolle und Entscheidung, Berlin et al.:
   De Gruyter Oldenbourg [Teil B, Abschnitt 3.1; Teil F, Abschnitt 3.3].
Jung, Hans (2014): Controlling, 4., aktualisierte Auflage, München: Oldenbourg.
Lorson, Peter/Quick, Reiner/Wurl, Hans-Jürgen (2013): Grundlagen des Controllings,
   Weinheim: Wiley-VCH.
Ewert, Ralf/Wagenhofer, Alfred (2014): Interne Unternehmensrechnung, 8., aktuali-
   sierte Auflage, Berlin Heidelberg: Springer Gabler.
Freidank, Carl-Christian (2012): Kostenrechnung. Grundlagen des innerbetrieblichen
   Rechnungswesens und Konzepte des Kostenmanagements, 9., aktualisierte Auf-
   lage, München: Oldenbourg.
Preißler, Peter R./Preißler, Peter J. (2015): Entscheidungsorientierte Kosten- und Leis-
   tungsrechnung, 4. Auflage, Berlin et al.: De Gruyter Oldenbourg.

Résumé

Die in diesem Übungs- und Arbeitsbuch behandelten Fallstudien offenbaren, dass Planung und Budgetierung, Abweichungsanalyse, Erfolgsrechnung und Kalkulation, sowie Entscheidungsvorbereitung und Koordination dezentraler Unternehmenseinheiten die konkreten Aufgaben eines operativen Controllings ausmachen. Für die Wahrnehmung dieser Controllingaufgaben bedarf es der **Information** – somit der Informationserhebung, der Informationsanalyse, der Informationsauswertung, sowie der entscheidungsorientierten Informationsaufbereitung in Entscheidungsvorlagen und Berichten. In diesem Kontext besitzt die durch das operative Controlling vorzunehmende unternehmensspezifische Gestaltung der Unternehmensrechnung und ihrer Informationssysteme besondere Bedeutung, da hiermit der Grad der Verwendbarkeit der Informationen für die zu treffende Entscheidung beeinflusst wird.

Für die Wahrnehmung der operativen Controllingaufgaben genießen die **kostenorientierten Informationssysteme**, insbesondere in den Formen der Teilkostenrechnung, herausragenden Stellenwert, denn die Entwicklung von Entscheidungsvorlagen bedarf naturgemäß entscheidungsrelevanter Informationen. Da die kostenorientierten Informationssysteme auf die leistungswirtschaftlichen Prozesse abstellen, um auf Basis der hieraus resultierenden mengen- und wertmäßigen Ströme das Ergebnis der gewöhnlichen Betriebs- und Geschäftätigkeit aufzeigen und Einblicke in die Erfolgsstrukturen des Leistungsspektrums gewähren zu können, stellen diese Informationssysteme geeignete Grundlagen für die Generierung von Entscheidungsvorlagen und Berichten dar.

Mit dem Einsatz solch entscheidungsorientierter Rechnungssysteme ist immer eine Reduktion der betriebswirtschaftlichen Realität verbunden. Mit dieser **Komplexitätsreduktion** wird es in den entscheidungsorientierten Controllingkonfigurationen überhaupt erst möglich, Planungs- und Budgetierungsaufgaben, sowie Analyse- und Koordinationsaufgaben gestalten und den damit verbundenen Optimierungsherausforderungen gerecht werden zu können. Andererseits birgt die mit dem Einsatz entscheidungsorientierter Rechnungssysteme herbeigeführte Komplexitätsreduktion die Gefahr in sich, dass die Optimierungsüberlegungen ein gewisses Maß an Realitätsverlust in sich tragen, und die Aussagekraft der auf diese Weise entwickelten Entscheidungsvorlagen und Berichte leidet.

Aus diesem Grunde sind die herbeigeführten Komplexitätsreduktionen in wissenschaftlicher, aber auch in anwendungspraktischer Perspektive in Bezug auf die Ausblendung von Sachverhalten und in Bezug auf die methodische Vorgehensweise bei der Gewinnung von **Optimierungsergebnissen** immer kritisch zu hinterfragen. Die Fallbeispiele zeigen, dass dies bspw. die Aussagekraft von ermittelten Abweichungen auf Basis von Abweichungsanalysen, die Aussagekraft von Kalkulationsergebnissen auf Basis von Vollkostenrechnungssystemen, oder die Aussagekraft von Optimierungsergebnissen auf Basis von Teilkostenrechnungssystemen betrifft. Die auch

https://doi.org/10.1515/9783110631043-010

in den Aufgaben zu den Fallstudien geforderten kritischen Reflexionen machen deutlich, dass diese gerade im Interesse einer angemessenen Fundierung der Entscheidungsvorlagen und Berichte bedeutsam sind. Die Überlagerung von Abweichungsursachen in einer festgestellten Gesamtabweichung, die Fixkostenproportionalisierung in Vollkostenrechnungen, oder auch die vielfältigen Annahmen bei der Programmoptimierung erweisen sich bei der Erarbeitung von Lösungen zu den Fallstudien als herausragend kritische Aspekte.

Nicht zuletzt ist zu bedenken, dass die notwendigerweise herbeizuführenden Komplexitätsreduktionen in den Entscheidungsvorlagen und Berichten auch genutzt werden, um innerhalb des Unternehmens verhaltenssteuernde Wirkungen zu entfalten. Dabei sind auch **Verhaltenswirkungen** zu beachten, die bspw. darauf bedacht sind, individuelle Zielvorstellungen (z. B. eines verantwortlichen Controllers) durchzusetzen, oder auch darauf abstellen, Ergebnisse einer Organisationseinheit gegenüber anderen Organisationseinheiten des Unternehmens in einem „besseren Licht" darzustellen. Solche verhaltenssteuernden Wirkungen von Entscheidungsvorlagen und Berichten machen nochmals deutlich, dass die mit dem Einsatz von Analysesystemen, von Rechnungssystemen, und von Kennzahlensystemen initiierte Verdichtung der betrieblichen Realität zumindest in wissenschaftlicher Perspektive unbedingt einer kritischen Reflexion bedarf.

www.ingramcontent.com/pod-product-compliance
Lightning Source LLC
Chambersburg PA
CBHW061815210326
41599CB00034B/7005